이현아 「취향저격」 지텔프 65점 PLAN

한권에 끝내는
G-TELP Lv.2

편저 **이현아**

65점

Preface

한 권에 끝내는
취향저격 지텔프 65점

'공부할 영어가 정말 많아서 포기하게 된다' 언젠가 학생 중 한 명이 스스로 영어 공부를 포기한 나름의 이유를 이렇게 표현했습니다. 반박할 수 없는 사실이긴 해도 지텔프 시험을 준비하는 수험생이라면 이야기가 달라집니다. 지텔프 시험은 한정된 범위내에서 출제 포인트가 반복 출제되고 있기 때문입니다. 수많은 수험생들이 조금 더 많은 꿈을 이룰 수 있도록, 영어를 포기하지 않도록 도움을 주는 책을 만들어야겠다고 생각했습니다. 이 책이 세상 밖으로 나오게 된 이유입니다.

이현아의 [한 권에 끝내는 취향저격 지텔프 65점]은 이름 그대로 지텔프 65점 목표에 최적화된 책이라고 할 수 있습니다. 지텔프 시험을 준비하는 대부분의 수험생들은 방대한 범위의 영어 학습을 원하거나 고득점을 목표로 하기보다, 목표점수를 최단 기간에 획득하기를 원합니다. 일반 영어 문법책에서 흔히 보이는데도 불구하고 '한 권에 끝내는 취향저격 지텔프 65점' 책에는 없는 문법적 설명이나 이론은 수험생들의 학습 부담을 줄이기 위함입니다. 지텔프 시험에서 나오지 않는 문법은 과감하게 생략했습니다. 지텔프 시험에 대해 꼼꼼히 분석했고 그만큼 자신있기 때문입니다.

'문제만 많이 풀어보면 어느 순간 익혀지겠지...'라는 생각은 오히려 학습 효율성을 떨어뜨립니다. 한 문제를 풀어도 제대로 된 포인트 접근법을 알고 실전기출문제와 가장 유사한 문제로 연습해보는 것이 중요합니다.

수험생들이 제대로 된 문제 포인트를 학습할 수 있도록 문법 포인트별로 이론 설명과 해당 포인트가 담긴 문제를 먼저 담았습니다. 모든 문제는 시험장에서 직접 경험한 시험을 토대로 변형된 문제입니다. 지텔프 시험에 딱! 맞춰 포인트를 준비했고, 문제 속 해설에서도 그 포인트에 맞춰 가이드를 드리니 그에 따라 학습하시면 됩니다. 문법뿐 아니라 독해와 어휘를 연습할 수 있도록 책을 엮었습니다. 모의고사 2회분은 실전시험과 가장 유사한 난이도와 지문이라고 생각하시면 됩니다. 고득점을 목표로 학습하시는 분들이 만족할 수 있는 고난이도의 독해 지문도 일부 수록했습니다.

[한 권에 끝내는 취향저격 지텔프 65점] 책으로 열심히 학습하신다면 분명 좋은 결과가 있을 것입니다. 여러분들의 꿈과 도전을 응원합니다!

저자 이현아

Contents

I. 문법

UNIT 01 시제 ··· 6
UNIT 02 가정법 ·· 38
UNIT 03 연결어-접속사&전치사&접속부사 ······························ 51
UNIT 04 조동사 ·· 65
UNIT 05 동명사 ·· 76
UNIT 06 To 부정사 ··· 87
UNIT 07 관계사&명사절 접속사 ··· 98

II. 독해

PART I   Biographical Narrative ·· 108
PART II Magazine, Newspaper or Web article ················· 131
PART III Encyclopedia Article ··· 153
PART IV Business or Formal Letter ··································· 175

III. 독해 모의고사

▌독해 모의고사 ·· 186
▌정답과 해설 ··· 196

IV. 실전 모의고사 1회

▌모의고사 1회 ··· 204
▌정답과 해설 ··· 218

V. 실전 모의고사 2회

▌모의고사 2회 ··· 230
▌정답과 해설 ··· 244

문법

UNIT 01 시제
UNIT 02 가정법
UNIT 03 연결어-접속사&전치사&접속부사
UNIT 04 조동사
UNIT 05 동명사
UNIT 06 TO 부정사
UNIT 07 관계사&명사절 접속사

Unit 01 시제

이현아 취향저격 지텔프 65점

1 | 단순시제 & 진행시제

❶ 현재시제

① 여러 가지 상태 동사와 함께 쓰여 '현재의 상태'를 나타낸다.
- My head aches. 머리가 아프다.
- He resembles his mother. 그는 그의 어머니를 닮았다.

② 반복/ 지속성을 나타내는 부사가 나오는 경우 '현재시제'와 잘 쓰인다.

always, constantly, usually, generally, frequently, often, sometimes, everyday, every Saturday, in Summer [계절]

- I usually eat lunch around 1 o'clock. 나는 보통 1시쯤에 점심을 먹는다.
- She swims in the morning everyday. 그녀는 매일 아침에 수영을 한다.
- In summer, milk easily goes bad. 여름에, 우유는 잘 상한다.

③ 일반적인 사실을 나타낸다.
- Gas expands when heated. 기체는 가열되면 팽창된다.

❷ 과거시제

① 과거의 상태나 습관적 동작을 나타낸다.
I always feared that man. 나는 항상 저 남자가 무서웠다.

② 〈G-TELP 취향저격〉 과거시제가 정답이 되는 시간부사

yesterday, last + 과거명사, ~ ago, in + 과거연도, in those days, then, when young, just now

- I bought a new bicycle yesterday. 나는 어제 새 자전거를 샀다.
- They played computer games an hour ago. 한 시간 전에 그들은 컴퓨터 게임을 했다.
- Columbus discovered America in 1492. Columbus가 1492년에 미국을 발견했다.
- I was sick last week. 나는 지난주에 아팠다.

❸ 미래시제

① 미래의 상태를 묘사하거나 의지를 표현할 때 쓸 수 있다.
② 미래를 나타내는 선택지가 여러 가지 나오는 경우 〈G-TELP 취향저격!〉 정답 선택순위

1. 미래시제 (will + 동사원형 / be going to + 동사원형)
2. 현재진행시제 (is/am/are + ~ing)
3. 현재시제

- I will study hard to pass the exam. 나는 그 시험에 합격하기 위해서 열심히 공부할 것이다.
- They're going to get married in June. 그들은 6월에 결혼할 것이다.
- He starts for Seoul tonight. 그는 오늘 밤 서울로 간다.
   ↳ 가까운 미래에 일어나기로 확정되어 있는 일은 현재시제로 쓸 수 있는데, 흔히 미래를 나타내는 시간 부사구를 수반하는 경우 왕래발착동사들이 현재시제를 자주 쓴다.

[왕래발착동사]   go   come   start   leave   arrive   begin   end   finish   return

> **G-TELP 취향저격** 미래를 나타내지만 현재시제를 써야 하는 경우
>
> 시간이나 조건 부사절에서는 현재시제가 미래를 대신한다.
> (+ 미래완료의 내용은 현재완료 형태로 표현한다.)

- We will wait for him until he arrives. 그가 도착할 때까지 우리는 그를 기다리고 있을 것이다.
- Before he meets you, he will make a phone call to you. 그가 너를 만나기 전에, 그가 너에게 전화를 할 것이다.
- I will lend you money if you pay me back by Sunday. 네가 만약 일요일까지 돈을 갚는다면 나는 너에게 돈을 빌려줄게.
- We will miss the bus unless you walk more quickly. 네가 더 빨리 걷지 않는다면 우리는 버스를 놓치게 될 것이다.

> **주의**
> 명사절이나 형용사절을 이끄는 if/ when절에서 미래내용을 미래시제로 나타낸다.
> - I wonder if she will finish the work by tonight. [명사절 접속사 if가 이끄는 명사절]
> - Please tell me the day when he will come back. [관계부사 when이 이끄는 형용사절]

❹ 현재진행

① 말하는 시점을 전후로 한 '짧은 시간에 이루어지는 동작이나 일시적으로 반복되는 활동'을 나타낸다.
- John is taking a nap at the moment. John은 지금 낮잠을 자고 있다.

② 현재진행시제가 정답이 되는 〈G-TELP 취향저격!〉 부사구 포인트

right now, now, at this[the] moment, currently, presently, nowadays, these days, as we speak

- Right now, Monica is making a list of guests. 바로 지금, Monica는 손님들 명단을 작성하고 있는 중이다.
- We're eating a lot of meat these days. 우리는 요즘 고기를 많이 먹는다.

❺ 과거진행

G-TELP 취향저격 과거진행시제가 정답이 되는 포인트!

when 부사절이 과거시제인 경우, 주절은 과거진행시제가 정답
주절이 과거시제인 경우, while 부사절은 과거진행시제가 정답

- We must have a problem with the water heater. I was washing the dishes when suddenly there was no more hot water. 온수기에 문제가 있음에 틀림없어. 갑자기 뜨거운 물이 안 나올 때 나는 설거지를 하고 있는 중이었어.
- The adjustments were made while he was waiting. 그가 기다리고 있는 동안에 수리가 되었다.

❻ 미래진행

G-TELP 취향저격 힌트 포인트!

When 부사절이 미래내용을 나타내는 현재시제, 미래진행시제의 기준이 되는 미래시점 부사구가 나오면 주절 빈칸에는 미래진행시제가 정답이다.

- I <u>will be having</u> piano lessons when you arrive and I won't be able to attend to you. 네가 도착할 때 나는 피아노 레슨을 받고 있는 중일 것이므로 너를 신경쓸 수가 없어.
- Don't call me between 3 and 4. We <u>will be having</u> a meeting then. 3시에서 4시 사이에 전화하지 마. 우리는 그 때 회의하고 있는 중일 거야.
- Now Jacob is working hard but he <u>will be drinking</u> in pub at this same time tomorrow. Jacob이 지금 열심히 일하고 있지만 내일 이 시간에는 펍에서 술을 마시고 있는 중일 거야.

G-TELP 취향저격 힌트 포인트!

미래에 지속적으로 (대개 짧은 일정 기간 동안) 머무는 상태를 묘사할 때는 단순 미래시제를 나타내는 will stay가 아니라, will be staying이 정답이다.

- I will be staying at the Comfort Hotel when you arrive. 네가 도착할 때 나는 Comfort Hotel에 머무르고 있는 중일 거야.

Check-up

01 She _____ hurriedly when she realized it was a public holiday.

(a) would dress
(b) has dressed
(c) dressed
(d) was dressing

[해설] when 부사절의 시제가 과거이므로 주절은 과거진행시제가 가장 적절하다.
[해석] 그녀는 공휴일이라는 것을 깨달았을 때 허둥지둥 옷을 입고 있는 중이었다.

정답 (d)

inauguration ⓝ
1. (대통령·교수 등의) 취임(식)
2. (신시대 등의) 개시
3. (공공시설 등의) 정식 개시

prime minister ⓝ
국무총리, 수상

02 Right now, he _____ the inauguration of Japan's newly elected prime minister in Tokyo.

(a) is covering
(b) was covering
(c) will be covering
(d) had been covering

[해설] 시간 부사 right now (지금)이 있으므로 현재 진행 시제가 가장 적절하다.
[해석] 지금 당장 그는 도쿄에서 새롭게 선출된 총리의 취임식을 취재 중이다.

정답 (a)

undergo ⓥ
1. 〈검열·수술을〉 받다, 만나다, 당하다, 〈변화 등을〉 겪다, 경험하다
2. 〈고난을〉 견디다, 참다

03 Arten Publishing _____ her to their main office next week to undergo a month-long training.

(a) was sending
(b) had sent
(c) has been sending
(d) will be sending

[해설] 시간 부사 next week (다음 주)는 미래를 나타내므로 미래시제가 가장 적절하다.
[해석] Arten 출판사는 한 달 간 교육을 받게 하기 위해 그녀를 다음 주에 본사 사무실로 보낼 것이다.

정답 (d)

한 권에 끝내는 지텔프 65점

04 Revenues were also weak in Boston, New York, and Chicago, but _____ in New York.

(a) would have improved
(b) will be improving
(c) were improving
(d) has improved

[해설] 기본적으로 영어는 시제 일치를 시켜준다. 병렬 구조의 관계이고 동사 were가 와서 과거시제인 것을 알 수 있다. 과거를 나타내는 표현인 were improving이 적절하다.
[해석] 세입은 Boston, New York, 그리고 Chicago에서도 부족했지만, New York에서는 개선되고 있었다.

정답 (c)

05 She _____ when her parents arrived.

(a) was still cooking
(b) still cooked
(c) is still cooking
(d) will still cook

[해설] when 부사절의 시제가 과거이므로 주절은 과거진행시제가 올바르다.
[해석] 그녀의 부모님들이 도착했을 때 그녀는 여전히 요리 중이었다.

정답 (a)

06 Right now, UNICEF workers _____ food rations to the affected communities.

(a) distribute
(b) has been distributing
(c) have distributed
(d) are distributing

distribute ⓥ
1. (사람들에게) 나누어 주다, 분배[배부]하다
2. (상품을) 유통시키다
3. (어느 범위에 걸쳐) 나누어 퍼뜨리다[분포시키다]

ration ⓝ
1. (식료품·연료 등의) 일정한 배급량, 할당량, 정량
2. 식량, 양식
3. 하루분의 양식, 군용식

[해설] 시간 부사 right now (지금)이 있으므로 현재진행시제가 가장 적절하다.
[해석] 지금 유니세프 직원들은 피해를 입은 공동체 사회에 음식 배급을 하고 있다.

정답 (d)

UNIT 01 시제   11

Check-up

submit ⓥ
1. (서류·제안서 등을) 제출하다
2. 항복[굴복]하다, (굴복하여) …하기로 하다
3. 말하다, 진술[제안]하다

resource ⓝ
자원, 재원, 재료[자산]

07 When the internship is completed, the supervisor _____ submit an evaluation of the intern's performance to the human resource department.

(a) may
(b) could
(c) will
(d) can

[해설] 시간이나 조건부사절에서는 현재시제가 미래를 대신한다. When 부사절의 시제가 현재시제인 것으로 보아 미래를 나타내고 있으므로 주절은 미래시제가 들어가야 한다. 미래시제는 「will + 동사원형」으로 표현한다.
[해석] 인턴과정이 끝날 때 감독관은 인사부에 인턴 수행능력 평가서를 제출할 것이다.

정답 (c)

apparently (부사)
명백히도

08 Apparently, he _____ coffee under the tree when he saw an apple falling from a tree.

(a) was drinking
(b) will be drinking
(c) is drinking
(d) will have been drinking

[해설] when 부사절에서 과거 동사 saw가 왔으므로 주절은 과거진행시제가 올바르다.
[해석] 명백히도, 그는 사과가 나무에서 떨어지는 것을 봤을 때 나무 아래에서 커피를 마시고 있었다.

정답 (a)

attentive ⓐ
1. 주의[귀]를 기울이는
2. 배려하는, 신경을 쓰는

09 While she _____ her study, her audience was very attentive.

(a) will have been presenting
(b) had been presenting
(c) will be presenting
(d) was presenting

[해설] 주절에 과거시제 was가 왔으므로 while 부사절은 과거진행시제가 가장 적절하다.
[해석] 그녀가 연구 결과를 제시하는 동안, 그녀의 청중들은 굉장히 집중했다.

정답 (d)

10 She _____ a dinner for them at her house when they arrive.

(a) will be hosting
(b) have been hosting
(c) would host
(d) had hosted

[해설] 시간이나 조건부사절에서는 현재시제가 미래를 대신한다. when 부사절 동사가 arrives로 현재시제가 쓰였고 미래를 나타내는 것을 알 수 있다. 주절에는 미래를 표현하는 미래시제가 가장 적절하다.
[해석] 그들이 도착할 때, 그녀는 그녀의 집에서 그들을 위한 저녁을 대접하고 있을 것이다.

정답 (a)

11 Hailey Shaw _____ Newbridge University 36 years ago, making her the longest-serving member of the faculty.

(a) is joining
(b) has been joined
(c) already joined
(d) having joined

serve ⓥ
1. (식당 등에서 음식을) 제공하다; (음식을 상에) 차려 주다[내다]
2. 도움이 되다, 기여하다
3. 일[봉사하다, 근무[복무]하다

faculty ⓝ
1. 능력[기능]
2. (대학의) 학부
3. (대학의 한 학부의) 교수단

[해설] 과거를 나타내는 시간부사(36 years ago)가 있으므로 과거시제가 올바르다.
[해석] Hailey Shaw는 36년 전에 Newbridge 대학에 이미 합류했으므로 가장 오래 근속한 교직원이 되었다.

정답 (c)

12 The accounting director _____ the budget report when it was sent for approval last Friday.

(a) will revise
(b) revised
(c) is revising
(d) to be revised

approval ⓝ
인정, 찬성, 승인

[해설] 과거를 나타내는 시간부사(last Friday)가 있으므로 과거시제가 가장 적절하다.
[해석] 회계담당 이사는 지난 금요일에 예산 보고서 결재를 위해 제출했을 때 그것을 검토했다.

정답 (b)

Check-up

entrance ⓝ
1. (출)입구, 문
2. 입장
3. 입회, 가입; 입학, 입사

13 The airport shuttle _____ every hour from the hotel's front entrance.

(a) departs
(b) has been departing
(c) is departed
(d) departing

[해설] 일반적인 사실을 나타낼 때 현재시제를 쓰며 every hour(매 시간)이란 표현을 통해 반복적인 상황임도 알 수 있다. 반복적인 습관이나 행동은 현재시제로 표현한다.
[해석] 공항 셔틀버스는 호텔 정문에서 매시간 출발한다.

정답 (a)

unexpectedly (부사)
뜻밖에, 예상외로

14 Dr. Lamas _____ his speech when the electricity unexpectedly went out.

(a) was delivering
(b) delivers
(c) will deliver
(d) has delivered

[해설] 접속사 when이 이끄는 절의 시제가 과거시제(went)이고 그 시점에서 진행되었던 사실을 나타내므로 과거진행시제가 정답이다.
[해석] 예상치 못하게 정전이 되었을 때 Lamas 박사는 연설하던 중이었다.

정답 (a)

15 PIC Computers, which has manufactured personal computers since 2005, _____ into other areas next year.

(a) have expanded
(b) expanded
(c) expands
(d) will be expanded

[해설] 미래를 나타내는 표현(next year)가 있으므로 미래시제가 들어가야 적절하다.
[해석] 2005년 이후로 개인용 컴퓨터를 생산해 온 PIC 컴퓨터 사는 내년에 다른 영역으로 확장할 것이다.

정답 (d)

Exercise

1 Mr. Cohen got sick and tired of his job as an engineer so he made a decision to change his career a few months ago. He _____ as a manager of the service department now.

(a) has worked
(b) worked
(c) is working
(d) will be working

2 The weather has been bad throughout the city since last week. All of the flights were cancelled and power was shut down. Residents near the sea are starting to leave, as the water _____ right now.

(a) is rising
(b) will rise
(c) rose
(d) rises

3 I wish we could go to the party together. However, I agree that you should finish your assignment first and follow later. I _____ at the Stars Hotel when you arrive.

(a) have been staying
(b) will be staying
(c) will stay
(d) have stayed

4 Ms. Okada has been hearing good reviews of the movie *The beautiful days*. Her friends had praised its simple yet interesting plot. To see if all the positive feedback is true, Okada _____ the film.

(a) now watches
(b) is now watching
(c) has now watched
(d) will now watch

5 Melissa Shaw had been knocking for almost ten minutes, but nobody opened the door for her. Her husband couldn't hear her because he _____ a shower when Melissa arrived.

(a) would take
(b) took
(c) was taking
(d) had taken

6 You cannot possibly talk to Mr. William today. He _____ to a client on the phone right now and will be attending a seminar for the rest of the day.

(a) is talking
(b) will be talking
(c) has talked
(d) talks

Exercise

7 Our supervisor has impressive habit of arriving at exactly eight twenty-five every morning. It's now eight twenty. Watch that door, and he _____ enter the office in exactly five minutes.

(a) will
(b) may
(c) must
(d) can

8 Sally's nephew is travelling alone for the first time and is very nervous about getting lost in New York. However, Sally tells him not to worry because she _____ for him when his plane arrives.

(a) will wait
(b) waits
(c) has been waiting
(d) will be waiting

9 The earthquake happened at around 5 in the morning. However, it was so minor that most of the people who _____ at that time didn't know what had occurred.

(a) sleeps
(b) were sleeping
(c) have slept
(d) will be sleeping

10 Many artists were supported by a generous lady. She passed away 10 years ago, but the artists who got support from her _____ to hold an exhibition to remember her efforts.

(a) are planning
(b) had planned
(c) were planned
(d) will have planned

11 The temperature is supposed to dip below 11 degrees Celsius tonight. If we leave the fruit on our apple tree, the frost _____ it.

(a) damages
(b) is damaging
(c) will damage
(d) had damaged

12 At first the homeowners rejected my offer of $300,000 for their house. However, unless a better offer is made in the next week, they _____ my offer again.

(a) will consider
(b) would have consider
(c) have consider
(d) are considered

Exercise

13 Steve couldn't put the exciting mystery novel down. He _____ a particularly scary scene when the window suddenly shattered into pieces.

(a) was read
(b) reads
(c) was reading
(d) has been reading

14 The software company has stopped hiring new employees because sales have leveled off. Unless there is a sudden increase in revenue, additional staff _____.

(a) wouldn't be hired
(b) won't be hired
(c) hasn't hired
(d) isn't hiring

15 Bella is fascinated with the language and culture of South America and fortunately takes the opportunity to learn more. She _____ Brazil next semester as an exchange student to study Spanish.

(a) will be visited
(b) is visiting
(c) has visited
(d) had been visiting

16 Some people in the community have experienced problems with traffic signals. The city has promised that if the difficulties persist, the signals _____.

(a) would be adjusted
(b) have been adjusted
(c) are adjusting
(d) will be adjusted

17 Everyone was amazed at how a boy of ten was able to rescue his friends from the car accident. Many people saw the boy limping badly when he _____ the injured children.

(a) carries
(b) carried
(c) has been carrying
(d) will have been carrying

18 Jenny has recently gained a lot of weight and so has been exercising hard, but to no avail. Desperately wanting to be as slim as before, she _____ not to eat anything after 6p.m.

(a) will be planning
(b) has been planned
(c) is planning
(d) was planning

19 While waiting for her boyfriend at the school library, Adela decided to complete her audio recording for English class. She _____ her speech when her boyfriend arrived.

(a) always records
(b) has been recording
(c) will have still recorded
(d) was still recording

20 Maria Sharapova is one of the most famous tennis players in the world. She _____ at an exhibition game upcoming Friday afternoon, and I'm sure her supporters will be very excited to watch her.

(a) might have played
(b) has been playing
(c) will play
(d) had already played

UNIT 01 정답과 해설

한 권에 끝내는 지텔프 65점

1 | 단순시제 & 진행시제

01
정답 (c)

해설 시간 부사 now가 있으므로 현재 진행시제가 가장 적절하다.

해석 Cohen씨는 엔지니어 일이 아주 싫어져서 몇 달 전에 직업을 바꾸기로 결정했다. 그는 지금 서비스 부서의 매니저로 일하고 있다.

sick and tired of 아주 싫어진

02
정답 (a)

해설 시간부사 right now가 있으므로 현재진행시제가 가장 적절하다.

해석 지난주부터 도시 전체의 날씨가 나빠졌다. 모든 비행편은 취소되었고 전력이 끊겼다. 바다 근처 거주자들은 지금 당장 해수면이 올라가자 떠나기 시작하고 있다.

shut down ⓥ 공장·가게가 문을 닫다; (기계가) 멈추다[정지하다]

03
정답 (b)

해설 when 부사절 접속사 절의 시제가 현재이므로 주절에는 미래시제가 올 수 있다. 미래의 한 시점에 진행되고 있는 상태에 대해서 묘사하기 위해서 미래진행을 쓸 수 있다. will be staying이 가장 적절하다.

해석 나는 우리가 함께 휴가를 가기를 바란다. 그러나 당신이 과제물을 먼저 마치고 나중에 (휴가에) 뒤따라 와야 한다는 것에 동의한다. 당신이 도착할 때 나는 Stars 호텔에 머무르고 있을 것이다.

04
정답 (b)

해설 문제 속이 아니라 보기에 시간 부사를 준 경우이다. (a)~(d)에 모두 now가 있는 것을 확인할 수 있다. 현재진행 시제와 가장 어울린다.

해석 Okada씨는 영화 The beautiful days의 호평을 들었다. 그녀의 친구들은 단순하지만 재미있는 줄거리를 칭찬했다. 모든 긍정적인 피드백이 진짜인지 확인하기 위해 Okada는 지금 영화를 보고 있다.

plot ⓝ 구성[플롯/줄거리]

05
정답 (c)

해설 when절의 시제가 과거이므로 주절의 시제는 과거진행이 가장 적절하다.

해석 Melissa Shaw는 거의 10분 동안 노크를 했지만 아무도 그녀를 위해 문을 열지 않았다. 그녀의 남편은 Melissa가 도착했을 때 샤워를 하고 있었기 때문에 그녀가 노크하는 것을 들을 수 없었다.

06
정답 (a)

해설 시간부사 right now가 있으므로 현재진행 시제가 가장 적절하다.

해석 당신은 아마도 오늘 William과 얘기할 수 없을 것이다. 그는 지금 고객과 전화하고 있으며 나머지 시간에는 세미나에 참석할 것이다.

07
정답 (a)

해설 주절의 시제가 명령문이다. 앞으로 할 일에 대해서는 명령문을 쓰므로 and 이하로 연결되는 시제에도 미래를 표현하는 것이 가장 적절하다.

해석 우리의 감독관은 정확히 매일 아침 8시 25분에 도착하는 인상적인 습관이 있다. 지금은 8시 20분이다. 저 문을 봐라. 그러면 정확히 5분 후에 그가 사무실에 들어올 것이다.

08
정답 (d)

해설 when 부사절의 시제가 현재이므로 미래를 이야기하는 것임을 알 수 있다. 미래시제는 (a)와 (d) 두 개가 나왔는데, 조카의 비행기가 도착할 때 기다리고 있다는 진행을 강조하기 위해서는 미래진행시제가 더욱 적절하다.

|해설| Sally의 조카는 처음으로 혼자 여행하려 하는데, New York에서 길을 잃을까봐 매우 두려워하고 있다. 그러나 Sally는 조카가 탄 비행기가 도착할 때 그를 기다리고 있을 것이니 조카에게 걱정하지 말라고 말한다.

09   정답 (b)

|해설| the people이 주어이고 동사가 didn't know임으로 과거의 상황임을 알 수 있다. 또한 지진이 발생했을 때 사람들이 자고 있는 동작을 나타내므로 과거진행시제가 가장 적절하다.

|해석| 지진은 아침 5시쯤에 일어났다. 그러나 그것은 아주 경미해서 그 때 자고 있던 대부분의 사람들은 무엇이 일어났는지 모른다.

10   정답 (a)

|해설| 전시회를 열 계획을 하고 있는 것이므로 앞으로 일어날 일을 준비하는 것임을 알 수 있다. (d)의 미래완료시제는 미래시점까지 계속적으로 계획을 해 오고 있게 된다는 말이 되므로 문맥상 올바르지 않다.

|해석| 많은 예술가들은 어떤 넉넉한 여자에게 후원받았다. 그녀는 10년 전에 죽었지만, 그녀에게 후원받은 예술가들은 그녀의 노력을 기억하기 위해 전시회를 열 계획이다.

generous ⓐ 1. 후한[너그러운]   2. 넉넉한
3. 관대한[아량 있는]

11   정답 (c)

|해설| 조건을 나타내는 부사절 if절에서 현재시제가 쓰인 것으로 보아 미래를 이야기하는 것임을 알 수 있다. 주절에는 미래시제가 들어가는 것이 가장 적절하다. 현재 진행시제도 미래를 나타낼 수 있지만 보기에 「will + 동사원형」이 없는 경우에 정답이 될 수 있다.

|해석| 온도가 오늘 밤에 섭씨 11도 아래로 떨어질 예정이다. 우리 사과나무의 열매를 그대로 둔다면 서리가 그것을 손상시킬 것이다.

be supposed to …하기로 되어 있다; …할 의무가 있다
frost ⓝ 서리, 성에

12   정답 (a)

|해설| 조건 부사절 접속사 unless(= if ~ not)절에서 현재시제 동사가 쓰인 것으로 보아 주절에는 미래시제 동사가 와야 한다.

|해석| 처음에 집 소유자들은 내가 그들의 집값으로 30만 달러를 제의한 것을 거절했다. 그러나 다음 주까지 더 나은 제안이 없다면 그들은 나의 제안을 다시 고려할 것이다.

offer ⓝ (금전적)제의, 제의한 액수

13   정답 (c)

|해설| when 부사절에서의 시제가 과거이므로 주절의 시제는 과거진행시제가 가장 적절하다.

|해석| Steve는 그 재밌는 미스터리 소설을 내려놓을 수 없었다. 갑자기 창문이 산산조각 났을 때 그는 특히 무서운 장면을 읽고 있었다.

put down ⓥ 1. 내려놓다 2. 적다(적어두다) 3. 지불하다
shatter ⓥ 산산이 부서지다, 산산조각 나다; 산산이 부수다, 산산조각 내다

14   정답 (b)

|해설| Unless 시간 부사절에서 동사의 시제가 현재이므로 주절에는 미래시제가 들어가는 것이 가장 적절하다. won't는 will not의 줄임말이다.

|해석| 판매가 변동이 없었기 때문에 소프트웨어 회사는 새 직원을 고용하는 것을 멈추었다. 갑작스러운 수익인상이 없다면 추가적인 직원은 고용되지 않을 것이다.

level off 1. 수평을 유지하다
2. (한동안 급등·급락하다가) 변동이 없다[잠잠해지다/안정되다]

15   정답 (b)

|해설| 시간 부사 next semester가 있으므로 미래를 표현하는 시제가 와야 한다. 현재 진행시제는 미래를 표현할 수 있으므로 (b)가 정답이다. (a)의 will be visited는 미래시제인 것은 맞지만 수동태의 형태(be p.p.)로 쓰였다. 수동태는 목적어를 취할 수 없는데 빈칸 뒤에 Brazil이 있으므로 오답이다.

해석 Bella는 남아메리카의 언어와 문화에 매력을 느꼈는데 다행스럽게도 그것을 더 배울 기회가 생겼다. 그녀는 스페인어를 공부하기 위해 다음 학기에 교환 학생으로 브라질을 방문 할 것이다.

16   정답 (d)

해설 조건 부사절 접속사 if절의 시제가 현재이므로 주절 시제는 미래가 되어야 한다.
해석 그 공동체의 어떤 사람들은 교통 신호에 문제를 겪었다. 그 도시는 어려움이 지속된다면 신호가 조절될 것을 약속했다.
adjust ⓥ 1. (약간) 조정[조절]하다   2. 적응하다
        3. (매무새 등을) 바로잡다[정돈하다]

17   정답 (b)

해설 when 부사절의 시제를 찾는 문제이다. 주절의 시제가 과거진행(was limping)이 왔으므로 시제 일치에 따라서 과거 시제가 가장 올바르다.
해석 모든 사람들은 어떻게 10세 소년이 차 사고로부터 그의 친구들을 구했는지 놀랐다. 많은 사람들은 그가 부상 입은 어린이들을 옮겼을 때 그 소년이 심하게 다리를 저는 것을 봤다.
rescue ⓥ (위험에서) 구하다, 구조[구출/구제]하다
limp ⓥ 1. 다리를 절다[절뚝거리다]
      2. (손상이 생겨) 느릿느릿 나아가다[움직이다]
      ⓐ 기운[활기]이 없는, 축 처진[늘어진]

18   정답 (c)

해설 문맥상 지금까지 해 온 다이어트 효과가 있지 않으므로 앞으로 6시 이후에는 아무 것도 먹지 않겠다고 계획하는 내용이 적절하다. 앞으로 할 일을 계획하고 있으므로 현재진행 시제가 가장 적절하다. 미래진행시제를 쓰면 미래에 계획을 세우고 있는 중인 의미가 되므로 적절하지 않다.
해석 Jenny는 최근에 살이 많이 쪄서 열심히 운동했지만 효과가 없었다. 필사적으로 전처럼 날씬해지고 싶어서 그녀는 6시 이후로 아무것도 먹지 않기로 계획하고 있다.
to no avail 별로/아무 효과가 없어
desperately (부사) 1. 절망적으로; 필사적으로; 생각다 못해
                2. 몹시, 지독하게(excessively)

19   정답 (d)

해설 when 부사절의 시제가 과거이므로 주절의 시제는 과거 진행시제가 가장 적절하다.
해석 학교 도서관에서 그녀의 남자친구를 기다리는 동안 Adela는 영어 수업을 위한 오디오 녹음을 끝내려고 했다. 그녀는 남자친구가 도착했을 때도 계속 목소리를 녹음하고 있었다.

20   정답 (c)

해설 시간부사 upcoming Friday를 통해서 미래를 표현하는 시제가 와야 하는 것을 알 수 있다.
해석 Maria Sharapova는 세계에서 가장 유명한 테니스 선수 중 하나이다. 그녀는 다가오는 금요일 오후에 시범경기에서 시합할 것이고, 나는 그녀의 후원자들이 그녀를 보고 아주 즐거워 할 것임을 확신한다.
exhibition ⓝ 1. 전시, 전시회   2. 발휘, 표현
           3. 시범경기

2 | 완료 & 완료진행시제

❶ 완료시제

1) 현재완료

과거시제는 과거의 단순한 사건만을 말하지만 현재완료는 과거 사건이 현재까지 영향을 미치는 경우에 표현할 수 있다. 형태는 「have p.p.」이며 주어가 3인칭 단수인 경우 「has p.p.」로 표현한다.

- I lost my watch yesterday. (어제 시계를 잃어버렸다는 사실을 전달하지만 현재 그 시계를 찾았는지 새로 샀는지 등의 정보는 알 수 없다.)
- I have lost my watch. (= I lost my watch and don't have the watch now. 과거에 시계를 잃어버려서 지금 없는 상태까지 담고 있다.)

현재완료는 쓰이는 부사구나 문맥에 따라서 다양한 해석을 할 수 있다.

① 현재 시점에 있어서 '완료'를 나타낸다. 함께 잘 쓰이는 부사(구) 표현을 잘 보면 문맥을 쉽게 추론할 수 있다.

　　　　　already　　yet　　just　　lately　　this week　　recently

- He has already had lunch. 그는 벌써 점심을 먹었다.
- We have just come back from our holiday. 우리는 휴가에서 막 돌아왔다.

② 과거부터 현재까지의 '계속'을 나타낸다. 함께 쓰이는 부사(구)를 통해서 추측할 수 있으며, G-TELP 시험에서는 '계속'적 용법을 가장 많이 묻는다. 특히나 현재완료시제보다는 '현재완료 진행형'으로 정답이 많이 출제되니 반드시 익혀두자.

> **G-TELP 취향저격**　현재완료 진행형이 정답이 되는 부사(구)
>
> for + 기간 명사, since + 과거시점 명사, since + S + 과거동사
> all day　　all morning　　how long

- William and Sophie are talking on the phone right now. They have been talking on the phone for over two hours. William과 Sophie는 지금 전화통화 중이다. 그들은 2시간 넘게 전화 통화를 해오고 있는 중이다.
- It has been raining all week. 이번 주 내내 비가 오고 있다.

- Josh has been living in London since 2015. 2015년 이래로 Josh는 런던에서 살고 있다.

③ 과거부터 현재까지의 '경험'을 나타낸다.

　　　　ever　　　never　　　before　　　often　　　once　　　twice　　　~times　　　seldom

- A: Have you ever seen a whale in person? 너는 고래를 직접 본 적이 있어?
- B: Yes, I have seen one before. 응, 전에 본 적 있어.
　　No, I have never seen one. 아니, 한 번도 본 적이 없어.

※ 「~에 가[와]본 적이 있다」라고 경험을 표현할 때는 「have gone[come]」을 쓰지 않고 「have been to + 장소명사」를 쓴다.
- I have been to Sydney before. 나는 전에 시드니에 간 적이 있다.

④ 사건이나 동작이 과거에 끝나고 그 결과가 현재까지 남아 있는 '결과'를 표현할 수도 있다. '완료'를 나타내는 표현과 비슷하거나 겹치는 경우가 많다.
- I have bought a cell phone. → I bought a cell pone and have it now.
　나는 휴대폰을 샀다. → 그래서 지금 휴대폰이 있다.
- She has gone to Busan. → She went to Busan and is there now. She is not here.
　그녀는 부산에 가고 없다.

2) 과거완료

과거를 기준으로 완료, 경험, 계속 등을 나타낸다. 과거보다 먼저 일어난 '대과거'도 과거완료형태로 표현할 수 있다. 형태는 「had p.p.」이다.
- I had lived there for 10 years when the war broke out. 〈계속〉
　나는 전쟁이 일어났을 때 십 년 째 그곳에 살고 있었다.
- I had tasted her cooking before, so I declined the invitation. 〈경험〉
　나는 전에 그녀가 만든 음식을 먹어 본 적이 있어서 그 초대를 거절했다.

[대과거]
- My uncle sent me a coat that he had bought in London. 삼촌이 런던에서 산 코트를 내게 보내주셨다.

G-TELP 취향저격　과거완료 진행형이 정답이 되는 경우

시간 부사절 before / by the time / since 절의 시제가 과거이며, for + 기간명사

- I had been waiting for Henry for over two hours before he finally arrived.
그가 마침내 도착하기 전까지 나는 Henry를 2시간 넘게 기다리고 있었다.
- By the time the concert began, I had been standing in line for two hours.
콘서트가 시작할 때 쯤, 나는 두 시간 째 줄을 서고 있었다.
- He said that he had been driving non-stop for three hours when he started falling asleep. 그가 말하기를 그가 졸기 시작했을 때, 그는 쉬지 않고 3시간 째 운전을 해오고 있었다.

3) 미래완료진행

미래의 특정시점이 되는 그때까지 상태나 동작이 계속되는 경우나, 완료되는 경우 미래완료를 써서 표현할 수 있다. 형태는 「will + have p.p.」이다.

- After visiting Hawaii next week, I will have been there 10 times.
다음 주에 하와이를 다녀오면, 나는 그곳에 10번 방문한 것이 된다.

G-TELP 취향저격 미래완료 진행형이 정답이 되는 경우

By the time/ by this time tomorrow 절이 미래를 나타내는 현재시제이며, for + 기간명사가 오는 경우.

- By the time he finally gets it, he will have been waiting for many months.
그가 그것을 가질 때쯤, 그는 몇 달째 기다려오게 되는 것이다.
- By this time tomorrow she will have been telling her friends about how Rose dumped Peter. 내일 이 시간쯤에 그녀는 그녀의 친구들에게 어떻게 Rose가 Peter를 차게 되었는지를 말하고 있는 중일 것이다.

G-TELP 취향저격 시제를 푸는 꿀 Tip

① 기간 명사가 오면 (for + 시간) 가장 먼저 완료용법을 정답 후보로 올린다.
② 문맥상에서 시간 부사절이나 (when he arrives) / (before she arrived) 시간부사를 체크해서 전반적인 시제를 확인한다.
③ 단순 완료시제와 완료진행시제가 함께 남은 경우는 '완료진행'시제가 정답이 된다.
④ 특정한 시간 부사절이나 부사구가 없는 경우, 문제 앞부분부터 전반적인 시제를 잘 체크하면서 문맥의 흐름을 따져야 한다. (해석 요구)
⑤ 단순현재 시제가 정답으로 되는 경우는 시제예외법칙으로 '일반적 사실- (예) 인기가 많은 지도자가 항상 좋은 지도자는 아니라는 것을 깨달았다'이나 과학적 사실 따위를 이야기 할 때 정답이 된다.
⑥ 미래까지 머무는 stay동사가 문제로 출제되면 무조건 will be staying이 정답이다. 보기에 will stay가 나와도 will be staying!
⑦ 시간, 조건부사절에서는 현재시제가 미래를 나타낸다. 명령문도 기본적으로 미래시제라는 점과, hope, plan과 같은 동사가 현재시제로 쓰이면 의미상 '미래'를 나타낼 수 있다는 것을 기억하자.

Check-up

한 권에 끝내는 지텔프 65점

01 He _____ the restaurant for seven years when the economic depression forced him to close it down.

depression ⓝ
1. 우울, 우울증 2. 불경기, 불황

(a) is running
(b) will be running
(c) has ran
(d) had been running

[해설] 기간을 표현하는 for five years (5년 동안)이 나왔으므로 완료시제와 쓰는 것이 적절하며 when 부사절 시제가 과거이므로 시제 일치에 따라서 과거완료/과거완료 진행형이 들어가야 적절하다.
[해석] 경제 침체로 그가 식당 문을 닫아야 했을 때, 그는 식당을 7년 째 운영해 오고 있는 중이었다.

정답 (d)

02 That is why she _____ me to go with her to watch the premiere of Shocking Comedy show since last week.

premiere ⓝ
(영화의) 개봉; (연극의) 초연

(a) has been asking
(b) will ask
(c) asked
(d) can ask

[해설] since last week (지난 주 이래로)라는 시간 부사를 통해서 과거시점부터 현재까지 지속되고 있는 상황임을 알 수 있다. 현재완료/현재완료 진행시제가 들어가야 적절하다.
[해석] 그것이 그녀가 지난주부터 Shocking Comedy Show의 초연을 함께 보러 가자고 계속해서 요청해오고 있는 이유이다.

정답 (a)

UNIT 01 시제 25

Check-up

03 Her friend told her that they _____ for half an hour already and would just call her later.

(a) will wait
(b) can wait
(c) are waiting
(d) had been waiting

> [해설] 기간을 표현하는 for half an hour (한 시간 동안)이 있으므로 완료 시제를 써야 한다. 보기 중에 완료 표현은 (d)뿐이다.
> [해석] 그녀의 친구는 그녀에게 그들이 이미 30분 동안 기다렸고 나중에 그녀에게 전화할 것이라고 말했다.
>
> 정답 (d)

intricate ⓐ
얽힌, 복잡한; 난해한

04 For the last four years, master craftsmen _____ its intricate wood carvings.

(a) are carefully restoring
(b) will carefully restore
(c) have been carefully restoring
(d) carefully restored

> [해설] 기간을 나타내는 표현 for the last four years (지난 4년 동안)을 통해서 완료시제와 쓰여야 함을 알 수 있다. 현재완료진행인 (c)가 가장 적절하다.
> [해석] 지난 4년 동안 장인들은 그것의 정교한 나무 조각을 세심하게 복원해오고 있는 중이다.
>
> 정답 (c)

05 He _____ for the American Bank for almost ten years now.

(a) had been working
(b) was working
(c) will have been working
(d) has been working

[해설] 기간을 나타내는 시간 부사 for almost ten years (거의 10년 동안)를 통해서 완료표현이 쓰여야 함을 알 수 있다. 또한 now (지금)은 현재를 나타내고 있으므로 현재완료/현재완료진행시제가 가장 적절하다.
[해석] 그는 지금까지 거의 10년 동안 American 은행을 위해 일해오고 있다.

정답 (d)

06 I'm sure that by this time tomorrow she _____ her friends about how Trisha dumped Kanul.

(a) has told
(b) will have been telling
(c) has been telling
(d) could have told

dump ⓥ
1. 버리다
2. 떠넘기다
3. 팔아치우다
4. 내려놓다
5. (애인을)차다

[해설] 시간 부사 by this time tomorrow (내일 이때까지/내일 이때)이 미래의 특점 시점이며 그 시점까지 특정 동작이 계속되고 있는 상태를 표현하는 미래완료/미래완료진행 시제가 들어가야 한다.
[해석] 나는 내일 이때쯤 그녀가 그녀의 친구들에게 어떻게 Trisha가 Kanul를 차버렸는지를 이야기하고 있는 중일 것이라고 확신한다.

정답 (b)

Check-up

07 They _____ the alligators for more than fifteen years by the time they finish their research in 2025.

(a) are studying
(b) will have been studying
(c) had been studying
(d) were studying

[해설] 기간을 나타내는 표현 for more than fifteen years (15년 이상 동안)이 있으므로 완료시제가 쓰여야 한다. 완료시제는 (b)와 (c)인데, in 2025 (2025년에)라는 시간 부사가 미래를 표현하고 있으므로 미래완료진행형인 (b)가 올바르다.
[해석] 그들이 연구를 마칠 때쯤인 2025년에 그들은 15년 이상 악어 연구를 진행하고 있는 것이 될 것이다.

정답 (b)

08 Aiden's architectural firm _____ impressive buildings in the US for 35 years now.

(a) will design
(b) designs
(c) has been designing
(d) had been designing

[해설] 기간을 나타내는 표현 for 35 years를 통해서 완료시제와 쓸 수 있는 것을 알 수 있다. (c)와 (d)가 완료표현이지만 now가 있으므로 현재완료진행이 적절하다.
[해석] Aiden 건축 사무소는 미국에서 지금까지 35년 동안 인상적인 건물들을 디자인해오고 있는 중이다.

정답 (c)

09 To save money, he _____ for interesting books at bargain bookstores for years before he discovered the website.

(a) had been looking
(b) was looking
(c) looks
(d) looked

[해설] 기간을 나타내는 표현 for years (몇 년 동안)이 있으므로 완료시제와 써야 한다. 보기에서 완료시제는 (a) 뿐이다.
[해석] 돈을 절약하기 위해, 그가 그 웹 사이트를 발견하기 전에 몇 년 동안 관심 있는 책들을 할인 서점에서 찾았었다.

정답 (a)

10 He was hired as museum curator by an experimental art museum and _____ as its co-director for several months now.

experimental ⓐ 실험적인, 실험의

(a) would be working
(b) was working
(c) has been working
(d) had been worked

[해설] 기간을 나타내는 for several months (몇 개월 동안)이 있으므로 완료 시제를 써야 하며 now (현재)가 있으므로 현재완료진행형인 (c)가 정답이다.
[해석] 그는 실험적인 예술 박물관에 큐레이터로 고용되었고, 지금 몇 개월 째 공동 관리자로써 일해오고 있는 중이다.

정답 (c)

Check-up

11 Since last months's employee training, staff productivity _____ much more than expected.

(a) improving
(b) improves
(c) has improved
(d) to be improved

> [해설] Since가 이끄는 구가 과거부터 현재까지의 시간을 나타내므로 현재완료 시제가 가장 적절하다.
> [해석] 지난달의 직원 연수 이후 직원 생산성이 예상했던 것보다 훨씬 더 향상되었다.
>
> 정답 (c)

12 Dr. Suzuki arrived for the awards ceremony on time even though her train _____ twenty minutes late.

(a) is leaving
(b) will leave
(c) to leave
(d) had left

> [해설] 주절의 시제가 과거(arrived)로 기차가 20분 늦게 출발한 것이 Suzuki박사가 시상식에 도착한 것보다 먼저 일어난 일이므로 과거완료 시제(had p.p.)가 되어야 한다.
> [해석] Suzuki 박사는 기차가 20분 늦게 출발했음에도 불구하고 시상식에 제시간에 도착했다.
>
> 정답 (d)

13 At the end of next month, executive chef Tracy Nakagawa _____ the kitchen at the Hokulea Cafe for ten years.

(a) has supervised
(b) will have supervised
(c) had been supervising
(d) is supervising

[해설] 미래의 시점을 나타내는 표현(At the end of next month)가 있으므로 '다음 달 말이면 10년이 된다'는 의미를 표현할 수 있는 미래 완료시제가 가장 적절하다.
[해석] 다음 달 말이면 수석 요리사인 Tracy Nakagawa가 Hokulea 카페 주방을 감독한 지 10년이 된다.

정답 (b)

14 The August shipment _____ from Busan and is waiting in the receiving dock.

(a) arrives
(b) has just arrived
(c) should have arrived
(d) will be arriving

shipment ⓝ
1. 수송 2. 수송품, 적하물
dock ⓝ
부두, 선창, 화물 적재 플랫폼

[해설] 빈칸 뒤에 나온 is waiting이 단서이다. '이미 도착해서 기다리고 있는 중'이 되어야 하므로 현재완료시제의 완료용법이 가장 적절하다.
[해석] 8월 배송품은 부산에서 이제 막 도착했고 하역장에서 대기하고 있다.

정답 (b)

Check-up

inquiry ⓝ
물음, 문의

15 We _____ ten inquiries since the advertisement ran in last week's edition of the newspaper.

(a) will be receiving
(b) had received
(c) have received
(d) to have received

[해설] 지난주에 나온 신문 광고를 낸 이래로(Since the advertisement ran in last week's edition of the newspaper)이 과거부터 현재까지의 시간을 나타내므로 현재 완료 시제와 어울린다.
[해석] 우리는 지난주에 신문 광고를 낸 이래로 10건의 문의를 받았다.

정답 (c)

Exercise

1 Benjamin has recently been in trouble finding how to decorate his house on his own. Thanks to Syvia, he got a useful book. He now _____ the book for 5 hours.

(a) reads
(b) has been reading
(c) will read
(d) had read

2 The executive secretary failed to do her boss's order and she was explaining to him what took place. She _____ his client for hours to schedule a meeting but couldn't get an answer.

(a) was calling
(b) would call
(c) had been calling
(d) will have been calling

3 Fabien had car accident 3 years ago and was seriously injured. Since then, despite his disability, he _____ his best to walk on his feet, which makes everyone touched.

(a) will have done
(b) was doing
(c) must do
(d) has been doing

4 Gabriel is now HD Corporation's top salesman, but he had a tough time when he was starting. In fact, he _____ real estate for almost six months before he finally closed his first deal.

(a) had been selling
(b) would have sold
(c) was selling
(d) sold

5 Olivia has decided to go home and take a much needed nap after lunch. She _____ on her science project all morning and doesn't think she has enough energy left to make it through another class.

(a) is working
(b) works
(c) has been working
(d) would have worked

6 I believe Miranda deserves a reward for her diligent work. She _____ on her tax report for several days now and has not gotten an enough night's sleep.

(a) has been working hard
(b) had already worked
(c) is working hard
(d) will work hard

Exercise

7 Sophie has to work first to save money for college tuition. Based on her calculations, she _____ for a year and a half by the time she is ready for college.

(a) will have been working
(b) would have worked
(c) will work
(d) is working

8 A car bomb explosion killed 20 people and made more than 10 injured yesterday. Authorities said the crowd _____ fireworks when the car bomb exploded.

(a) watches
(b) has been watching
(c) will have watched
(d) had been watching

9 My sisters and I are studying foreign languages. They are taking up classes in French while I am studying Spanish. In fact, by the end of this year I _____ Spanish for 3 years.

(a) am studying
(b) have studied
(c) will have been studying
(d) would study

10 Mr. Jackson, the manager at the restaurant I work for, has not changed his hair style for more than 5 years now. His hair designer _____ him the same haircut every month since 2012.

(a) will be giving
(b) had given
(c) must give
(d) has been giving

11 Albert Einstein has been regarded as one of the most famous scientists in the world. His findings _____ scientists even up to now.

(a) have been influencing
(b) are influencing
(c) had been influenced
(d) should have influenced

12 KBO has given Mr. Kim a year suspension for slapping a referee during the game. He _____ to the Board to reconsider its decision for almost a week now.

(a) is pleading
(b) might have pleaded
(c) has been pleading
(d) will plead

Exercise

13 This morning Gloria was taken to the hospital by her family. Her sister told me that she _____ for a week on a complicated project without any rest.

(a) is working
(b) had been working
(c) will be working
(d) having worked

14 A team of marine biologists are conducting an in-depth study on the humpback whales. They _____ the mammal for 15 years by the time they complete their research in 2030.

(a) are studying
(b) were studying
(c) have studied
(d) will have been studying

15 Emily _____ anxiety attacks and depression for quite some time now. To prevent her from feeling anxious and depressed, Dr. Cindy advised her to engage in sports or do her favorite activities.

(a) is experiencing
(b) has experienced
(c) will be experiencing
(d) had already experienced

UNIT 01 정답과 해설

2 | 완료 & 완료진행시제

01　정답 (b)

해설 기간을 표현하는 「for + 시간 명사」가 왔으므로 완료시제와 잘 어울린다. 또한 now라는 시간 부사가 있으므로 현재완료진행시제가 가장 적절하다.

해석 Benjamin은 최근에 그 스스로 그의 집을 꾸미는 방법을 찾는데 어려움을 겪었다. Syvia덕분에 그는 유용한 책을 얻었다. 그는 지금 5시간 동안 책을 읽고 있다.

02　정답 (c)

해설 for hours (몇 시간 동안)이라는 표현을 통해서 완료 용법이 쓰인다는 것을 확인할 수 있다. 기준 시점이 과거이므로 과거완료진행인 had been calling이 정답이다.

해설 비서실장은 사장의 명령을 수행하는데 실패했고 그녀는 그에게 무슨 일이 있었는지를 설명하고 있었다. 그녀는 몇 시간동안 사장의 고객에게 미팅 일정을 잡기 위해 전화를 했었지만 답변을 얻을 수 없었다.

executive ⓐ 1. 실행의, 집행력이 있는
　　　　　　　2. 행정적인, 행정상의
　　　　　　　3. 관리의, 경영의, 중역의

03　정답 (d)

해설 since then(그때 이후로)라는 시간 부사구가 있으므로 현재완료 시제와 가장 잘 어울린다.

해석 Fabien은 3년 전에 차 사고를 당해서 심각하게 부상당했다. 그 때 이후로 그의 장애에도 불구하고 그는 그의 발로 걷는 것에 최선을 다하고 있으며 그것은 모든 사람들이 감동받게 만들었다.

04　정답 (a)

해설 기간을 표현하는 for almost six months (거의 6개월 동안)이 있고 before 시간 부사절의 시제가 과거이므로 과거완료 진행시제가 가장 적절하다.

해석 Gabriel은 지금 HD회사의 최고 판매사원이지만, 그는 시작할 때 힘든 시기가 있었다. 사실 그는 그가 결국 첫 거래를 매듭짓기 전 거의 6개월 동안 부동산을 팔고 있었다.
real estate 부동산

05　정답 (c)

해설 지속성을 표현하는 all morning이라는 시간 부사는 완료시제와 잘 어울린다. 현재완료진행형인 (c)가 가장 적절하다.

해석 Olivia는 점심 후에 집에 가서 아주 필요한 낮잠을 자기로 결심했다. 그녀는 아침 온종일 과학 프로젝트를 작업했고 다른 수업을 견딜 힘이 있다고 생각하지 않는다.
make it through 통과하다

06　정답 (a)

해설 기간명사 (for several days)가 나왔으므로 완료시제와 어울리며 현재를 표현하는 시간부사 now가 있으므로 현재완료시제가 가장 적절하다.

해석 나는 Miranda가 그녀의 근면함에 대한 보답을 받을 자격이 있다고 믿는다. 그녀는 지금 며칠 째 세금 보고서 일을 열심히 해오고 있으며 아직까지 충분한 수면도 취하지 못했다.
deserve ⓥ ~할 자격이 있다

07　정답 (a)

해설 기간을 나타내는 부사구 for a year and half (1년 반 동안)는 완료시제와 잘 어울린다. 또한 by the time (~할 때쯤)의 접속사가 이끈 절에서 시제가 현재인 것으로 보아 미래시제가 들어가야 한다. 미래시제이면서 완료를 표현하는 미래완료진행 시제가 가장 적절하다.

해석 Sophie는 대학 등록금을 위한 돈을 모으기 위해 처음으로 일을 해야 한다. 그녀의 계산에 의하면 그녀는 그녀가 대학갈 준비가 될 때까지 1년 반 동안 일해야 한다.

08　정답 (d)

해설 when 부사절이 과거시제(exploded)이므로 주절은 과거완료시제가 가장 적절하다.

해석 어제 있었던 차 폭발은 스무 명의 사람을 죽게 만들고 열 명이 넘는 사람들을 다치게 했다. 관계당국은 차가 폭발할 때 군중들이 불꽃을 보고 있었다고 말했다.
explosion ⓝ 폭발, 폭파

09
정답 (c)

해설 기간명사(for 3 years)가 있으므로 완료시제가 적절하며, 미래시간부사 (by the end of this year)이 있으므로 미래완료시제가 가장 적절하다.

해석 내 여동생들과 나는 외국어 공부를 하고 있는 중이다. 내가 스페인어를 공부하는 반면 그들은 불어 수업을 등록한다. 사실 이번 해 말쯤이 되면, 나는 스페인어를 3년째 공부하게 된다.

10
정답 (d)

해설 (since 2012)를 통해서 과거부터 현재까지 지속되는 상황임을 알 수 있으므로 현재완료 시제가 가장 적절하다.

해석 내가 일하는 식당의 매니저인 Jackson은 현재 5년 넘게 헤어스타일에 변화가 없다. 그의 헤어 디자이너가 2012년부터 그에게 매달 똑같은 커트를 해오고 있다.

11
정답 (a)

해설 시간부사(up to now)는 '지금까지'라는 뜻으로 과거부터 현재까지 지속되는 상황임을 알 수 있다. 현재완료 시제가 가장 적절하다.

해석 Albert Einstein은 세상에서 가장 유명한 과학자들 중 한 사람으로 여겨진다. 그의 발견들은 지금까지도 과학자들에게 영향을 끼치고 있다.

12
정답 (c)

해설 기간명사 (for almost a week)이 왔으므로 완료시제가 올바르며 현재를 나타내는 시간부사 now가 있다. 현재완료진행시제가 가장 적절하다.

해석 KBO는 김씨에게 경기 중에 심판을 때린 것에 대해 1년 출전정지를 내렸다. 그는 지금까지 거의 일주일 동안 이 사회에 그 결정을 다시 고려해달라고 간청하고 있다.

suspension ⓝ 1. 정직, 정학, (스포츠 선수의)출장 정지
　　　　　　　2. 연기, 보류, 유예
slap ⓥ 1. 철썩 때리다 2. 탁 놓다 3. 철썩 부딪치다
referee ⓝ 1.심판 2. 추천인, 신원 보증인
　　　　　　3. 중재자(조정인) 4. 심사 위원
plead ⓥ 애원하다, 간청하다

13
정답 (b)

해설 기간명사(for a week)이 왔으므로 완료시제가 올바르고 주절 시제가 과거(told)이므로 과거완료가 가장 적절하다.

해석 오늘 아침에 Gloria는 그녀의 가족들에 의해 병원에 데려가졌다. 그녀는 일주일동안 휴식 없이 복잡한 프로젝트의 일을 했었다고 그녀의 여동생이 나에게 말했다.

complicated ⓐ 복잡한

14
정답 (d)

해설 기간명사(for 15 years)가 있으므로 완료시제가 적절하다. by the time은 '~할 때쯤'이라는 의미의 시간부사절 접속사이고 이 부사절에서 현재시제가 왔으므로 주절에는 미래시제가 와야 한다. 보기로 나온 미래완료진행시제가 가장 적절하다.

해석 해양 생물학자 팀은 혹등고래에 관한 심층연구를 실시하고 있다. 2030년 그들이 연구를 끝낼 때쯤이면 15년 동안 포유류 연구를 진행해 오고 있게 되는 것이다.

in-depth 깊이, 상세히, 심도있게

15
정답 (b)

해설 기간명사(for quite some time)가 있으므로 완료시제가 적절하며 현재를 나타내는 시간부사 now가 있으므로 현재완료시제가 보기 중 가장 적절하다.

해석 Emily는 요즘 불안발작과 우울증을 겪고 있다. 그녀가 불안하고 우울한 감정을 느끼는 것을 막기 위해 Cindy 박사는 그녀에게 스포츠를 해보거나 그녀가 가장 좋아하는 활동을 할 것을 충고했다.

Unit 02 가정법

① 가정법 과거 : **If + S + were / 과거동사, S + 조동사 과거형 + 동사원형**
현재 사실을 반대로 가정하거나 사실이 아닌 경우를 표현할 때 쓴다.
- <u>If</u> I <u>knew</u> his telephone number, I <u>could call</u> him.
  만약 내가 그의 전화번호를 안다면, 나는 그에게 전화를 걸 수 있을 텐데. (실제로는 그의 전화번호를 모름)
- <u>If</u> it <u>were</u> not raining, I <u>would go</u> shopping.
  비가 오지 않는다면 쇼핑을 갈 텐데. (실제로 비가 오고 있음)

② 가정법 과거완료 : **If + S + had p.p., S + 조동사 과거형 + have p.p.**
과거 사실을 반대로 가정할 때 쓴다.
- <u>If</u> we <u>had gone</u> by car, we <u>would have saved</u> time.
  차로 갔었더라면 시간을 절약할 수 있었을 텐데. (차로 가지 않았음)
- <u>If</u> I <u>had studied</u> hard at school, I <u>could have gotten</u> a better job.
  학교에서 열심히 공부를 했었다면, 더 좋은 일자리를 구할 수 있었을 텐데.

③ If가 생략된 가정법
If를 생략하면 주어와 동사를 도치시킨다. 주어 앞에 Were, Had, Should가 올 수 있다. If절이 빈칸으로 출제되는 경우 주절 시제를 통해서 가정법의 시제를 알 수 있다.
- <u>Were</u> I in his shoes, I wouldn't do that.
  내가 만약 그의 입장이라면, 그렇게 하지 않을 텐데.
  = If I were in his shoes, I wouldn't do that.
- <u>Had</u> I <u>known</u> you were coming, I would have prepared lunch for both of us.
  네가 오는 것을 알았더라면 우리 둘을 위해 점심을 준비했을 텐데.
  = If I had known you were coming, I would have prepared lunch for both of us.
- <u>Should</u> you change your mind, let us know.
  마음이 바뀌면 우리에게 알려줘.

> **G-TELP 취향저격** 가정법 If only

If only는 '오직 ... 하기만 하면, ~좋을 텐데.' (가정법 시제에서 '강조'할 때 쓴다.)
- If only는 가정법 과거뿐 아니라 과거완료에도 쓸 수 있다. 가정법 시제에 부사가 첨가된 것이라고 보면 된다.

- If only I were not sick, I would go to her birthday party.
  만약 내가 아프지 않다면, 나는 그녀의 파티에 갈 텐데.
- If only she had not given up, she could have finished the project.
  만약 그녀가 포기하지 않았다면, 그녀는 그 프로젝트를 끝마칠 수 있었을 텐데.

④ 혼합가정법 : **If+주어+had p.p.~ , 주어+조동사의 과거형+동사원형**
과거 사실을 반대고 가정한 경우 현재에 미치는 영향을 표현할 때 쓴다. 주로 부사 now, by now, today, still과 함께 쓰인다.

- <u>If</u> only I <u>had studied</u> harder, things <u>would</u> now <u>be</u> different.
  내가 공부를 더 열심히 했더라면, 지금은 상황이 달랐을 텐데.
- <u>If</u> the management <u>had informed</u> the staff earlier of the budget deficit, they <u>would not have</u> problem by now.
  경영진이 직원들에게 조금 더 일찍 예산 적자에 대해 알렸더라면, 그들은 지금쯤 문제가 없었을 텐데.

<If 가정법 과거> - 현재 사실과 반대 - 만약 ...한다면 ~할 텐데	「If + 주어 + 과거동사, 주어 + would, could... + 동사원형」 • If he worked hard, he would make more money.
<If 가정법 과거완료> - 과거 사실과 반대 - 만약 ...했었다면~이었을 텐데	「If + 주어 + had p.p., 주어 + would, could... + have p.p.」 • If he had worked hard, he would have made more money.
<혼합 가정법> - 만약 ...했었다면 (지금쯤) ~할 텐데	「If + 주어 + had p.p., 주어 + would, could... + 동사원형」 • If I had worked hard, I could make more money now.
★ 참고! <조건 부사절> - 어느 정도 실제로 가능할 경우에 사용 - 만약...라면 ~일 텐데	현재는 현재시제를, 미래는 미래시제를 사용한다. 단, if절에서 미래를 현재시제로 써야 한다. • If he works hard, he will make more money. • If it rains tomorrow, we will stay home.

Check-up

01 If our ancestors had not learned how to build the house, we _____ living in caves.

(a) would have continued
(b) would be continuing
(c) continued
(d) had continued

> [해설] If절의 시제가 「had p.p.」이므로 가정법 과거완료임을 알 수 있다.
> [해석] 우리의 조상들이 집을 짓는 방법을 배우지 않았다면 우리는 동굴에 계속 살았을 것이다.
>
> **정답** (a)

02 If the bus had been full, she _____ to walk in the rain.

(a) will be forced
(b) was being forced
(c) was forced
(d) would have been forced

> [해설] If절의 시제가 과거완료이므로 주절에는 「조동사 과거형 + have p.p.」시제가 들어가야 한다.
> [해석] 버스가 가득 찼다면 그녀는 빗속에서 걸었어야 했을 것이다.
>
> **정답** (d)

03 If he had not been busy, he _____ on the couch watching movies all day long.

(a) will be sitting
(b) would have sat
(c) sits
(d) is sitting

> [해설] If 가정법절의 시제가 「had p.p.」이므로 가정법 과거완료임을 알 수 있다.
> [해석] 그가 바쁘지 않았다면 그는 하루 종일 영화를 보면서 소파에 앉아 있었을 것이다.
>
> **정답** (b)

04 If it _____, she would have bought the smartphone right away.

(a) is cheaper
(b) had been cheaper
(c) was cheaper
(d) would be cheaper

[해설] 주절의 시제가 「would + have p.p.」인 것으로 보아 가정법 과거완료임을 알 수 있다. If절에는 「had p.p.」 시제가 들어가야 한다.
[해석] 그것이 가격이 저렴했다면 그녀는 당장 스마트폰을 샀을 것이다.

정답 (b)

05 I'm sure that if she had a pony at home, she _____ it every day.

(a) would ride
(b) is riding
(c) will ride
(d) rides

[해설] If절의 시제가 과거인 것으로 보아 가정법 과거시제임을 알 수 있다. 주절에는 「조동사 과거형 + 동사원형」이 들어가야 한다.
[해석] 그녀가 집에서 조랑말을 갖고 있다면 그녀가 매일 그것을 탈 것이라고 나는 확신 한다.

정답 (a)

06 If they had more time to prepare, they _____ more people.

(a) would invite
(b) have invited
(c) will invite
(d) are inviting

[해설] If절의 동사 시제가 과거이므로 주절에는 「조동사 + 동사원형」이 들어가야 한다.
[해석] 그들이 준비하는데 더 많은 시간이 있다면 그들은 더 많은 사람을 초대할 것이다.

정답 (a)

Check-up

men's room
화장실

07 He now thinks that if he had not gone to the men's room, he _____ it.

(a) will not lose
(b) cannot be losing
(c) would not have lost
(d) had not lost

> [해설] If절의 시제가 「had p.p.」로 나왔으므로 주절에는 「would/could/might + have p.p.」이 들어가야 한다.
> [해석] 만약 그가 화장실에 가지 않았더라면 그는 그것을 잃어버리지 않았을 것이라고 그는 지금 생각한다.
>
> 정답 (c)

08 If only his trip had been longer, he _____ his aunt in Virginia.

(a) would visit
(b) visited
(c) is visiting
(d) would have visited

> [해설] If절의 시제가 「had p.p.」가 왔으므로 주절시제는 「would/could/might + have p.p.」이 되어야 한다.
> [해석] 만약 그의 여행이 조금만 더 길었더라면 그는 Virginia에 있는 그의 이모 집에 방문했을 텐데.
>
> 정답 (d)

09 Its manager says that the team would truly succeed if only it _____ a bigger fan base and a few more sponsorships.

(a) is generating
(b) will generate
(c) generated
(d) generates

[해설] 주절의 시제는 says로 현재시제이지만 가정법이 종속절에 들어간 경우 종속절 안에서 다시 주절과 부사절로 나눌 수 있다. that절 안에서 주절의 동사는 would succeed이므로 「조동사 과거형 + 동사원형」이고 가정법 과거를 나타내는 표현임을 알 수 있다. 그러므로 if절의 동사는 과거시제가 되어야 한다.

[해석] 그 팀 매니저는 자신의 팀이 만약 더 큰 팬 층과 약간의 후원을 만든다면 정말로 성공할 것이라고 말한다.

정답 (c)

10 If the older generation had failed to pass the skill and wisdom to their children, their means of livelihood _____ up to this day.

(a) hasn't been lasting
(b) wouldn't last
(c) is not lasting
(d) hadn't lasted

[해설] up to this day를 통해 혼합가정법임을 알 수 있다.
[해석] 만약 기성세대가 기술과 지혜를 그들의 아이들에게 전달해주지 않았더라면 그들의 생계 수단은 오늘날까지 지속되지 않았을 것이다.

정답 (b)

11 _____ anyone need assistance during the seminar, please come to the reception desk.

(a) Will
(b) Had
(c) Should
(d) If

[해설] 가정법에서 if가 생략되면 if절의 조동사나 동사가 주어 앞으로 도치된다. 가정법 미래 「If + S + should + 동사원형~, 명령문/미래시제」 문장에서 if가 생략되었으므로 조동사 should가 문두로 나가야 한다.
[해석] 세미나 기간에 도움이 필요하시면 누구든지 안내 데스크로 오세요.

정답 (c)

Check-up

12 If we had purchased the tickets early, we _____ enjoying the game now.

   (a) would be
   (b) are
   (c) have been
   (d) will be

> [해설] 시간부사 now가 있는 것으로 보아 혼합 가정법임을 알 수 있다. 혼합 가정법 「If + S + had p.p.~, S + 조동사 과거형 + 동사원형」의 형태로 '(과거에) 만약 ~했더라면 (지금은) ~할 텐데.'의 의미이다.
> [해석] 우리가 표를 더 일찍 구매했더라면 지금 쯤 경기를 즐기고 있을 텐데.
>
> **정답** (a)

13 If we had found the errors in the financial report, we _____ them prior to submission for approval.

   (a) will correct
   (b) would correct
   (c) corrected
   (d) could have corrected

> [해설] If절의 동사가 「had p.p.」인 것으로 보아 가정법 과거완료임을 알 수 있다. 주절에는 「조동사 과거형 + have p.p.」가 와야 한다.
> [해석] 재무 보고서에 오류가 있다는 것을 알았더라면, 우리는 승인 받으려고 제출하기 전에 보고서를 수정할 수 있었을 텐데.
>
> **정답** (d)

14 If the computer malfunction had not been reported so quickly, we _____ the necessary support.

(a) would not have received
(b) cannot receive
(c) will receive
(d) has received

malfunction ⓝ
기능 부전, 고장, 기능 불량

[해설] If절의 시제가 「had p.p.」인 것으로 보아 가정법 과거완료임을 알 수 있다. 주절에는 「조동사 + have p.p.」가 들어가야 한다.
[해석] 컴퓨터 오작동이 그렇게 빨리 보고되지 않았더라면 우리는 필요한 지원을 받을 수 없었을 텐데.

정답 (a)

15 We _____ in securing funds only if Dr. Wellington had led our research from the beginning.

(a) will succeed
(b) could have succeeded
(c) are succeeding
(d) had succeeded

secure ⓥ
1. 얻어 내다, 획득하다
2. 고정시키다
3. 안전하게 지키다

[해설] if절의 시제가 과거완료이므로 가정법 과거완료임을 알 수 있다. 주절에는 「조동사 과거형 + have p.p.」 시제가 들어가야 한다.
[해석] Wellington 박사가 시작할 때부터 우리의 연구를 이끌기만 했다면 우리는 자금을 확보하는 데 성공했을 것이다.

정답 (b)

UNIT 02 가정법   45

Exercise

1 Our bedroom looks calm and relaxing now that we've painted the walls. However, if we had hired a professional, I'm sure the room _____ even better.

(a) would have looked
(b) will be looking
(c) looks
(d) looked

2 Last weekend, I visited my cousin at his house in Surfers Paradise, Australia. Nothing could have been more fun than hitting the waves. If I lived there, I _____ every day.

(a) am swimming and surfing
(b) will swim and surf
(c) have swum and surfed
(d) would swim and surf

3 Kanul was late for an important meeting this morning because he missed the train. If he _____ when his alarm clock went off, he would have caught his ride.

(a) was getting up
(b) had gotten up
(c) got up
(d) will get up

4 Perhaps if the customer _____ about the car's excellent fuel efficiency, she would have made the decision to purchase it even sooner.

(a) had known
(b) knew
(c) should know
(d) knows

5 Angela partied with her friends last night. When she woke up this morning, she was still so tired that she couldn't go to school. If she had gone to bed early, she _____ ready for school.

(a) has been being
(b) would have been
(c) is being
(d) would be

6 My five-year-old niece is very disappointed. She still doesn't have the walking doll that she has wanted for so long. If her mom had given her the toy last Christmas, she _____ the gift very much.

(a) would have appreciated
(b) will have been appreciating
(c) would appreciate
(d) was appreciating

Exercise

7 _____ you have any questions or concerns about the benefits package, please do not hesitate to contact the accounting department.

(a) Could
(b) May
(c) Can
(d) Should

8 Catherine and Lucas got married last Saturday. Most of the Luca's relatives think that if she had not gotten pregnant, he _____ her, at least not this quickly.

(a) had not married
(b) is not marrying
(c) will not marry
(d) would have not married

9 Jayden works six days a week, and his only chance to rest is on Sundays. However, he also has to take care of his children on that day. If he weren't so busy, he _____ Sundays resting.

(a) would have spent
(b) would spend
(c) spends
(d) is spending

10 Though Daisy was generally a good worker, she often disagreed with her supervisor's requests. If he had demonstrated more patience and generosity toward her, she _____ more closely with him.

(a) would work
(b) will have worked
(c) might have worked
(d) had been working

11 More than 800 athletes attended the second Annual Sports Event held in Beijing. However, some scheduled events were canceled because of a lack of participants. _____ more thorough in their preparations, none of this would have happened.

(a) Were the organizers not
(b) If the organizers have been
(c) Should the organizers been
(d) Had the organizers been

12 Dr. Esther had dreamed of becoming a doctor since she was 10 years old. If she had not gotten scholarship from the Angel Medical School, she _____ from the medical school.

(a) would not graduate
(b) would not have graduated
(c) will not graduate
(d) should have graduated

Exercise

13 Leo couldn't participate in an important writing workshop because his boss unexpectedly assigned him to convert an controversial issue. If his boss _____ someone else to cover the issue, he could have gone to the workshop.

(a) was asking
(b) has been asking
(c) will be asking
(d) had asked

14 Max spent most of his salary on a new computer so he wasn't able to pay his credit card bills last month. If he _____ it, he would have had enough money to pay his bills.

(a) wasn't purchasing
(b) will not have had
(c) hadn't purchased
(d) must purchased

UNIT 02 정답과 해설

01 정답 (a)

해설 가정법 과거완료 시제의 문제이다. If절의 시제에 「had p.p.」를 사용하고 있으므로 주절에는 「would/could/might + have p.p.」이 와야 한다.

해석 우리가 벽을 색칠했기 때문에 우리 침실이 차분하고 편안해 보인다. 그러나 만약 우리가 전문가를 고용했더라면, 확신하건데 훨씬 더 멋져 보였을 것이다.

02 정답 (d)

해설 If 가정법의 시제가 과거이므로 주절에는 「조동사 과거형 + 동사원형」이 가장 적절하다.

해석 지난 주말, 나는 서퍼들의 천국인 호주에 있는 사촌 집에 방문했다. 그 어떤 것도 파도를 타는 것보다 재미있는 것은 없다. (= 파도를 타는 것이 가장 즐겁다.) 만약 내가 그곳에 산다면, 나는 매일 수영과 서핑을 할 텐데.

03 정답 (b)

해설 주절의 시제가 「조동사 과거형 + have p.p.」이므로 가정법 과거완료 시제임을 알 수 있다.

해석 Kanul은 기차를 놓쳤기 때문에 아침에 중요한 회의에 늦었다. 그가 그의 알람시계가 울렸을 때 일어났다면 차를 탔을 것이다.

go off 1. 자리를 뜨다 2. 발사되다, 폭발하다
         3. 울리다 4. 나가다

04 정답 (a)

해설 주절 시제(would have made)인 것으로 보아 가정법 과거완료시제임을 알 수 있다. 주절에는 「had p.p.」 시제가 들어가야 올바르다.

해석 그 고객이 그 차의 우수한 연비를 알았더라면, 그녀는 더 빨리 구매 결정을 내렸을 것이다.

05 정답 (b)

해설 If절의 시제가 「had p.p.」이므로 가정법 과거완료시제임을 알 수 있다.

해석 Angela는 어젯밤에 그녀의 친구들과 파티를 했다. 그녀가 오늘 아침에 일어났을 때 그녀는 너무 피곤해서 학교에 갈 수 없었다. 그녀가 일찍 잤다면 그녀는 학교 갈 준비가 되었을 것이다.

06 정답 (a)

해설 If 가정법절의 시제가 과거완료이므로 주절에는 「조동사 과거형 + have p.p.」 시제가 들어가야 한다.

해석 나의 5살 조카딸은 아주 실망했다. 그녀는 아주 오랫동안 원했던 걷는 인형이 여전히 없었다. 그녀의 엄마가 작년 크리스마스에 그 인형을 줬다면 그녀는 그 선물에 아주 많이 감사했을 것이다.

niece ⓝ 조카딸, 여자 조카

07 정답 (d)

해설 가정법에서 if가 생략되면 조동사 should나 were, had가 문두로 나간다. 주절의 문장이 명령문으로 나왔으므로 가정법 미래를 표현할 should가 들어가야 적절하다.

해석 복리후생에 대한 문의 사항이나 우려 사항이 있으면, 주저하지 말고 경리부로 연락하십시오.

08 정답 (d)

해설 If절의 시제가 「had p.p.」이므로 가정법 과거완료임을 알 수 있다.

해석 Catherine과 Lucas가 지난주 토요일에 결혼했다. Luca의 대부분의 친척들은 Catherine이 임신하지 않았더라면 적어도 이렇게 급하게 결혼하지는 않았을 것이라고 생각했다.

09
정답 (b)

해설 If절의 시제가 과거이므로 주절에는 「조동사 과거형 + 동사원형」이 가장 적절하다.

해석 Jayden은 일주일에 6일 일하며 쉴 수 있는 유일한 기회는 일요일이다. 그러나 그는 그 날도 아이들을 돌봐야 한다. 그가 그렇게 바쁘지 않다면 그는 일요일을 쉬는데 보낼 것이다.

10
정답 (c)

해설 if절의 시제가 과거완료이므로 가정법 과거완료시제임을 알 수 있다.

해석 Daisy가 대부분의 사람들에게 좋은 노동자임에도 불구하고 그녀는 감독관의 요구에 자주 반대했다. 그가 그녀에게 더 많은 인내심과 관대함을 보여줬다면 그녀는 그와 더욱 가까이 일했을 것이다.

11
정답 (d)

해설 주절의 시제가 「would have p.p.」이므로 가정법 과거완료임을 알 수 있다. (d)는 if가 생략되면서 had가 주어 앞으로 도치된 가정법 과거완료의 형태이다.

해석 800명 이상의 운동 선수들은 베이징에서 열리는 두 번째 연례 스포츠 행사에 참석했다. 그러나 몇몇 계획된 행사들은 참가자들의 부족으로 취소되었다. 주최자들이 준비에 더욱 철저했다면 이러한 상황은 일어나지 않았을 것이다.

12
정답 (b)

해설 If절의 시제가 「had p.p.」인 것으로 보아 가정법 과거완료 시제임을 알 수 있다.

해석 Esther 박사는 10살 이후로 의사가 되는 것을 꿈꿨다. 그녀가 Angel Medical School에서 장학금을 받지 못했다면 그녀는 의대를 졸업하지 못했을 것이다.

13
정답 (d)

해설 주절의 시제가 「조동사 과거형 + have p.p.」이므로 가정법 과거완료 시제임을 알 수 있다. If절에는 had p.p가 들어가야 한다.

해석 Leo는 그의 상사가 예상치 못하게 논란이 많은 문제를 바꾸기 위해 파견했기 때문에 중요한 글쓰기 워크숍에 참석할 수 없었다. 그의 상사가 다른 사람에게 그 문제를 다룰 것을 요청했다면, 그는 워크숍에 갈 수 있었을 것이다.

assign ⓥ 맡기다, 선임하다, 파견하다, (사람을) 배치하다
convert ⓥ 1. 전환시키다, 개조하다 2. 전환되다
　　　　　3. 개종하다, 전향하다, 바꾸다
controversial ⓐ논란이 많은

14
정답 (c)

해설 주절의 시제가 「조동사 과거형 + have p.p.」이므로 가정법 과거완료임을 알 수 있다.

해석 Max는 새로운 컴퓨터에 그의 월급 대부분을 써서 저번 달 신용카드 대금을 지불하지 못했다. 그가 그것을 사지 않았다면 그는 대금을 지불할 충분한 돈이 있었을 것이다.

bill ⓝ 1. 고지서, 청구서 2. 계산서 3. 법안

Unit 03 연결어-접속사 & 전치사 & 접속부사

이현아 취향저격 지텔프 65점

1 | 부사절 접속사

부사절 접속사는 문장에서 부사 역할을 하며 '접속사 + 주어 + 동사'의 형태가 일반적이다. 부사절은 생략되어도 전체 문장에 영향을 미치지 않으며 시간, 양보, 이유, 조건, 목적, 결과 등의 의미를 지닌다.

❶ 시간을 나타내는 부사절 접속사

when / as ~할 때　　before ~전에　　after ~후에　　while ~동안
since ~이래로　　　until ~할 때까지　as soon as ~하자마자

- <u>When</u> the meal was finished, Ray washed up and made coffee.
  식사가 끝났을 때 Ray는 설거지를 하고 커피를 준비했다.

❷ 조건을 나타내는 부사절 접속사

if / provided (that) / providing (that) / on conditions (that) 만약 ~라면
unless / if not 만약 ~이 아니라면　　　　　　　as long as / as far as ~하는 한
once 일단 ~하면　　considering (that) 고려하면　given (that) ~을 고려할 때

- <u>If</u> you go to one of the agencies, you can probably find a temporary job.
  그 대행사들 중 한 곳에 가면, 아마 임시 고용직을 구할 수 있을 것이다.

❸ 이유를 나타내는 부사절 접속사

because / as / since ~ 때문에　　now that ~이므로　　in that ~라는 점에서

- <u>Since</u> they're at an early stage in planning, they would like to conduct the survey.
  아직은 기획 초기 단계이므로 그들은 설문 조사를 실시하고자 한다.

❹ 양보를 나타내는 부사절 접속사

although / though / even if / even though 비록 ~일 지라도, ~에도 불구하고
while / whereas ~인 반면에, 한편

- <u>Although</u> the number of books he owned in total is simply unknown, an episode about his passion for books is well-known.
  그가 소유한 책의 전체 수는 전혀 알려지지 않았지만, 책에 대한 그의 열정에 관한 에피소드는 잘 알려져 있다.

❺ 목적을 나타내는 부사절 접속사

so that + 주어 + 동사 : (that절 주어가) ~할 수 있도록
in order that + 주어 + 동사 : (that절 주어가) ~하기 위하여

- Jason Moore prefers to communicate with clients <u>so that</u> he can hear real voices from them.
  제이슨 무어 씨는 고객들의 생생한 의견을 듣기 위해 고객들과 대화하는 것을 좋아한다.
- Ms. Han shortened her speech <u>in order that</u> she may have time to answer questions.
  한 씨는 질문에 대답할 시간이 있도록 연설을 줄였다.

❻ 결과를 나타내는 부사절 접속사

so + 형용사/부사 + that + 주어 + 동사 : 매우 ~해서(that절의) 주어가 ~하다
such + a(n) + 형용사 + 명사 + that + 주어 + 동사 : 명사 때문에 (that절의) 주어가 ~하다

- The road was <u>so</u> slippery <u>that</u> it had to be closed to traffic.
  길이 매우 미끄러워서 교통이 통제되었다.
- He made <u>such</u> a long speech <u>that</u> we were all tired.
  그가 연설을 너무 길게 해서 우리는 모두 지쳤다.

2 | 부사절 접속사와 전치사 구별

전치사 뒤에는 명사가 와서 구를 이루고, 접속사 뒤에는 '주어 + 동사'가 와서 절을 이룬다.

접속사	의미	전치사
when / as ~할 때	시간	at / on / in ~에
while ~하는 동안		during / for ~동안
until ~할 때까지		by / until ~까지
as soon as ~하자마자		on / upon ~ing ~하자마자
before ~전에		before / prior to ~전에
after ~후에		after / following ~후에
because / as / since ~때문에	이유	because of / due to / owing to / on account of ~ 때문에
although / though / even if / even though 비록 ~일지라도	양보	despite / in spite of 비록 ~일지라도
unless 만약 ~이 아니라면 in case (that) ~에 대비하여	조건	without / but for ~이 없다면 in case of / in the event of ~에 대비하여
so that / in order that ~하기 위하여	목적	for the purpose of ~의 목적으로

<u>Despite</u> the extended free time, people of both France and Germany are very productive when they work.
= <u>Although</u> they have the extended free time, people of both France and Germany are very productive when they work.
늘어난 자유시간에도 불구하고, 프랑스와 독일 사람들은 모두 일을 할 때 매우 생산적이다.

3 | 접속부사

※ 접속부사는 절과 절을 연결할 수도 없고, 명사(구)를 데리고 올 수도 없다. 부사로 쓰여서 의미를 연결해준다. 문맥상 적절한 접속부사를 선택하면 된다.

- She is very rich. <u>In fact</u>, she is one of the richest women in the world.
  그녀는 매우 부유하다. 사실상, 그녀는 전 세계에서 가장 부유한 여성들 중 한 명이다.
- George is lazy. His brother, <u>however</u>, is diligent. Geroge는 게으르다. 그러나 그의 형은 부지런하다.

※ 접속부사 however는 상대적으로 문장 내에서 자유롭게 위치한다.

[의미별로 정리한 접속부사]

[접속부사]

역접)	however 그러나	nevertheless / nonetheless 그럼에도 불구하고
인과)	therefore 그러므로	consequently 결과적으로
첨언)	besides 게다가	moreover / furthermore 더욱이
가정)	otherwise 그렇지 않으면	unless otherwise + 과거분사 달리 ~되지 않으면
기타)	then 그리고 나서	meanwhile 한편, 그러는 사이

Check-up

한 권에 끝내는 지텔프 65점

01 The younger staff look up to Ms. Itoh _____ her years of experience in the field of multimedia and graphic design.

(a) because of
(b) because
(c) while
(d) now that

look up to ⓥ 존경하다.
field ⓝ 분야, 들판

[해설] 빈칸 뒤에 her years of experience라는 명사구가 왔으므로 빈칸에는 전치사가 들어가야 한다.
[해석] 젊은 직원들은 Itoh씨를 존경하는데, 이는 멀티미디어와 그래픽 디자인 분야에서 다년간의 경험을 그녀가 가지고 있기 때문이다.

정답 (a)

02 _____ he arrives at the airport in the next ten minutes, Mr. Santini is going to have to take a later flight.

(a) While
(b) Unless
(c) Despite
(d) However

[해설] 빈칸 뒤에 절이 왔으므로 빈칸에는 접속사가 들어가야 한다. 문맥상 '만약 ~하지 않는다면'이 가장 자연스러우므로 Unless가 적절하다.
[해석] 만약 Santini씨가 10분 내에 공항에 도착하지 않으면, 더 늦은 비행기를 타야 할 것이다.

정답 (b)

03 _____ many people want to attend the awards ceremony on Friday, extra buses will be made available to the public.

(a) Until
(b) As soon as
(c) Since
(d) During

Check-up

[해설] 빈칸 뒤에 절이 왔으므로 접속사가 들어가야 한다. 의미상 '~이기 때문에'라는 이유를 표현하는 접속사가 적절하다.
[해석] 많은 사람들이 금요일에 있을 시상식에 참석하고 싶어 하기 때문에 대중들이 이용할 수 있도록 임시 버스들이 제공될 것이다.

정답 (c)

04 Construction will begin on the new water park _____ all city permits are authorized.

(a) in case of
(b) so
(c) due to
(d) as soon as

[해설] 빈칸 뒤에 절이 있으므로 부사절 접속사가 들어가야 하며 주절의 시제가 미래이므로 시간 부사절 접속사가 현재시제를 써서 미래를 표현할 수 있다. 시간 부사절 접속사 as soon as가 가장 적절하다.
[해석] 모든 시 허가들이 인정되는 대로 새로운 수상 공원의 건설 공사가 시작될 것이다.

정답 (d)

05 The convenience store around the corner is always open twenty-four hours a day, _____ it is a national holiday.

(a) even if
(b) whether
(c) regarding
(d) because

[해설] 절을 이끌 수 있는 접속사가 들어가야 하며 문맥상 '~에도 불구하고'라는 양보 부사절 접속사가 적절하다.
[해석] 모퉁이에 있는 편의점은 국경일이라 하더라도 하루 24시간 내내 영업한다.

정답 (a)

06 The East Lanali Public Library will be closed _____ the heating system is renovated.

renovate ⓥ
개조하다, 보수하다

(a) however
(b) during
(c) while
(d) along

[해설] 빈칸 뒤에 절이 있으므로 부사절 접속사가 가장 적절하다. 보기 중에서 접속사 기능을 할 수 있는 것은 (c) while 밖에 없다.
[해석] 공공 도서관 East Lanali는 난방 시스템이 보수되는 동안 문을 닫을 것이다.

정답 (c)

07 Your personal information will not be released to any third party _____ we have your written permission to do so.

release ⓥ
1. 풀어주다, 석방하다
2. 발산하다
3. 풀어주다
4. 공개하다

permission ⓝ 허락, 허가

(a) until
(b) by
(c) then
(d) who

[해설] 빈칸은 완벽한 두 개의 절을 연결하는 부사절 접속사가 들어가야 올바른 자리이다. 보기에서 부사절 접속사는 until밖에 없다.
[해석] 당신의 개인 정보는 그렇게 하겠다는 당신의 서면 동의가 있기 전까지는 제 3자에게 공개되지 않을 것이다.

정답 (a)

08 The Pentular desk cannot be shipped _____ a purchase order is signed by the department manager.

(a) despite
(b) unless
(c) nevertheless
(d) without

Check-up

[해설] 두 개의 완벽한 절을 연결하는 자리이므로 부사절 접속사가 들어가야 한다. 부사절 접속사는 unless밖에 없다.
[해석] Pentular desk는 구매 주문이 부서 매니저의 서명 되지 않으면 운송될 수 없다.

정답 (b)

09 Many of the short stories submitted for the contest had to be rejected _____ the authors did not follow submission guidelines.

(a) because
(b) unless
(c) anyway
(d) therefore

[해설] 두 개의 완벽한 절을 연결하는 부사절 접속사가 들어가야 할 자리이다. because와 unless가 부사절 접속사로 빈칸에 들어갈 수 있다. 문맥상 거절된 이유가 들어가는 것이 자연스러우므로 (a)가 정답이다.
[해석] 대회에 제출된 다수의 짧은 이야기는 작가가 제출 지침을 따르지 않아서 거절당했다.

정답 (a)

take over ⓥ
인계받다

10 Alicia Torres will be taking over as vice president of operations _____ Brad Di Marco retires next month.

(a) soon
(b) after
(c) even if
(d) in order to

[해설] 빈칸에는 완벽한 절 두 개를 연결할 수 있는 부사절 접속사가 들어가야 한다. after와 even if 중에서 문맥상 자연스러운 것은 after이다. 시간 부사절에서는 현재시제가 미래를 표현하므로 after 절에서 retires가 현재시제로 쓰인 것도 적절하다.
[해석] Alicia Torres는 Brad Di Marco가 저번 달에 사임하고 나서 영업부사장으로서 인계받을 것이다.

정답 (b)

Exercise

1 The movie had a boring plot and poor cinematography. The characters were uninteresting, and the story lacked twists. _____, I really don't like the movie.

(a) For instance
(b) In other words
(c) However
(d) Besides

2 Professor Chen doesn't like it when students don't pass his exams. _____ giving surprise quizzes, he announces tests ahead of schedule so the students can prepare.

(a) Even if
(b) Instead of
(c) Besides
(d) Despite

3 The affordable hybrid car everybody has been waiting for is finally here. _____, its price won't be as low as originally advertised because the company spent a lot more on production than they had planned.

(a) Therefore
(b) However
(c) So that
(d) Owing to

4 Logan was rushed to the health care room. He accidentally burned his fingers while doing a chemistry experiment. He wasn't allowed to remove the bandage _____ the nurse told him to.

(a) until
(b) so
(c) when
(d) if

5 Ms. Brown has decided to apply for American Bank's new savings plan. The bank is offering high interest rates. _____, the first one hundred customers will receive a free electric toaster.

(a) However
(b) Nevertheless
(c) Moreover
(d) Therefore

6 After proving to his father that his grades had really improved, Martin was allowed to play computer games again. However, he could only play _____ he had already finished his assignments.

(a) what
(b) whether
(c) provided that
(d) regardless of

Exercise

7 Some organizations help the poor by teaching them how to start and manage a small business. These organizations have already helped several people to become a business owner _____ donating equipment like computers and kitchen appliances.

(a) although
(b) in spite of
(c) therefore
(d) instead of

8 The number of customers who use online shopping is rising dramatically. More and more buyers resort to internet shopping _____ the prices of goods are relatively cheaper.

(a) after
(b) due to
(c) whatever
(d) because

9 The weather bureau recording indicates there's only a 20 percent chance of rain tomorrow. _____ the weather conditions are good, the football game won't be delayed.

(a) After
(b) As
(c) Therefore
(d) So

10 Tommy Parker is one of the most famous architects in the city because of his excellent credentials. _____, many of the high-rise buildings that can be seen throughout the city are his designs.

(a) On the contrary
(b) In fact
(c) However
(d) Besides

11 The multinational company was actively seeking management trainees _____ it had just expanded operations in Asia and needed more staff.

(a) before
(b) when
(c) so
(d) because

12 Robert doesn't have many close friends and many people don't like him. _____, he is one of the famous artists because of his wonderful talent in composing songs and playing the guitar.

(a) Nonetheless
(b) Although
(c) In addition
(d) Whether

Exercise

13 According to a study conducted by the International Prevention Center for Disease, over 40 million people worldwide have AIDS. _____ several breakthroughs in their research, scientists haven't yet found a cure for the disease.

(a) Though
(b) Nonetheless
(c) In spite of
(d) Even if

14 The Public Library wants to build another building to accommodate more people, and asked its finance department to adjust its budget. Although their request was granted, actual construction won't start _____ the end of the year.

(a) until
(b) after
(c) despite
(d) so

15 Results from the National Education Assessment Organization showed that more than 40 percent of the students failed English. _____ the Organization's efforts to improve the education system, these results are definitely substandard.

(a) As long as
(b) Despite
(c) Although
(d) Regardless of

16 My uncle Ron is encouraging me to enter the internship program at his firm. _____ I have already decided to work at a smaller company. I believe I can gain more valuable experience there.

(a) Besides
(b) In contrast
(c) Therefore
(d) However

17 James totally surprised us with his performance in the play last night. We didn't know he could act. His acting as Romeo was so convincing that it seemed _____ he had been acting for years.

(a) because
(b) therefore
(c) as though
(d) as well as

18 Some coffee shop owners in Europe have stopped buying genetically-modified coffee beans. They believe that the beans don't taste as good as natural coffee beans. _____, natural coffee beans cost less.

(a) Besides
(b) However
(c) Naturally
(d) Therefore

UNIT 03 정답과 해설

한 권에 끝내는 지텔프 65점

01
정답 (b)

해설 문맥상 앞서 나온 내용의 재진술임을 알 수 있다. In other words는 '다시 말해서 (=즉)'을 뜻하는 표현으로 앞서 나온 내용을 다시 언급할 때 쓰는 연결어이다.

해석 영화는 지루한 줄거리와 안 좋은 촬영 기술을 가지고 있었다. 등장인물들은 재미없고 내용은 전환이 부족했다. 다시 말하면, 나는 정말로 그 영화를 좋아하지 않는다.

cinematography ⓝ 영화 촬영기술, 영화예술

02
정답 (b)

해설 빈칸 뒤에 동명사가 있으므로 전치사가 들어가야 한다. 또한 문맥상 학생들에게 시험을 준비할 수 있도록 공지를 했다는 내용과 어울리기 위해서는 '갑작스러운 퀴즈를 내는 대신에'가 가장 적절하다.

해석 Chen 교수는 학생들이 시험을 통과하지 못했을 때 그것을 싫어한다. 갑작스러운 퀴즈를 내는 것 대신에 학생들이 준비할 수 있도록 예정보다 먼저 시험을 알린다.

ahead of schedule 예정보다 먼저

03
정답 (b)

해설 문맥상 사람들이 기다려 온 차가 드디어 출시되었지만 가격이 예상보다 비싸다는 부정적인 이야기가 나오므로 역접을 표현하는 연결어 however가 가장 적절하다.

해석 모든 사람들이 기다려온 가격이 적당한 하이브리드 차가 마침내 여기 있다. 하지만 회사가 그들이 계획했던 것보다 생산에 더 많이 돈을 썼기 때문에 차의 가격이 원래 광고 되었던 것만큼 싸지는 않을 것이다.

affordable ⓐ 줄 수 있는; 입수 가능한, 〈가격이〉 알맞은

04
정답 (a)

해설 문맥상 '간호사가 제거하라고 말할 때까지'가 가장 적절하므로 until이 들어가야 한다.

해석 Logan은 보건실로 달려갔다. 그는 실수로 화학 실험을 할 때 그의 손가락에 화상을 입었다. 그는 간호사가 그에게 제거하라고 말할 때까지 붕대를 제거하는 것이 허락되지 않았다.

05
정답 (c)

해설 빈칸 앞에 높은 이자를 준다는 긍정의 이야기가 언급되어 있다. 빈칸 뒤에도 추가적인 혜택이 나오므로 첨가를 표현하는 연결어가 자연스럽다. moreover는 '게다가'를 뜻하는 접속부사이다.

해석 Brown씨는 American Bank의 새로운 저축 제도를 신청하기로 결정했다. 그 은행은 높은 이자율을 제공하고 있다. 게다가 처음 100명의 고객은 무료 전자 토스터를 받을 것이다.

06
정답 (c)

해설 그가 숙제를 끝낸 경우에만 게임을 할 수 있다는 내용이 문맥상 자연스럽다. provided that은 조건 부사절 접속사로 '~인 경우'의 뜻을 나타낸다.

해석 그의 성적이 정말로 향상되었다는 것을 아버지에게 증명하고 나서 Martin은 다시 컴퓨터 게임을 하는 것이 허락되었다. 그러나 그는 이미 그의 숙제를 끝냈어야만 게임을 할 수 있었다.

07
정답 (d)

해설 빈칸 뒤에 동명사가 있으므로 전치사가 들어가야 한다. in spite of는 '~에도 불구하고'라는 뜻을 나타내는 전치사이고 instead of는 '~대신에'라는 뜻을 나타내는 전치사이다. 문맥상 instead of가 적절하다.

해석 어떤 조직들은 작은 사업을 시작하고 경영하는 방법을 가난한 사람들에게 가르침으로써 그들을 돕는다. 이 조직들은 컴퓨터와 부엌의 가전제품 같은 기계들을 기부하는 것 대신에 사람들이 사업 소유주가 되도록 이미 돕고 있다.

appliance ⓝ 1. 기구, 장치, 설비, 전기 제품
2. 적용, 응용

08　정답 (d)

해설 빈칸은 완벽한 절 두 개가 왔으므로 부사절 접속사가 들어가야 한다. 문맥상 온라인 쇼핑을 더 많이 하는 이유가 들어가야 적절하다.

해석 온라인 쇼핑을 이용하는 고객들의 수가 기하급수적으로 증가하고 있다. 점점 더 많은 구매자들이 인터넷 쇼핑에 의존하고 있는데 그 이유는 상품들의 가격이 상대적으로 더 저렴하기 때문이다.

resort to ~에 의존하다

09　정답 (b)

해설 완벽한 절을 연결하는 부사절 접속사가 들어가야 올바르다. 문맥상 이유를 표현하는 as가 가장 적절하다. 부사절 접속사 as는 '~할 때/ ~이기 때문에 / ~함에 따라서/ ~에도 불구하고' 등 다양한 뜻을 가지고 있다.

해석 기상국 관측은 내일 비가 올 확률이 20 퍼센트라고 예측한다. 날씨의 상태가 좋기 때문에 축구 경기는 지연되지 않을 것이다.

bureau ⓝ 국, 사무소, 사무국
indicate ⓥ 나타내다, 내비치다

10　정답 (b)

해설 문맥상 첫 문장에서 Tommy Parker가 가장 유명한 건축가들 중 한 명이라는 내용이 나오고 빈칸 뒤에서 구체적인 이야기가 나온다. 앞선 나온 내용의 재진술이라고 볼 수 있다. In fact는 '사실상'이란 뜻으로 앞선 내용과 같은 이야기를 할 때 쓸 수 있는 연결어이다.

해석 Tommy Parker는 자격증 때문에 그 도시에서 가장 유명한 건축가들 중 한명이다. 사실 이 도시에서 볼 수 있는 높이 올라간 빌딩들은 그의 디자인이다.

11　정답 (d)

해설 직원들을 더 많이 뽑고 있었는데 그 이유에 해당하는 내용이 빈칸 뒤에 나온다. 그러므로 이유를 나타내는 부정사 because가 자연스럽다.

해석 다국적 기업은 그것이 아시아에서 영업을 확장시키고 더 많은 직원을 필요로 하기 때문에 적극적으로 운영 수습 직원을 찾고 있었다.

trainee ⓝ 교육을 받는 사람, 수습 (직원)
management ⓝ 경영, 운영, 관리

12　정답 (a)

해설 문맥상 '그럼에도 불구하고'를 나타내는 nonetheless가 가장 자연스럽다. although는 접속사이므로 절과 절을 연결해야 하는데, 주어진 문장에서는 절이 하나 밖에 없으므로 올바르지 않다.

해석 Robert는 가까운 친구들이 많지 않고 많은 사람들이 그를 좋아하지 않는다. 그럼에도 불구하고 그는 노래를 작곡하고 기타 연주하는 탁월한 재능 때문에 가장 유명한 예술가들 중 하나이다.

13　정답 (c)

해설 문맥상 '~에도 불구하고'가 가장 자연스럽다. 빈칸 뒤에는 명사 breakthroughs가 왔으므로 전치사가 쓰여야 한다. nonetheless는 접속부사라서 명사를 데리고 올 수 없고, though와 even if는 접속사이므로 절과 절을 연결해야 한다.

해석 International Prevention Center for Disease에서 수행된 연구에 따르면 세계적으로 4000만 명 이상이 에이즈를 앓고 있다. 그들의 조사에서 몇몇 발전에도 불구하고 과학자들은 아직 질병의 치료법을 발견하지 못했다.

breakthrough ⓝ 돌파구, 발전

14　정답 (a)

해설 빈칸 뒤에는 명사가 왔으므로 전치사가 쓰여야 한다. 전치사로 쓰일 수 있는 것은 until, after, despite로 3개이지만 문맥상 '~까지'가 들어가야 하므로 until이 적절하다.

해석 공공 도서관은 더 많은 사람들을 수용할 다른 빌딩을 짓는 것을 원하며 재무 부서에 예산을 조정할 것을 요구했다. 그들의 요청이 승인되었음에도 불구하고 실제 공사는 연말까지 시작되지 않을 것이다.

accommodate ⓥ 1. 공간을 제공하다, 수용하다
　　　　　　　　 2. 충분한 공간을 제공하다
　　　　　　　　 3. (의견 등을) 수용하다
grant ⓥ 승인하다, 인정하다

15 정답 (b)

해설 빈칸 뒤에는 명사가 있으므로 전치사가 쓰여야 올바르다. 또한 regardless of는 '~와는 상관없이'라는 뜻의 전치사이다. 문맥상 '~에도 불구하고'를 표현하는 despite가 적절하다. Although는 '~에도 불구하고'라는 뜻을 가지고 있지만 접속사이고, As long as는 '~하는 한'을 뜻하는 조건 부사절 접속사이다.

해석 National Education Assessment Organization로부터의 결과는 40 퍼센트 이상의 학생들이 영어에 실패했다는 것을 보여주었다. 교육 시스템의 향상을 위한 조직의 노력에도 불구하고 이 결과는 분명히 수준 이하이다.

substandard ⓐ 수준 이하의, 조야한, 열악한

16 정답 (d)

해설 앞의 내용과 상반되는 내용의 문장이 시작하므로 흐름에서 가장 적절한 것은 however이다.

해석 론 삼촌은 자신의 회사의 인턴쉽 프로그램에 내가 들어올 것을 권하신다. 그러나 나는 이미 작은 회사에서 일하기로 마음먹었다. 나는 내가 거기서 보다 값진 경험을 얻을 수 있을 것이라고 믿는다.

encourage 용기를 복돋우다
firm 회사

17 정답 (c)

해설 빈칸 뒤에 절이 왔으므로 접속사가 와야 하는데, 동사 seemed와 호응하는 양보접속사 as though가 적절하다. seem as though[as if]는 마치 ~인 것처럼 보이다.

해석 James는 어젯밤에 있었던 연극에서 자신의 연기로 우리를 완전히 놀라게 했다. 우리는 그가 연기를 할 수 있다는 것을 알지 못했다. 로미오 역의 그의 연기는 너무나 잘 어울려서 그가 마치 수십 년 동안 연기를 해온 것처럼 보였다.

performance 연기, 수행

18 정답 (a)

해설 접속부사 문제이다. 앞뒤 내용이 추가하는 내용이므로 besides가 가장 적절하다.

해석 유럽의 일부 카페 주인들은 유전적으로 변형된 커피 원두의 구매를 중단했다. 그들은 그 콩이 천연 커피 콩 만큼 맛이 없다고 생각한다. 게다가 천연 커피 원두는 비용이 적게 든다.

modified 수정된

Unit 04 조동사

조동사는 동사 앞에 쓰여서 의미를 더해주거나 강조할 수 있다. 조동사 뒤에는 항상 동사원형을 써야 하고, 부정은 「조동사 + not + 동사원형」으로 쓰면 된다.

조동사 별로 의미가 다양하며, 지텔프에서 조동사는 문맥의 흐름에 적합한 조동사를 찾는 것을 문제로 묻는다. 해석을 요구하는 문제이다.

① will : ~일 것이다. (미래 표현)
- I will go to Tommy's birthday party tomorrow. 나는 내일 Tommy의 생일 파티에 갈 것이다.

② can : ~할 수 있다. (가능)/ ~해도 된다. (허가)
- I can play the piano. 나는 피아노를 연주할 수 있다.
- Can I smoke here? 제가 여기서 담배를 펴도 될까요?

※ cannot은 '~일 리가 없다'는 뜻으로 부정에 대한 강한 추측을 표현할 수 있다.
- She cannot like that boy because he is always teasing her. 그녀는 그 소년을 좋아할 리가 없는데, 그가 항상 그녀를 놀리기 때문이다.
- It cannot be true. 그것은 사실일 리가 없다.

③ may : 아마 ~일 것이다.
- James may be at school. James는 아마 학교에 있을 것이다.
- Peter may not be happy about your borrowing his car. Peter는 네가 그의 차를 빌리는 것을 좋아하지 않을지 모른다.

④ must : ~해야 한다. (의무) / ~임에 틀림없다. (강한 확신)
- You must obey the rules. 너는 규칙들을 준수해야 한다.
- There's the doorbell. It must be Mike. 초인종 소리다. Mike임에 틀림없다.

⑤ should : ~해야 한다. (의무) / ~하는 것이 좋겠다. (충고)
- You should eat more vegetables and less red meat. 너는 야채를 더 많이 먹고 육류를 덜 먹어야 한다.

- You should go see a doctor. 너는 의사선생님 진료를 보는 게 좋겠다.

⑥ 앞선 시제를 표현하는 「조동사 + have p.p.」

- must have p.p. : ~했음에 틀림없다.
  She must have received the parcel. I sent it by registered post. 그녀는 틀림없이 소포를 받았을 것이다. 내가 등기우편으로 보냈다.

- can't have p.p. : ~했을 리가 없다.
  He can't have stolen the money. He was with me at that time. 그가 돈을 훔쳤을 리가 없다. 그때 나와 함께 있었으니까.

- should have p.p. : ~했어야 했는데 <하지 못한 것에 대한 후회나 유감 표현>
  I should have gone to the math lesson. 그 수학 수업을 들으러 갔었어야 했는데.

- may have p.p. : ~했을 지도 모른다.
  I will call, but she may have already left. 내가 전화를 해보겠지만 그녀는 이미 떠났을지도 모른다.

- could have p.p. : ~할 수도 있었는데 / ~했을지도 모른다.
  We could have gone to the concert, but now it's too late. 콘서트에 갈 수도 있었지만 지금은 너무 늦어버렸다.
  She could have sent a message. 그녀가 메시지를 보냈을 지도 모른다.

⑦ 명령·동의·제안·주장·요구·충고 동사나 명사, 이성적 판단을 나타내는 형용사가 온 다음에 that절이 '당위성(마땅히 해야 한다)'를 표현하는 경우 that절의 동사는 「(should) + 동사원형」이 되어야 한다.

- 동사   order   agree   suggest   recommend   insist   request   require   demand   advise
- 명사   decision   wish   order   suggestion   recommendation   advice   desire
- 형용사 important   vital   proper   essential   necessary   urgent   desirable

- The committee suggested that Mr. Brown (should) be selected. 그 위원회는 Brown씨를 선출할 것을 제안했다.
- It is our wish that Melanie (should) study economics in college. Melanie가 대학에서 경제학을 공부하는 것이 우리의 소원이다.
- It is important that the contract (should) be signed. 계약을 맺는 것이 중요하다.
- It is essential that everybody (should) arrive on time. 모든 사람이 정각에 도착하는 것은 필수이다.

> **주의**
>
> that절의 내용이 당위성을 나타내는 것이 아니라 현재나 과거의 객관적 사실을 나타내는 경우에는 that절의 동사는 인칭과 시제 일치 원칙을 따른다.
>
> She <u>insisted that</u> she was present then. 그녀는 그때 참석했다고 주장했다.
>
> He <u>suggested that</u> he wasn't nearly as drunk as they were. 그는 그들만큼 취하지 않았다고 말했다.

G-TELP 취향저격 조동사 should 생략이 가능한 경우 정답 선택 순위

〈명령/동의/제안/주장/요구/충고동사 + that + S + (should) + 동사원형〉에서 that절의 동사는 주로 should가 생략되고 동사원형이 정답이다.

➡ 즉, 보기에 '동사원형'과 'should + 동사원형'이 함께 나오는 경우는 '동사원형'이 정답이다. 보기 중에 '동사원형'이 없는데 'should + 동사원형'이 나온 경우에는 그것을 정답으로 선택하자.

'동사원형'과 'be + ~ing'가 같이 보기에 나오면 '동사원형'을 정답으로 선택하라.

Check-up

negotiation
협상, 교섭, 절충, 협의
potential
가능성이 있는, 잠재적인

01 Tommy recommends that she _____ to take part in the negotiation with the potential clients.

(a) be allowed
(b) allow
(c) will be allowed
(d) to be allowed

[해설] 명령/동의/제안/주장/요구/충고 동사 다음에 '당위성' 내용을 담은 that절이 목적어로 오면 that절의 시제는 「(should) + 동사원형」이 되어야 한다.
[해석] Tommy는 그녀가 잠재적 고객과 협상하는데 참여하는 것이 허용 되어야 한다고 권고한다.

정답 (a)

02 Mr. Frank insists that the company _____ a coffee business in China.

(a) starts
(b) be started
(c) start
(d) will start

[해석] Frank는 중국에서 커피 사업을 시작해야 한다고 주장한다.

정답 (c)

03 Selina hasn't eaten anything since last night. She _____ be hungry.

(a) cannot
(b) must
(c) will
(d) shall

[해석] Selina는 어제 저녁부터 아무 것도 먹지 않았다. 그녀는 배고픈 것이 틀림없다.

정답 (b)

04 Although Yuna didn't have a plan to go to the beach, she _____ not resist buying beach dress displayed at a depart- ment store.

(a) could
(b) will
(c) shall
(d) must

[해설] 문맥상 쇼핑 욕구를 견딜 수 없었다는 내용이 가장 적절하므로 could가 올바르다.
[해석] Yuna는 바다에 갈 계획이 없었음에도 불구하고 백화점에 전시된 비치 드레스를 사고 싶어서 견딜 수 없었다.

정답 (a)

05 The FDA requires that new medicines _____ all test government conduct before the Pharmaceutical companies approve them.

(a) are passing
(b) be passed
(c) pass
(d) can pass

[해설] 명령/동의/제안/주장/요구/충고 동사의 목적어로 that절이 왔고 '당위성'을 나타내므로 that절의 동사는 「(should) 동사원형」이 되어야 한다. 동사원형은 보기는 (b)와 (c)가 있지만 all test라는 명사 목적어가 있으므로 능동태인 (c)가 정답이다.
[해석] FDA는 제약 회사에서 새로운 약을 승인하기 전에 새로운 약들이 정부에서 실시하는 모든 테스트를 통과할 것을 요구한다.

정답 (c)

Check-up

kidney
신장, 콩팥

at once
즉시, 당장

06 His doctor told him it was necessary that he _____ a kidney surgery at once.

(a) has undergone
(b) undergo
(c) will undergo
(d) be undergone

[해설] 이성적 판단의 형용사인 necessary가 오고 that절이 '당위성'을 담고 있는 경우 that절은 (should) 동사원형이 되어야 한다. 목적어에 해당하는 a kidney surgery가 있으므로 수동태인 (d)는 오답이다.
[해석] 그의 의사는 그가 신장 수술을 즉시 받는 것이 필요하다고 그에게 말했다.
정답 (b)

implement
시행하다

cost-cutting
비용 절감의

07 She ordered that all managers _____ cost-cutting measures in all branches nationwide.

(a) implement
(b) implements
(c) will implement
(d) should have implemented

[해설] 명령동사 order의 목적어에 '당위성'을 담고 있는 that절이 왔으므로 that절의 동사는 「(should) 동사원형」이어야 한다.
[해석] 그녀는 세계의 모든 지점에 있는 모든 관리자들이 비용 절감 방침을 시행해야 한다고 명령했다.
정답 (a)

08 Doctors advise that healthy adults also _____ a flu vaccine every year.

(a) should get
(b) be gotten
(c) will get
(d) have gotten

[해설] 충고를 의미하는 advise 동사 목적어에 '당위성' 내용을 담고 있는 that절이 왔으므로 (should) 동사원형이 정답이다.
[해석] 의사들은 건강한 성인들도 매년 독감 예방 접종을 해야 한다고 충고한다.

정답 (a)

09 I told him that he _____ report the loss to the credit card company to have his card blocked so no one could use it.

block
막다, 차단하다

(a) can
(b) must
(c) might
(d) will

[해설] 문맥상 남이 카드를 쓰지 못하도록 카드회사에 알려야 한다는 내용이 올바르므로 의무를 표현할 때 쓰는 must가 가장 적절하다.
[해석] 나는 아무도 그의 카드를 쓰지 못하도록 그것을 차단시키기 위해 그가 신용카드 회사에 분실을 보고해야 한다고 말했다.

정답 (b)

10 The experiment is so dangerous that the researchers _____ wear their gloves and masks while handling the chemicals.

chemical
화학의, 화학 물질

(a) might
(b) can
(c) would
(d) must

[해설] 문맥상 안전 장비를 써야 한다는 내용이 적절하며 의무를 나타내는 조동사 must가 가장 적절하다.
[해석] 그 실험은 아주 위험해서 연구원들은 화학 제품을 다룰 때 장갑과 마스크를 착용해야 한다.

정답 (d)

Exercise

1 The ABC Corporation changed its name to Worldwide Industries, Inc. to show its stronger presence in the world market. The CEO ordered that the change in business name _____ to the public soon.

(a) be announced
(b) announce
(c) will be announced
(d) to be announced

2 Kanul is quite sure that he aced his algebra test. He studied hard for it. That's why he _____ solve the equations so easily when he took the test this morning.

(a) shall
(b) would
(c) might
(d) could

3 Since teachers are role models for students, the principal requires that they all _____ appropriately for school. This will make it easier to make students wear the proper dress code.

(a) will dress
(b) are dressing
(c) dressed
(d) dress

4 Restaurants and bars in the bay area were hit the hardest by the storm surge. The health department is strongly recommending that the restaurants _____ operations until the flood subsides.

(a) suspend
(b) suspended
(c) will suspend
(d) to suspend

5 Being a marine biology student, Harry is fascinated by seahorses, and reads everything about them. One interesting fact he learned is that seahorses _____ suck up food from as far as three centimeters away.

(a) shall
(b) should
(c) may
(d) can

6 Reports show that US fire departments responded to more than 300,000 home structure fires in 2017. In order to avoid this kind of accident, fire officials suggest that residents _____ all fire hazards from their homes.

(a) will remove
(b) are removing
(c) to remove
(d) remove

Exercise

7 Andrew asked Professor Jackson for two more days to complete his research paper. Having already given him an extension, the professor insisted that Andrew _____ his paper on the final deadline.

(a) submits
(b) submit
(c) is submitting
(d) has submitted

8 The Angel Foundation will be holding its first charity party next Monday. It is a formal event, so the organizers request that guests _____ in formal attire.

(a) will come
(b) are coming
(c) come
(d) came

9 Mrs. Vivian is very strict in implementing company rules. She orders that her staff _____ from making personal phone calls during office hours. Anyone who violates this rule will be penalized accordingly.

(a) refrain
(b) will refrain
(c) has refrained
(d) is refraining

10 Martin really wants to get her money's worth. Yesterday, when he saw that the salad he ordered at a fast food joint had a piece of plastic, he demanded that they _____ his money.

(a) refund
(b) would refund
(c) were refunding
(d) to refund

11 It is easier to get copies of music or movies nowadays than ever before. One doesn't have to go to the record bar or video shop because MP3's and videos _____ be downloaded from the internet.

(a) will
(b) can
(c) might
(d) must

12 The Giant Tigers will be playing against the Brave Warriors in this season's playoffs. Eager to win the championship, the coach urged that the team _____ its very best during the games.

(a) are exerting
(b) have exerted
(c) exert
(d) exerts

UNIT 04 정답과 해설

한 권에 끝내는 지텔프 65점

01 정답 (a)

해설 명령 동사 order가 오고 목적어에 '당위성' 내용을 표현하는 that절이 왔으므로 that절의 동사는 동사원형이 와야 한다.

해석 ABC 회사는 세계 시장에 더 강한 존재감을 보여주기 위해 Worldwide Industries로 이름을 바꿨다. 최고 경영자는 사업 이름의 변화가 곧 대중에게 발표되어야 한다고 명령했다.

presence 있음, 존재(함), 참석

02 정답 (d)

해설 문맥상 공부를 열심히 해서 시험을 잘 풀수 있었다는 내용이 자연스러우므로 '능력, 가능'을 표현하는 조동사 could가 가장 적절하다.

해석 Kanul은 그가 대수학 시험에서 A학점을 받았다고 아주 확신한다. 그는 그것을 위해 열심히 공부했다. 그것이 그가 오늘 아침에 시험 칠 때 아주 쉽게 방정식을 풀 수 있었던 이유이다.

algebra 대수학
ace …에서 A평점을 받다; 완패시키다, 능가하다
equation 등식, 방정식

03 정답 (d)

해설 요구동사 require가 오고 목적어에 '당위성' 내용을 표현하는 that절이 왔으므로 that절의 동사는 동사원형이 와야 한다.

해석 선생님들이 학생들의 롤 모델이기 때문에 교장은 그들 모두 학교에 적합한 옷을 입어야 한다고 요구한다. 이것은 학생들이 적절한 복장 규정의 옷을 입는 것을 쉽게 만들 것이다.

principal 교장, 총장, 학장, 주요한, 주된
appropriately 적절히

04 정답 (a)

해설 제안 동사 recommend가 오고 목적어에 '당위성' 내용을 표현하는 that절이 왔으므로 that절의 동사는 동사원형이 와야 한다.

해석 만 주변 지역의 식당과 술집은 폭풍 해일을 가장 심하게 맞았다. 보건국은 식당이 홍수가 가라앉을 때까지 운영을 중단해야 한다고 강력하게 권고한다.

bay 만, 후미, 내포
storm surge 폭풍 해일
subside 가라앉다, 진정되다, 빠지다, 내려앉다
suspend 매달다, 중단하다, 연기하다

05 정답 (d)

해설 문맥상 해마가 거리가 떨어져 있는 음식도 빨아 먹을 수 있다는 능력을 표현하는 것이 가장 자연스럽다.

해석 해양 생물학 학생이 됨으로써 Harry는 해마에 매료되었으며 그들에 대한 모든 것을 읽는다. 그가 배운 하나의 재미있는 사실은 해마가 3cm만큼 떨어진 음식을 빨아 먹을 수 있다는 것이다.

marine biology 해양 생물학
seahorse 해마
suck 빨아 먹다

06 정답 (d)

해설 제안동사 suggest의 목적어 자리에 '당위성'을 표현하는 that절이 왔으므로 that절 동사는 동사원형이 들어가야 한다.

해석 보고서는 미국의 소방국이 2017년에 300000 이상의 집 건축물 화재에 응답했다는 것을 보여준다. 이러한 종류의 사고를 피하기 위해 소방관들은 거주자가 그들의 집으로부터 모든 화재 위험 요소들을 제거할 것을 제안한다.

hazard 위험(요소)

07
정답 (b)

해설 주장 동사 suggest의 목적어 자리에 '당위성'을 표현하는 that절이 왔으므로 that절 동사는 동사원형이 들어가야 한다.

해석 Andrew는 Jackson 교수에게 연구 보고서를 완성하기 위해 2일을 더 요구했다. 이미 그에게 연장이 주어졌기 때문에 교수는 Andrew가 마감 날에 보고서를 제출해야 한다고 주장했다.

extension 확대, 연장

08
정답 (c)

해설 명령/동의/제안/주장/요구/충고 동사 다음에 목적어 자리에 '당위성'을 나타내는 내용이 that절로 나오면 that절의 시제는 「(should)+동사원형」이 되어야 한다.

해석 Angel 재단은 다음주 월요일에 첫 자선 파티를 열 것이다. 이것은 공식적 이벤트라서 주최자들은 하객들이 격식을 차린 복장을 입어야 한다고 요구했다.

attire 의복, 복장

09
정답 (a)

해설 명령 동사 order의 목적어에 that절이 오고 '당위성'을 나타내므로 that절의 동사는 동사원형을 써야 한다.

해석 Vivian은 회사 규칙을 실행하는 것에 아주 엄격하다. 그녀는 직원들이 근무 시간에 개인적인 전화를 하는 것을 삼가야 한다고 명령한다. 이 규칙을 어기는 사람은 누구나 그에 따라 처벌 받을 것이다.

penalize 처벌하다, 벌칙을 과하다

10
정답 (a)

해설 요구동사 demand의 목적어 자리에 that절이 왔고 당위성을 나타내고 있다. that절의 동사는 「동사원형」 또는 「(should) 동사원형」이 되어야 한다.

해석 Martin은 정말로 그가 지불한 만큼의 대가를 얻기 바란다. 어제 그가 패스트푸드 점에서 주문한 샐러드에서 플라스틱 조각이 나온 것을 봤을 때, 그는 그들이 그의 돈을 환불해야 한다고 요구했다.

get one's money's worth 지불한 만큼의 대가를 얻다

11
정답 (b)

해설 문맥상 '가능'을 나타내는 조동사 can이 들어가야 가장 적절하다.

해석 요즘에는 이전보다 음악이나 영화의 복사본을 얻기 쉽다. MP3와 비디오가 인터넷에서 다운로드 되기 때문에 사람들은 음반사나 비디오 가게에 갈 필요가 없다.

12
정답 (c)

해설 주장/촉구를 나타내는 동사 urge의 목적어 자리에 '당위성'을 표현하는 that절이 왔다. that절의 동사는 동사원형이 되어야 한다.

해석 Giant Tiger는 시즌 오프에서 Brave Warrior를 상대로 경기할 것이다. 결승전에서 이기기 바랐기 때문에 코치는 팀이 경기 동안 가장 잘 발휘하도록 촉구했다.

win the championship 결승전에서 이기다
eager 간절히 바라는, 열렬한, 열심인, ~하고 싶어하는
exert 쓰다, 행사하다, 노력하다, 발휘하다

Unit 05 동명사

동명사는 '명사'이므로 문장에서 주어, 목적어, 보어 자리에 쓰일 수 있다. 지텔프 시험에서는 주로 문두에 오는 명사자리에 들어가는 경우나 3형식 타동사의 목적어로 동명사를 선택해야 하는 문제를 묻는다.

- <u>Watching comedy shows</u> is my favorite activity. 코미디 쇼를 보는 것은 내가 가장 좋아하는 활동이다.
  ↳ 주어자리에 동명사가 쓰였다.

- I consider <u>buying a new camera</u>. 나는 새 카메라 사는 것을 고려하고 있다.
  ↳ consider의 목적어 자리에 동명사가 왔다.

- One of her habits is <u>biting her nails</u>. 그녀의 습관들 중 하나는 손톱을 물어뜯는 것이다.
  ↳ be 동사의 보어 자리에 동명사가 올 수 있다.

① 〈G-TELP 취향저격〉 주어 자리가 비었을 경우 동명사가 정답이다.

주어 자리가 빈칸으로 나왔을 때, 보기에 동명사와 to 부정사가 함께 있다면 동명사가 정답!
- Eating breakfast is good for your health. 아침을 먹는 것은 너의 건강에 좋다.
- Listening to music is my hobby. 음악을 듣는 것은 나의 취미이다.

② 〈G-TELP 취향저격〉 동명사를 목적어로 취하는 3형식 타동사

- I finished writing the novel. 나는 소설 쓰는 것을 끝마쳤다.
- She suggested staying there another day. 그녀는 거기에서 하루 더 머물 것을 제안했다.
- He disliked being away from his family. 그는 그의 가족과 떨어지는 것을 좋아하지 않았다.

enjoy ~ing	~하는 것을 즐기다	risk ~ing	~하는 위험을 무릅쓰다
finish ~ing	~하는 것을 끝내다	dislike ~ing	~하는 것을 좋아하지 않다
avoid ~ing	~하는 것을 피하다	practice ~ing	~하는 것을 연습하다
recommend ~ing	~하는 것을 권고하다	suggest ~ing	~하는 것을 제안하다

delay ~ing	~하는 것을 미루다/연기하다	mind ~ing	~하는 것을 꺼리다
stop ~ing	~하는 것을 멈추다	deny ~ing	~하는 것을 부정/부인하다
quit ~ing	~하는 것을 그만 두다	discontinue ~ing	~하는 것을 그만두다
require ~ing	~하는 것을 요구하다	mention ~ing	~하는 것을 언급하다
consider ~ing	~하는 것을 고려하다	complete ~ing	~하는 것을 끝내다
involve ~ing	~하는 것을 포함하다	resist ~ing	~하는 것을 저항하다

③ 〈G-TELP 취향저격〉 Stop!은 조심할 것

* stop + 동명사 : ~하는 것을 멈추다. (목적어)
* stop + to 부정사 : ~하기 위해 멈추다. (to 부정사의 부사적 용법)

- He stopped smoking three years ago. 그는 3년 전에 담배 피는 것을 그만뒀다. (=금연했다.)
- She stopped to get some rest under a tree. 그녀는 나무 아래에서 쉬기 위해 멈췄다.

④ 〈G-TELP 취향저격〉 의미변화가 있는 동사

to 부정사와 동명사를 둘 다 목적어로 가지지만 의미가 달라지는 동사
* remember / forget + 동명사 : ~한 일을 기억하다/ ~한 일을 잊다 (완료)
* remember / forget + to 부정사 : ~할 일을 기억하다/ ~할 일을 잊다 (예정)

- I remember to watch the movie with him. 나는 그와 함께 영화 볼 것을 기억한다. (예정)
- I remember watching the movie with him. 나는 그와 함께 영화 본 것을 기억한다. (완료)
- Don't forget to attend the meeting. 모임에 참석할 것을 잊지 마세요. (예정)
- I will never forget seeing her at the party. 나는 파티에서 그녀를 만난 것을 잊지 못할 것이다. (완료)

⑤ 〈G-TELP 취향저격〉 동명사를 활용한 빈출표현

* go ~ing : ~하러 가다
  - We go fishing on weekends. 우리는 주말마다 낚시하러 간다.

* be busy (in) ~ing : ~하느라 바쁘다
  - I am busy taking care of my nephew. 나는 조카를 돌보느라 바쁘다.

* on/upon ~ing : ~하자마자
  - On arriving, she started to read articles. 도착하자마자, 그녀는 기사들을 읽기 시작했다.

* keep (on) ~ing : ~하기를 계속하다
  - We keep playing the guitar after work. 우리는 퇴근 후에 기타 연주를 계속한다.

* look forward to ~ing : ~하기를 학수고대하다. (=~하기를 기대하다)
  - He is looking forward to meeting you. 그는 너를 만나는 것을 학수고대하고 있다.

* feel like ~ing : ~하고 싶다
  - I don't feel like watching the movie now. 나는 지금 영화를 보고 싶지 않다.

* be devoted to ~ing : ~하는데 헌신하다
  - Her life was devoted to helping the poor. 그녀의 인생은 가난한 사람들을 돕는데 바쳐졌다.

* object to ~ing : ~하는데 반대하다
  - They objected to inviting him to the party. 그들은 그를 파티에 초대하는 것에 반대했다.

Check-up

한 권에 끝내는 지텔프 65점

01 _____ menus to accommodate the desires of patrons is an important part of ensuring their satisfaction.

(a) Update
(b) Updated
(c) Updating
(d) Updates

patron
보호자, 후원자, 지지자, 단골손님, 고객
accommodate
공간을 제공하다, 수용하다, 부응하다
ensure
안전하게 하다, 지키다, 확실하게 하다, 보증하다

[해설] 주어 자리가 빈칸이므로 동명사가 들어가야 한다.
[해석] 고객의 바람에 부응하기 위해 메뉴를 업데이트 하는 것은 그들의 만족을 확실하게 하는 중요한 부분이다.

정답 (c)

02 To catch up with market trends, the company already has begun _____ a new line of tablet computers.

(a) producing
(b) to be produced
(c) produces
(d) product

catch up with
따라가다, 따라잡다, 체포하다

[해설] begin은 목적어 자리에 to 부정사나 동명사를 의미차이 없이 가질 수 있다. 보기 중에 동명사만 있으므로 (a)가 정답이다. (b)의 to 부정사는 수동태의 형태로 나왔는데, 빈칸 뒤에 a new line of tablet computers라고 목적어가 있으므로 올바르지 않다.
[해석] 시장 동향을 따라가기 위해 회사는 이미 태블릿 컴퓨터의 새로운 생산 라인을 만들기 시작했다.

정답 (a)

03 It is advisable not to use too many illustrations in a presentation to avoid _____ people.

(a) distracting
(b) distract
(c) to distract
(d) distraction

UNIT 05 동명사 79

Check-up

[해설] 빈칸 앞에 동사가 avoid이므로 동명사가 목적어로 들어가야 한다.
[해석] 발표 시 사람들의 주의가 산만해지지 않도록 하려면 너무 많은 삽화를 사용하지 않는 것을 권장한다.

정답 (a)

04 Please remember _____ your signature at the bottom of the order form.

(a) to include
(b) including
(c) to be included
(d) having included

[해설] 빈칸은 remember의 목적어 자리이다. remember는 목적어로 동명사와 to 부정사를 모두 목적어로 취하지만 '완료'된 일에 대해서는 동명사, '예정'된 일에 대해서는 to 부정사를 쓴다. 문맥상 '미래에 서명할 것을 기억하라'는 뜻이 되므로 to 부정사가 적절하다.
[해석] 주문서 맨 아래에 서명하는 것을 잊지 마세요.

정답 (a)

publication
출판, 발행, 출판물

05 Currently, the most essential task is to finish _____ the new corporate logo since no new publications can be printed without it.

(a) to design
(b) designing
(c) to be designed
(d) having designed

[해설] finish는 동명사만을 목적어로 가지는 3형식 타동사이다.
[해석] 현재 가장 필수적 작업은 새로운 출판물이 로고 없이는 인쇄될 수 없기 때문에 새로운 회사 로고를 디자인하는 것을 끝내는 것이다.

정답 (b)

06 The sales manager spends considerable time _____ his team members and new employees.

(a) training
(b) to be trained
(c) trains
(d) to train

considerable
상당한, 많은

[해설] 「spend + 시간/돈 + ~ing」 구문은 '~ing하는데 시간/돈을 쓰다'는 표현이다.
[해석] 판매 관리자들은 팀 구성원과 새로운 직원을 훈련시키는 것에 상당한 시간을 쓴다.

정답 (a)

07 To avoid _____ your audience during your presentation, please do not use complex layouts.

(a) distraction
(b) to distract
(c) distracting
(d) having distracted

distract
집중이 안 되게 하다, 산만하게 하다, 주의를 딴 데로 돌리다
layout
배치, 지면 배정

[해설] avoid는 목적어 자리에 동명사만을 취하는 3형식 타동사이다.
[해석] 당신이 프레젠테이션 할 동안 청중을 산만하게 하는 것을 피하기 위해 복잡한 배치를 사용하지 마십시오.

정답 (c)

08 The Empire Theatre box office will stop _____ tickets fifteen minutes before the beginning of the show.

(a) is selling
(b) selling
(c) sold
(d) was sold

[해설] stop는 목적어 자리에 동명사만을 가진다. 단, stop은 1형식 동사로도 쓰이기 때문에 stop 뒤에 to 부정사가 오는 경우에는 '~하기 위해서 멈추다'로 해석을 해야 한다. 문맥상 '~하는 것을 멈추다'인지 '~하기 위해서 멈추다'인지를 반드시 확인해야 한다.
[해석] Empire Theatre 매표소는 공연이 시작하기 15분 전에 티켓 판매를 중지할 것이다.

정답 (b)

09 _____ us of an increase in workload made it possible for us to hire additional staff.

(a) Warned
(b) Warn
(c) Warns
(d) Warning

[해설] 주어 자리가 빈칸이므로 동명사가 주어로 들어가야 적절하다.
[해석] 작업량이 증가한다고 우리에게 경고하는 것은 우리가 추가 직원을 고용하는 것을 가능하게 한다.

정답 (d)

10 Ms. Pieraccini had nearly finished _____ the budget report when she noticed an error in the title page.

(a) edit
(b) to edit
(c) editing
(d) to be edited

[해설] 빈칸은 finish의 목적어 역할을 하면서 빈칸 뒤 the budget report라는 목적어를 취하고 있다. finish는 목적어로 동명사만을 취하므로 editing이 적절하다.
[해석] 표지에 오류가 있다는 것을 발견했을 때, 예산 보고서를 거의 다 편집했었다.

정답 (c)

Exercise

1 Bill sells cars for a living. He likes to work with people and is interested in cars. _____ cars is fun for Bill.

(a) Sells
(b) Having sold
(c) Selling
(d) Sell

2 Mattew has left for the supermarket. I told him to buy meat and wine, but I forget about the ingredients for the salad. I should have also mentioned _____ some cheese and vegetables.

(a) getting
(b) to get
(c) to be getting
(d) having gotten

3 When the warring factions reached an agreement on a ceasefire, both sides celebrated the event. Obviously, they considered _____ progress.

(a) to make
(b) made
(c) makes
(d) making

4 Breakfast is the most important meal of the day. _____ breakfast gives us many benefits such as maintaining a stable blood sugar level and achieving a healthy weight.

(a) To be had
(b) Having had
(c) To have
(d) Having

5 My brother is not very active. He sits at home each evening and devotes most of his time to _____ TV.

(a) having watched
(b) watches
(c) watched
(d) watching

6 Steve eats too much candy and never brushes his teeth. His dentist is worried about his _____ so many sweets.

(a) eating
(b) ate
(c) to eat
(d) having eaten

Exercise

7 To keep in shape, William goes to the gym regularly and engages in various sports. He has also stopped _____ ; a habit that used to make him tired easily during physical activities.

(a) to smoke
(b) smoking
(C) having smoked
(d) to be smoking

8 Jimmy works at a restaurant where he makes all of the desserts. He loves _____ cakes and pies for his customers.

(a) baking
(b) bakes
(c) baked
(d) bake

9 Eddie sleeps eight hours each night. If he sleeps less than eight hours, he wakes up tired. _____ eight hours makes Eddie feel good in the morning.

(a) Sleeping
(b) Sleep
(c) Sleeps
(d) To be slept

10 Mr. Kim is planning to buy a secondhand car to save money. However, he might spend a lot for the car's repair because of its poor condition. Perhaps he should consider _____ a new one instead.

(a) having bought
(b) to be buying
(c) to buy
(d) buying

UNIT 05 정답과 해설

한 권에 끝내는 **지텔프** 65점

01   정답 (c)

|해설| 주어 자리가 빈칸이므로 동명사가 들어가야 한다.
|해석| Bill은 생계를 위해 차를 판다. 그는 사람들과 일하는 것을 좋아하고 차에 관심이 있다. 차를 파는 것은 Bill에게 흥미가 있는 것이다.

02   정답 (a)

|해설| 동사 mention은 목적어로 동명사만을 취한다. getting이 정답이다.
|해석| Mattew는 슈퍼마켓으로 떠났다. 나는 그에게 고기와 와인을 사오라고 말했으나 샐러드 재료에 대해서 말하는 것을 잊었다. 약간의 치즈와 야채를 사오라고 말했어야 했는데.
ingredient 재료, 성분

03   정답 (d)

|해설| consider은 목적어 자리에 동명사만을 목적어로 가지는 3형식 타동사이다.
|해석| 서로 교전 중인 파벌이 휴전 협정에 도달했을 때, 양 진영은 이 일을 축하했다. 명백히 그들은 진보하는 것을 고려했다.
faction 파벌, 당파
ceasefire 휴전, 정전
progress 전진, 진행, 진보, 경과, 과정

04   정답 (d)

|해설| 주어 자리가 빈칸이므로 동명사가 들어가야 한다.
|해석| 아침밥은 하루의 가장 중요한 식사이다. 아침을 먹는 것은 안정적인 혈당 수치를 유지시켜주고 건강한 몸무게를 이루는 것과 같은 많은 이점을 준다.
stable 안정된, 차분한

05   정답 (d)

|해설| 「devote + 목적어 + to ~ing」의 구문으로 '목적어가 ~ing 하는데 시간을 쓰다/헌신하다'로 해석한다. 수동태의 형태로 나오면 「be devoted to ~ing」 구문이 된다.
|해석| 나의 남동생은 아주 활동적이지 않다. 그는 매일 저녁에 집에 앉아 있으며 그의 대부분의 시간을 TV보는데 쓴다.
devote 바치다, 쏟다, 기울이다, 충당하다

06   정답 (a)

|해설| 전치사 about의 목적어 자리이므로 동명사가 들어가야 한다. 빈칸 앞에 쓰인 his는 소유격 인칭대명사이며 동명사의 의미상 주어를 나타낸다. 동명사의 의미상 주어는 동명사를 실제적으로 하는 주체라고 생각하고 해석하면 된다.
|해석| Steve는 사탕을 너무 많이 먹고 이를 닦지 않는다. 그의 치과 의사는 그가 단 것을 너무 많이 먹는 것에 대해 걱정한다.

07   정답 (b)

|해설| stop은 '~하는 것을 멈추다'는 뜻으로 3형식 타동사로 쓰이면 목적어 자리에 동명사만을 써야 한다. 1형식 동사로 쓰이는 경우 '~하기 위해서 멈추다'로 해석하므로 반드시 문맥을 통해 자동사로 쓰인 것인지 타동사로 쓰인 것인지 확인해야 한다.
|해석| 좋은 형태를 유지하기 위해 William은 정기적으로 체육관에 가서 다양한 운동에 몰두한다. 그는 또한 신체 활동할 동안 그를 쉽게 피곤하게 만들었던 습관인 담배를 끊었다.
keep in shape 형태를 유지하다
engage in 몰두하다

08   정답 (a)

|해설| love는 목적어 자리에 to 부정사와 동명사를 모두 의미차이 없이 쓸 수 있다. 보기에는 동명사만이 있으므로 (a)가 정답이다.
|해석| Jimmy는 그가 모든 디저트를 만드는 식당에서 일한다. 그는 고객들을 위해 케이크와 파이를 굽는 것을 좋아한다.

09   정답 (a)

해설 주어 자리가 빈칸이므로 동명사가 들어가야 한다.
해석 Eddie는 매일 밤에 8시간을 잔다. 그가 8시간 이하로 잠을 잔다면 그는 피곤한 상태로 일어난다. 8시간을 자는 것은 Eddie가 아침에 기분 좋게 만든다.

10   정답 (d)

해설 consider는 동명사만을 목적어로 취하는 타동사이다.
해석 Kim씨는 돈을 아끼기 위해 중고차를 살 계획이다. 그러나 그는 차의 안 좋은 상태 때문에 차 수리에 많은 돈을 써야 할 것이다. 아마도 그는 대신에 새 차를 살 것을 고려해야 한다.
secondhand 간접의, 전해들은, 중고의

Unit 06 To 부정사

이현아 취향저격 지텔프 65점

「to 부정사 + 동사원형」을 to 부정사라고 부르는데, 문장에 쓰이는 위치나 역할에 따라서 명사적 용법, 형용사적 용법, 부사적 용법으로 나뉜다.
명사적 용법으로 쓰이는 경우 목적어 자리와 목적 보어 자리에 쓰이는 경우를 지텔프에서 문제로 묻는다.

① 〈G-TELP 취향저격〉 to 부정사를 목적어로 취하는 3형식 타동사

- They want to pass the exam. 그들은 시험에 합격하기를 원한다.
- I would like to apply for Harvard University. 나는 하버드 대학에 지원하고 싶다.
- She intends to visit Paris this summer. 그녀는 이번 여름에 파리를 방문할 의도이다.

want to V	~하는 것을 원하다	plan to V	~하는 것을 계획하다
would like to V	~하기를 원하다	help to V	~하는 것을 돕다
seem to V	~하는 것처럼 보이다	decide to V	~하는 것을 결정하다
hope to V	~하는 것을 희망하다	promise to V	~하는 것을 약속하다
intend to V	~하는 것을 의도하다	wish to V	~하는 것을 소망하다
tend to V	~하는 경향이 있다	learn to V	~하는 것을 배우다
hesitate to V	~하기를 주저하다	manage to V	(그럭저럭)~을 해내다
need to V	~할 필요가 있다	expect to V	~하는 것을 기대하다/예상하다
refuse to V	~하는 것을 거부하다	fail to V	~하는 것을 실패하다

② 〈G-TELP 취향저격〉 5형식 동사 뒤 목적보어 자리를 묻는다.

- I told him to do it immediately. 나는 그에게 그것을 즉시 하라고 말했다.
- A doctor advised him to stop smoking. 한 의사가 그에게 금연할 것을 충고했다.

want + 목적어 + to V	목적어가 ~하는 것을 원하다
tell + 목적어 + to V	목적어가 ~하도록 말하다
persuade + 목적어 + to V	목적어가 ~하는 것을 설득하다

ask + 목적어 + to V	목적어가 ~하는 것을 요청하다
cause + 목적어 + to V	목적어가 ~하는 것을 야기시키다
allow + 목적어 + to V	목적어가 ~하는 것을 허락하다
enable + 목적어 + to V	목적어가 ~하는 것을 가능하게 하다
require + 목적어 + to V	목적어가 ~하는 것을 요구하다
order + 목적어 + to V	목적어가 ~하는 것을 명령하다
expect + 목적어 + to V	목적어가 ~하는 것을 예상하다/기대하다
get + 목적어 + to V	목적어가 ~하도록 시키다
encourage + 목적어 + to V	목적어가 ~하도록 용기를 주다
advise + 목적어 + to V	목적어가 ~하도록 충고하다
force + 목적어 + to V	목적어가 ~하는 것을 강요하다

G-TELP 취향저격

동사와 빈칸 사이에 부사가 아닌 것이 있으면 목적어일 가능성이 크다. 그런 경우 동명사가 아니라 To 부정사를 선택하자. 목적어에 해당하는 것은 주로 사람 이름이나 인칭대명사의 목적격이 나온다.
(예 me, you, him, her, us, them)

③ to 부정사의 형용사 용법

to 부정사가 형용사로 쓰이면 명사 뒤에 쓰여서 그 명사를 수식할 수 있다. (후치 수식) 해석은 '~할, ~하는, ~한'으로 하면 된다.

- I have something to tell you. 나는 너에게 말할 것이 있다.

- We don't want to do anything to hurt his feelings. 우리는 그의 감정을 다치게 할 어떤 일도 하기를 원치 않는다.

④ to 부정사의 부사적 용법

- 형용사를 뒤에서 수식한다.
  The rule is not easy to remember. 그 규칙은 기억하기 쉽지 않다.

- '목적'을 의미하는 것으로 해석은 '~하기 위해서'로 해석한다. 지텔프 시험에서 to 부정사의 부사적 용법으로 묻는 문제에서는 가장 출제가 높다.
  목적의 의미를 표현하는 경우 「in order to + 동사원형」으로 바꿔 쓸 수 있다.
  We went to the station to see Marry off. 우리는 Marry를 배웅하기 위해 역에 갔다.

I study English hard <u>to get a good job</u>. 나는 좋은 직장을 얻기 위해서 열심히 영어 공부를 한다.

- 감정의 원인을 나타내는 어휘와 함께 쓰여서 '~하게 되어서 ... 하다'의 용법으로도 쓰인다.
  I was happy <u>to meet my favorite actor</u>. 내가 가장 좋아하는 배우를 만나게 되어서 행복했다.

- 판단의 근거를 나타내는 경우 '~하는 것을 보니 ...하다'로 해석하면 된다.
  You must be proud <u>to see your sister succeed</u>. 네 여동생이 성공하는 것을 보니 너는 자랑스러움에 틀림없겠다.

Check-up

01 The construction company wants _____ costs by moving to a less expensive location.

(a) reduction
(b) to reduce
(c) reducing
(d) reduces

[해설] want는 to 부정사만을 목적어로 취하는 타동사이다.
[해석] 건축 회사는 덜 비싼 장소로 옮김으로써 비용을 줄이기 원한다.

정답 (b)

beneficial
유익한, 이로운

02 TPG Financial Planning welcomes the opportunity _____ you in your business and looks forward to a mutually beneficial relationship.

(a) assisting
(b) has assisted
(c) assistant
(d) to assist

[해설] 명사 opportunity를 후치 수식하는 to 부정사(형용사 용법)이 들어가야 올바르다. to 부정사가 형용사 용법으로 쓰여 명사를 수식하는 경우 '~할/ ~하는/ ~한'으로 해석하면 된다.
[해석] TPG Financial Planning은 당신의 사업을 위해 당신을 도울 기회를 기꺼이 받아들이며 상호적으로 유익한 관계를 기대한다.

정답 (d)

delegate
대표, 대표자
be likely to
~할 것 같다

03 The delegates from India are likely _____ our plant to see the manufacturing process.

(a) visitor
(b) to be visited
(c) to visit
(d) visiting

[해설] 「be likely to V」는 '~할 가능성이 높다'는 관용표현이다.
[해석] 인도의 대표자는 제조 공정을 보기 위해 우리 공장을 방문할 것이다.

정답 (c)

04 _____ the processing of your claim, include your customer identification number on all correspondence.

(a) To expedite
(b) To be expedited
(C) To expediting
(d) Expediting

expedite
더 신속히 처리하다
identification
신원 확인, 신분 증명, 식별
correspondence
서신, 관련성

[해설] 콤마 앞까지는 문장의 필수 성분이 아닌 부사가 들어가야 한다. 문맥의 해석상으로도 '~하기 위해서'가 자연스러우므로 to 부정사의 부사적 용법이 가장 적절하다.
[해석] 당신의 요구를 더 신속하게 처리하기 위해 모든 서신에 고객 식별 번호를 포함하라.

정답 (a)

05 If you require additional information about our products, please do not hesitate _____ the customer service department.

(a) contact
(b) to contact
(c) contacting
(d) having contacted

[해설] hesitate의 목적어 자리이므로 to 부정사가 들어가야 올바르다.
[해석] 우리의 제품에 대해 부가적 정보를 원한다면, 고객 서비스 부서에 연락하는 것을 주저하지 마세요.

정답 (b)

Check-up

upcoming
다가오는, 곧 있을

06 Due to a dramatic increase in its student population, the director of Filmont School has decided _____ ten additional teachers for the upcoming school year.

(a) to hire
(b) hiring
(c) to be hired
(d) being hired

> [해설] decide는 to 부정사만을 목적어로 취하는 타동사이다.
> [해석] 학생 인구가 극적으로 증가했기 때문에 Filmont 학교 교장은 다가오는 학년을 위해 10명의 추가적인 선생님을 고용하기로 결정했다.
>
> 정답 (a)

proxy
대리인
authorization
허가

07 If you are not able _____ the annual shareholders' meeting, you can send your proxy with authorization.

(a) attending
(b) to attend
(c) to be attended
(d) being attended

> [해설] 「be able to V」는 '~할 수 있다'는 관용표현이다.
> [해석] 당신이 연간 주주 총회에 참석할 수 없다면 당신은 허가를 받고 대리인을 보낼 수 있다.
>
> 정답 (b)

tutorial
개별 지도 시간, 사용 지침서

08 Apart from Ms. Wattanasin, everyone on the team needed additional time _____ the Web design tutorial.

(a) complete
(b) has completed
(c) completing
(d) to complete

[해설] 문맥상 빈칸은 명사 time을 수식하는 to 부정사가 들어가야 적절하다. 「time to 부정사」는 '~할 시간'으로 해석하면 된다.
[해석] Wattanasin씨와는 별도로 그 팀의 모든 사람들은 그 웹 디자인 교본을 완성할 추가 시간이 필요했다.

정답 (d)

09 _____ ensure that they can handle customer complaints effectively, all sales representatives must complete a rigorous training program.

(a) In regard to
(b) In order to
(c) For
(d) Because

rigorous
철저한, 엄격한
representative
대표, 대리인, 외판원

[해설] 문장의 주어는 all sales representatives, 동사는 must complete, 목적어는 training program으로 완벽한 문장이다. 빈칸부터 콤마까지는 부사가 들어가야 하며 문맥상 '목적'을 나타내면서 동사원형을 취할 수 있는 「in order to 부정사」가 가장 적절하다.
[해석] 고객 불만을 효과적으로 처리할 수 있도록, 모든 영업 사원들은 엄격한 교육 프로그램을 마쳐야 한다.

정답 (b)

10 To handle the increase in sales, the human resources department plans _____ a number of new employees.

(a) recruited
(b) recruitment
(c) recruiting
(d) to recruit

recruit
모집하다, 뽑다

[해설] 빈칸 바로 앞에 온 동사 plan은 목적어로 to부정사를 취한다.
[해석] 늘어난 매출을 처리하기 위해 인사부는 많은 신입 사원을 채용할 계획이다.

정답 (d)

Exercise

1 Sally lost her smartphone in school yesterday. She kept it in her locker while she attended gym class. She is now going to the principal's office _____ what happened.

(a) having reported
(b) to be reporting
(c) to report
(d) reporting

2 Mr. Harris has been working for Aquaville Enterprises as long as I can remember. He started as a clerk before being promoted to senior accountant eventually. He plans _____ when he turns sixty next year.

(a) having retired
(b) to be retired
(c) to retire
(d) retiring

3 Angela hopes to have a grand party when she turns fifteen. It has always been her wish _____ her fifteenth birthday wearing an elegant dress while dancing gracefully with a handsome boy.

(a) to celebrate
(b) celebrating
(c) to have celebrated
(d) having celebrated

4 Mother was quite touched after she received the card we made for her on Mother's day. She was moved that we decided _____ a personalized card for her instead of just buying one from a store.

(a) having made
(b) to be making
(c) making
(d) to make

5 Bella refused her friends's invitation to hang out in their favorite restaurant. She still has a research paper _____, and is going straight to the library after class to work on it.

(a) write
(b) written
(c) to write
(d) to be writing

6 Already in her third year in college, Juliet still can't decide what to do after graduation. She should stop _____ from one major to another if she wants to graduate and get a job soon.

(a) to transfer
(b) transferring
(c) having transferred
(d) to be transferring

Exercise

7 It is unfortunate that many talented but inexperienced filmmakers at Disney Films are not given more directorial projects. Because only a few get the chance _____ their own film, many people are frustrated.

(a) to be making
(b) having made
(c) to make
(d) making

8 I will miss my best friend Sophie. She will study Chinese in Beijing this Fall and will stay there for more than a year. I told her _____ me an email as soon as she arrives there.

(a) to send
(b) sending
(c) having sent
(d) to have sent

9 Watson cannot play for the college football team this year. The doctor advised him _____ the team after he broke his left ankle during the final game.

(a) to be quitting
(b) having to quit
(c) quitting
(d) to quit

10 Mr. Smith has been so busy working at company. When he had relatives and friends at his new apartment for a house warming party, he decided _____ to a restaurant to have dinner instead of cooking himself.

(a) to go
(b) going
(c) to have gone
(d) having gone

UNIT 06 정답과 해설

01 정답 (c)

해설 go는 1형식 자동사이므로 문장에서 더 이상 필요한 품사가 없다. 또한 「전치사 to + 장소명사」를 써서 가는 방향을 나타내고 있다. 문장에서 부사가 들어갈 수 있으며 문맥상 목적을 나타내는 것이 가장 자연스럽다. To 부정사를 써서 목적을 나타낼 수 있다.

해석 Sally는 어제 그녀의 스마트폰을 학교에서 잃어버렸다. 그녀가 체육 수업을 듣는 동안 지갑을 락커에 보관했었다. 그녀는 무슨 일이 일어났는지를 보고하기 위해 지금 교장실로 가는 중이다.

02 정답 (c)

해설 plan은 타동사로서 목적어 자리에 to 부정사만을 쓴다.

해석 Harris는 내가 기억하는 만큼 오랫동안 Aquaville Enterprises에서 일했다. 그는 상급 회계사로 마침내 승진하기 전에 사원으로 시작했다. 그는 내년에 60살이 될 때 은퇴할 계획이다.

03 정답 (a)

해설 It이 가주어로 쓰였다. 빈칸은 진주어 자리이므로 to 부정사가 올바르다.

해석 Angela는 그녀가 15세가 될 때 성대한 파티를 하는 것을 희망한다. 우아한 옷을 입고 잘생긴 소년과 우아하게 춤을 추면서 자신의 15세 생일을 축하하는 것은 항상 그녀의 소망이다.

04 정답 (d)

해설 decide는 목적어 자리에 to 부정사만을 가진다.

해석 엄마는 어머니의 날에 우리가 그녀를 위해 만든 카드를 받고 나서 아주 감동 받았다. 우리가 가게에서 카드를 사는 대신 개인 카드를 만들기로 결심한 것에 그녀는 감동받았다.

personalize 표시를 하다, 개인의 필요에 맞추다, 개인화 하다

05 정답 (c)

해설 명사 paper를 후치 수식하는 to 부정사가 들어가야 적절하다. to 부정사의 형용사 용법은 '~할/ ~하는/ ~한'으로 해석하면 된다.

해석 Bella는 가장 좋아하는 식당에서 즐거운 시간을 보내자는 그녀 친구들의 초대를 거절했다. 그녀는 아직 써야 할 연구 보고서가 있으며 그것을 작업하기 위해 수업 끝나고 도서관으로 곧장 갈 것이다.

hang out (많은) 시간을 보내다, 어울려 놀다

06 정답 (b)

해설 문맥상 '전공을 바꾸는 것을 멈추다'가 되어야 자연스럽다. stop의 목적어 자리이므로 동명사가 들어가야 한다. stop은 자동사로 쓰이면 to 부정사와 함께 쓰여서 '~하기 위해서 멈추다'가 되므로 반드시 문맥상 해석을 통해서 찾아야 한다.

해석 벌써 대학 3학년인데 Juliet은 졸업 후에 무엇을 할지 아직 결정하지 못한다. 그녀는 졸업하고 곧 직장을 얻고 싶다면 한 전공에서 다른 전공으로 옮기는 것을 멈춰야 한다.

07 정답 (c)

해설 명사 chance를 후치 수식하는 to 부정사가 들어가야 한다. '그들 자신의 영화를 만들 기회'로 해석하는 것이 올바르다.

해석 디즈니 영화사에 많은 재능 있지만 경험 부족한 영화 제작자들이 더 많은 감독의 일을 받지 않는다는 것은 안타까운 일이다. 단지 소수가 그들의 영화를 만들 기회를 얻기 때문에 많은 사람들은 좌절한다.

directorial 감독의

08 정답 (a)

해설 tell의 목적보어 자리가 빈칸으로 나왔다. tell은 5형식에 쓰이면 목적보어로 to 부정사를 쓴다. 해석은 '목적어에게 to 부정사 할 것을 말하다'로 하거나 '목적어가 to 부정사 하도록 말하다'로 하면 된다.

해석 나는 가장 친한 친구인 Sophie를 그리워할 것이다. 그녀는 이번 가을에 베이징에서 중국어를 공부할 것이고 거기서 1년 이상 머무를 것이다. 나는 그녀가 거기 도착하자마자 나에게 이메일을 보내달라고 말했다.

09 정답 (d)

해설 5형식 타동사 advise의 목적보어 자리가 빈칸으로 나왔다. advise는 목적보어 자리에 to 부정사를 쓰는 동사이다.

해석 Watson은 이번 해에 대학 축구팀에서 경기할 수 없다. 그가 결승전에서 왼쪽 발목이 부러지고 나서 의사는 그에게 팀을 중단하라고 충고했다.

ankel 발목

10 정답 (a)

해설 decide는 to 부정사를 목적어로 취하는 3형식 타동사이다. 동사 바로 뒤가 빈칸으로 나왔으므로 to 부정사가 들어가는 것이 올바르다.

해석 Smith는 회사에서 일하는 데 너무 바빴다. 집들이 때문에 그의 새 아파트에 친척들과 친구들이 있었을 때 그는 직접 요리하는 것 대신에 저녁을 먹으러 식당에 가기로 결심했다.

Unit 07 관계사&명사절 접속사

1 | 관계사절

관계대명사는 '접속사 + 대명사' 역할을 하며 두 문장의 공통 요소를 연결한다.

We interviewed three candidates. They have three year's experience.
우리는 3명의 지원자들을 면접했다. 그 3명의 지원자들은 3년간의 경력이 있다.
→ We interviewed three candidates who have three year's experience.

❶ 관계대명사의 종류

선행사	주격	소유격	목적격
사람	who	whose	who(m)
사물, 동물	which	whose / of which	which
사람, 사물, 동물	that	-	that
선행사를 포함하는 관계대명사	what	-	what

The man who / that (which) is working over there is our manager, James Hwang.
저기서 일하고 있는 남자는 우리 매니저인 제임스 황씨이다.

❷ 관계대명사의 격

a. 주격 관계대명사 who, which, that은 선행사를 대신해 자신이 이끄는 절 안에서 주어 역할을 한다. 선행사가 사람인 경우 who나 that을, 사물, 동물인 경우 which나 that을 사용한다.

- I like people who laugh loudly and often. 나는 큰 소리로 자주 웃는 사람들을 좋아한다.
- The dog that was chained to the tree disappeared. 나무에 묶여 있던 개가 사라졌다.

b. 목적격 관계대명사 who(m), which, that은 선행사를 대신해 자신이 이끄는 절 안에서 목적어 역할을 한다. 선행사가 사람인 경우 who(m)이나 that을, 사물·동물인 경우에는 which나 that을 사용한다.

- The coffee shop which I like is close to the train station.
  내가 좋아하는 커피숍은 기차역에서 가깝다.

- This restaurant is the place which I booked for the meeting with our client.
이 식당이 내가 우리 고객과의 만남을 위해 예약했던 장소이다.

c. 소유격 관계대명사는 선행사의 소유격 역할을 하며 사람·사물·동물에 관계없이 whose를 쓴다.
- I received a phone call from a girl whose voice was very beautiful.
나는 목소리가 매우 아름다운 한 소녀로부터 전화를 받았다.

❸ 선행사를 포함하는 관계대명사 what

- What made me smile was the baby's chubby little feet.
나를 미소 짓게 만든 것은 그 아기의 통통한 작은 발이었다.
- I have told them what I know about the accident.
나는 그 사고에 대해 내가 알고 있는 것을 그들에게 말해 주었다.

❹ 관계부사는 '접속사 + 부사' 역할을 한다.

This is the room. We hold a meeting in the room. 이곳은 방이다. 우리는 이 방에서 회의한다.
→ This is the room where we hold a meeting. 이곳은 우리가 회의하는 방이다.
*관계부사 where가 두 문장을 잇는 접속사 역할과 부사 (in the room)의 역할을 동시에 한다.

a. 선행사에 따른 관계부사의 종류

선행사	관계부사	전치사 + 관계대명사
장소 place, site, factory 등	where ~하는 장소	in / on / at which
시간 time, day, year 등	when ~하는 때	in / on / at / during which
이유 the reason	why ~하는 이유	for which
방법 the way	how ~하는 방법	in which

Late autumn is the period when we get most of our orders for winter boots.
　　　　　　　　　　　　　　= during which
늦가을은 우리가 대부분의 겨울 부츠를 주문 받는 시기이다.

참고 관계대명사 that은 전치사 뒤, 콤마(,)뒤에 쓸 수 없다.

b. 관계대명사와 관계부사의 구별
관계대명사 뒤에는 불완전한 절이 오고, 관계부사 뒤에는 완전한 절이 온다.

- Credit will be given to Amy Burton who won the sales contract last month.
지난달 판매 계약을 따낸 에이미 버튼에게 공적이 돌아갈 것이다.
- The manager asked Chris Bhan the reason why he would resign despite many benefits. 부장은 크리스 반 씨에게 많은 혜택에도 불구하고 그만두려는 이유를 물었다.

2 | 명사절 접속사

명사절 접속사는 문장에서 주어, 목적어, 보어 역할을 한다.

- <u>That</u> we have only one chance is true. 우리가 오직 한 번의 기회를 가진다는 것은 사실이다.
  S
= It is true that we have only one chance.

- We don't know <u>whether</u> there will be enough donations or not. 우리는 충분한 기부금이 있을지 여부를 모른다.
  O

a. 명사절 접속사 that과 what의 구별
   that절 뒤에는 완전한 절이 오고, what절 뒤에는 불완전한 절이 온다.

   - The manager asked <u>that all staff recycle plastic bottles and batteries.</u>
   부장은 전 직원에게 페트병과 배터리를 재활용해야 한다고 요구했다.
   - <u>What you need</u> is a good meal. 당신이 필요한 것은 영양 잡힌 식사이다.

b. 명사절과 관계사절의 구별
   - 명사절 The challenge is that we need more staff for major projects. 어려운 점은 주요 프로젝트들에 더 많은 직원이 필요하다는 것이다. (주격 보어 역할을 하는 명사절)
   - 관계사절 Dandar City is <u>the site</u> that was chosen for the new shopping center. 단다르 시는 새로운 쇼핑센터 부지로 선정된 곳이다. (선행사 the site를 수식하는 관계사절)

Check-up

01 The Yunof brand of teas, _____ entered the market in Norway only three years ago, is already among the top five best selling brands.

among the top
최고 중 하나

(a) when
(b) who
(c) where
(d) which

[해설] 선행사가 The Yunof brand of teas로 사물이며 관계사절에서 동사 entered의 주어 역할을 하고 있으므로 주격 관계대명사 which가 적절하다.
[해석] 겨우 3년 전에 노르웨이 시장에 진입한 유노프 상표의 차들은 이미 최고 판매량을 기록하는 5개의 상표들 중 하나가 되었다.

정답 (d)

02 The guest speaker will answer questions _____ you might have about the tax issues related to her presentation.

issue
문제, (잡지의) 호
related to
~에 연관된

(a) that
(b) whose
(c) whom
(d) who

[해설] 빈칸 앞에 선행사 questions가 사물이며 동사 might have의 목적어가 없는 불완전한 문장이므로 목적격 관계대명사 which나 that이 들어가야 한다. 따라서 정답은 (a)의 that이다.
[해석] 초청 연사가 자신의 프레젠테이션과 관련된 세금 문제에 대한 질문들에 대답해 줄 것이다.

정답 (a)

UNIT 07 관계사&명사절 접속사 **101**

Check-up

03 We are an international organization _____ mission is to protect and educate children.

(a) which
(b) whose
(c) that
(d) who

> [해설] 빈칸 앞에 온 명사 an international organization이 선행사이고 빈칸으로 쓰이는 관계대명사 자리 뒤에 명사 mission이 왔다. 관계사절이 완벽하므로 소유격 관계대명사 whose가 가장 적절하다.
> [해석] 우리는 어린이들을 보호하고 교육하는 것이 임무인 국제단체입니다.
>
> **정답** (b)

04 The jacket you ordered is currently unavailable in the color you _____, but we will send the rest of your order promptly.

(a) requests
(b) requested
(c) are requested
(d) requesting

> [해설] you _____는 관계대명사절로 선행사인 the color를 수식하고 있으며 you 앞에 목적격 관계대명사 which가 생략되어 있다. 빈칸은 관계사절의 동사 자리로 문맥상 '요청하신 색상'이라는 의미가 되어야 하므로 과거동사인 requested가 정답이다.
> [해석] 귀하가 주문하신 재킷은 현재 요청하신 색상으로는 이용할 수 없지만 나머지 주문품들은 신속히 보내드리겠습니다.
>
> **정답** (b)

05 Dr. Johnson is offering a three-hour workshop during _____ she will share some perspectives on effective time management.

(a) whose
(b) while
(c) what
(d) which

perspective
견해, 관점

[해설] a three-hour workshop이 선행사이고 전치사 during의 목적어 자리이므로 목적격 관계대명사가 필요하다.
[해석] Johnson 박사는 세 시간짜리 워크숍을 제공하고 있는데 그 워크숍 동안에 그녀는 효율적인 시간 관리에 대한 몇 가지 견해들을 공유할 것이다.

정답 (d)

06 Employees are asked to work overtime during the season _____ seasonal demands are high.

(a) where
(b) nevertheless
(c) in spite of
(d) when

[해설] 선행사가 시간을 나타내는 the season이므로 시간을 나타내는 관계부사 when이 적절하다.
[해석] 직원들은 계절적인 수요가 많은 철에는 초과 근무를 하도록 요청받는다.

정답 (d)

UNIT 07 관계사&명사절 접속사

Check-up

07 Mike is the type of person _____ whether people laugh at his jokes or not.

(a) which doesn't really care
(b) who doesn't really care
(c) what doesn't really care
(d) whom doesn't really care

> [해설] 빈칸 앞에 사람 선행사 person이 왔다. 또한 보기에 제시된 관계대명사절이 모두 동사로 시작하므로 주격 관계대명사 who가 적절하다. whether은 관계사절 동사 care의 목적어에 해당한다.
> [해석] Mike는 사람들이 자신의 농담에 웃거나 말거나 많이 신경 쓰지 않는 유형의 사람이다.
> 정답 (b)

08 The doctor, _____ worldwide, is an acclaimed medical writer as well as an outstanding physician.

(a) whom has published his lab manuals
(b) which has published his lab manuals
(c) who has published his lab manuals
(d) that has published his lab manuals

> [해설] 빈칸은 주어인 명사 The doctor를 수식하는 관계사절이 들어가야 하는데 보기의 관계사절이 모두 동사로 시작한다. 사람을 선행사로 하면서 주격 관계대명사 who가 가장 적절하다. that은 관계대명사로 쓰이면 콤마(,)뒤에 쓰일 수 없기 때문에 오답이다.
> [해석] 전 세계에 자신의 실험실 설명서를 발간한 그 박사는 찬사를 받는 의학 분야의 저자이자 뛰어난 의사이다.
> 정답 (c)

Exercise

1 The residents of Brookville liked the speech of a candidate for city mayor. The policies he proposed to implement were all very promising. However, the qualities _____ were his good looks and charm.

(a) what impressed them most
(b) that impressed them most
(c) which impresses them most
(d) these impresses them most

2 A. Milne had written serious novels, essays, and plays at the start of his writing career. However, the works _____ were the children's books Winnie-the-Pooh and The House at Pooh Corner.

(a) which he makes really famous
(b) that made him really famous
(c) what made him really famous
(d) how it made him really famous

3 Greenwood's Grocery had been extremely profitable until three new grocery stores began competing for its market two years ago. The new pricing scheme it adopted, _____, aimed at winning back former customers.

(a) how reduced its prices significantly
(b) when it significantly reduced prices
(c) which reduced its prices significantly
(d) that reduced its significant prices

4 My friend Bart uses unusual methods in taking pictures of high-profile subjects. When he photographed Georgina Brown, _____, he made her sit on a large dictionary.

(a) who is a popular writer
(b) to whom writing is popular
(c) whose is a popular writer
(d) that is a popular writer

5 Brian was amazed to learn that his son could follow the tunes of a song just by listening to it being played on the piano. His son, _____, seems to have a natural talent for music.

(a) who is only three years old
(b) when he is three years old
(c) whom he is only three years old
(d) what is only three years old

6 Technology can be both a blessing and a curse. The modern inventions _____ are also the ones polluting our environment. An example of these is the gasoline-powered vehicle.

(a) what they provide us with convenience
(b) when convenience is providing
(c) that are providing us with convenience
(d) who are providing us with convenience

UNIT 07 정답과 해설

01 정답 (b)

해설 the qualities를 꾸며주며 내용을 이어줄 수 있는 관계대명사는 that과 which이다. 선행사가 qualities이므로 (c)는 답이 될 수 없다.

해석 브룩빌 사람들은 한 시장 후보자의 연설이 마음에 들었다. 그가 도입하자고 제안한 정책들은 모두 매우 희망적이었다. 그러나 그들에게 가장 인상 깊었던 그의 자질은 외모와 매력이었다.

resident 거주인
candidate 후보자
mayor (지자체에서 선출된) 시장

02 정답 (b)

해설 문맥상 밀네의 작품 works이 어떤 것인지를 설명하면서 내용을 이어줄 수 있는 관계대명사는 that뿐이다.

해석 밀네는 작가로서 초창기에 일련의 소설과 에세이, 희곡을 써 왔다. 그러나 그를 진정 유명하게 만든 작품들은 어린이 책인 위니더푸와 푸 코너의 집이었다.

03 정답 (c)

해설 빈칸 앞 명사 pricing scheme을 수식하는 형용사절이 들어가야 한다. it adopted는 목적격 관계대명사가 생략되어 있다. 컴마가 있으므로 that은 오답이 된다. how는 명사를 수식하지 못한다. when은 선행사가 시간명사 되어야 한다. which는 주격 관계대명사로 적절히 쓰였다.

해석 Greenwood's Grocery는 2년 전에 새로운 식료품점 세 곳이 시장에서 경쟁을 시작할 때까지는 매우 수익성이 있었다. 새로운 가격책정 정책을 도입해 기존 고객을 되찾아 오기 위해 가격을 매우 낮추었다.

extremely 극도로, 매우
profitable 수익성이 있는
scheme 계획, 제도

04 정답 (a)

해설 선행사가 사람이며 who가 주격 관계대명사로 잘 쓰였다. that은 컴마가 있어서 오답이며 whose는 완벽한 문장이 와야 한다. 해석상 to whom은 'Gerogina Brown에게 글이 인기 있다'는 내용이 되므로 어색하다.

해석 내 친구인 Bart는 세간의 주목을 받는 대상을 찍을 때 특별한 방법을 사용한다. 인기 작가인 Georgina Brown의 사진을 찍을 때, 그는 그녀를 커다란 사전 위에 앉게 했다.

unusual 특별한

05 정답 (a)

해설 주어에 해당하는 His son을 수식하는 관계사절이 들어가야 한다. 동사를 바로 데리고 오는 주격 관계대명사 who가 가장 적절하다. when은 선행사에 이유에 해당하는 reason이 와야 하고 whom은 목적격 관계대명사인데, 관계사절이 목적어가 필요 없는 2형식 문장이라 문법적으로 올바르지 않다. what은 선행사를 포함하기 때문에 관계대명사로 쓰일 때 명사 뒤에 쓰일 수 없다.

해석 Brian은 그의 아들이 피아노 연주를 듣는 것만으로 노래 선율을 따라갈 수 있다는 사실을 알고 놀랐다. 3살 밖에 안 된 그의 아들은 음악과 관련해 타고난 재능을 가진 것처럼 보인다.

06 정답 (c)

해설 빈칸에는 선행사에 해당하는 명사 inventions를 수식하는 관계사절이 들어가야 한다. that은 선행사가 사람이건 사물이건 수식할 수 있으며 주격으로 쓰이므로 (c)가 가장 적절하다. what은 관계대명사로 쓰이면 명사 뒤에 쓸 수 없으며 when은 관계부사이므로 완벽한 문장이 와야 한다. who는 선행사가 사람인 경우에만 수식할 수 있다.

해석 기술은 축복과 폐해 두 가지 모두일 수 있다. 우리에게 편리함을 제공해주는 현대의 발명품들은 또한 환경을 오염시키는 것들이다. 이에 대한 한 가지 예시가 휘발유로 달리는 차량이다.

II

독해

PART I Biographical Narrative
PART II Magazine, Newspaper or Web article
PART III Encyclopedia Article
PART IV Business or Formal Letter

이현아 **취향저격** G-TELP **65**점

Part I | Biographical Narrative

한 사람의 일생 및 업적을 묘사하는 글이 나온다. 제목에 위인의 이름이 나오는 것이 특징이며, 이름만으로는 어떤 인물인지 알 수 없다. 글 읽는 사람의 이해를 돕기 위해 주로 첫 번째 문단에서 위인에 대한 소개를 간략히 한다.

예

> ### WOODY ALLEN
>
> American director, writer, producer, and actor Woody Allen is one of the most respected people in Hollywood. He is especially known for featuring nervous and anxiety-laden upper-class New Yorkers as central characters in his movies. Through his films' brilliant plots, he set the standard for modern romantic-comedies.
>
> ### 우디 앨런
>
> 미국인 감독, 작가, 제작자, 그리고 배우인 우디 앨런은 할리우드에서 가장 인정받는 사람들 중 한 명이다. 그는 불안하고 걱정으로 가득한 미국 상류층을 그의 영화 중심 캐릭터로 출연시키는 것으로 특히 유명하다. 그의 뛰어난 줄거리 구성을 통해, 그는 현대 로맨틱 코미디의 기준을 마련했다.

첫 문단 이후에는 보통 위인의 출생이나 성장배경 등이 나오며, 업적 소개에 대한 내용이 주를 이룬다. 직업이 다양하거나 업적이 많은 경우 '작가로서 유명하게 한 작품은 무엇인가?'와 같은 세부적인 질문에 조심해야 한다. 예를 들어서 코미디언으로서 유명하게 된 작품은 A이고, 작가로서 유명하게 된 작품은 B인데 문제를 꼼꼼하게 읽지 않으면 선지에 A와 B가 다 나오므로 헷갈릴 수 있다. 자격이나 작품에 대한 소개가 나올 때는 전치사 as (~로서)와 for (~로)가 많이 나온다.

예

> Q. Why most likely is Plath regarded as a pioneer of confessional poetry?
> – Plath가 고백 시의 선구자로 여겨지는 가장 적절한 이유는?
>
> **[지문 中 정답 근거 문장]**
> Due to her sentimental exploration of personal topics, she is often noted as a pioneer of the "confessional poetry" genre.
> 개인적인 주제들에 대한 그녀의 감성적인 탐구 때문에, 그녀는 "고백시" 장르 개척자로 주로 알려져 있다.

memo

[Reading material]

Banana Yoshimoto

Banana Yoshimoto is the pen name of Japanese writer Mahoko Yoshimoto. Her debut work, Kitchen (1988), had over 60 printings in Japan alone. There have been two film adaptations: a Japanese TV movie and a more widely released version titled Wo ai chu fang, produced in Hong Kong by Ho Yim in 1997.

Yoshimoto was born in Tokyo on July 24, 1964 and grew up in a liberal family. Her father is the famous poet and critic Takaaki Yoshimoto, and her sister, Haruno Yoiko, is a well-known cartoonist in Japan. Yoshimoto graduated from Nihon University's College of Art with a major in literature. While there, she adopted the pseudonym "Banana", after her love of banana flowers, a name she recognizes as both "cute" and "purposefully androgynous."

Yoshimoto keeps her personal life guarded and reveals little about her certified rolfing practitioner husband, Hiroyoshi Tahata, or son (born in 2003). Each day she takes half an hour to write at her computer, and she says, "I tend to feel guilty because I write these stories almost for fun." Her works include twelve novels and seven collections of essays (including Pineapple Pudding and Song From Banana) which have together sold over six million copies worldwide. Her themes include love and friendship, the power of home and family, and the effect of loss on the human spirit.

In August 1988, the Minister of Education awarded Yoshimoto the 39th Best Newcomer Artists Recommended Prize, for Kitchen and Utakata/Sankuchuari. In March 1989, Goodbye Tsugumi was awarded the 2nd Yamamoto Shugoro Prize. In 1994, her first long novel, Amrita, was awarded the Murasaki-shikibu Prize. Outside Japan, she has been awarded prizes in Italy: the Scanno Literary Prize in 1993, the Fendissime Literary Prize in 1996, the Literary Prize Maschera d' argento in 1999, and the Capri Award in 2011.

---

adaptation : a film, television drama or play that is based on a particular book or play but has been changed to suit the new medium
[synonyms : reworking ; variation]

guilty : feeling ashamed because you have done something that you know is wrong or have not done something that you should have done
[synonyms : remorseful ; sorry ; liable ; convicted]

요시모토 바나나

　요시모토 바나나는 일본 작가 요시모토 마호코의 필명이다. 데뷔작 키친(1988)은 일본에서만 60여 장의 인쇄물을 갖고 있었다. 두 편의 영화가 각색되었는데, 하나는 일본의 TV 영화이고, 다른 하나는 1997년 홍콩에서 호임이 제작한 것으로 더 널리 개봉된 Woai chu fang이라는 제목의 영화가 있다.

　요시모토는 1964년 7월 24일 도쿄에서 태어나 진보적인 가정에서 자랐다. 아버지는 유명한 시인이자 평론가 요시모토 다카아키(吉本田akai)이며, 여동생 하루노 요이코는 일본에서 잘 알려진 만화가다. 요시모토는 니혼대 미술대학을 문학전공으로 졸업했다. 그곳에서 그녀는 바나나 꽃을 좋아한 후에 '바나나'라는 가명을 채택했는데, 이 이름을 그녀는 '귀엽다'와 '의도적으로 양성의 특징을 지닌 (=중성적인)' 것으로 인식한다.

　요시모토는 사생활을 지키고 있으며 공인된 롤프식(근육을 깊숙이 마사지 하는 물리치료 요법) 마사지사인 남편인 타하타 히로요시나 아들(2003년생)에 대해서는 거의 밝히지 않는다. 매일 그녀는 자신의 컴퓨터에서 글을 쓰는데 30분을 사용하며, "나는 거의 재미로 이런 이야기를 쓰기 때문에 죄책감을 느끼는 경향이 있다."라고 말한다. 그녀의 작품들은 전세계적으로 600만 부 이상이 팔린 12편의 소설과 7편의 에세이 모음집(파인애플 푸딩과 바나나에서 온 노래 포함)을 포함하고 있다. 그녀의 주제는 사랑과 우정, 가정과 가정의 힘, 그리고 상실감이 인간의 정신에 미치는 영향 등이다.

　1988년 8월, 교육부 장관은 요시모토에게 주방과 우타카타/산쿠추아리에게 39회 최우수 신인 예술가 추천상을 수여했다. 1989년 3월, 굿바이 쓰구미는 제2회 야마모토 슈고로 상을 받았다. 1994년 그녀의 첫 장편소설인 암리타는 무라사키시치부상을 받았다. 일본 이외의 지역에서는 1993년 스캔노 문학상, 1996년 펜디세임 문학상, 1999년 마스체라 아르젠토 문학상, 2011년 카프리상을 수상하였다.

[Reading material]

Robin McLaurin Williams

Robin McLaurin Williams was an American actor and comedian. Known for his improvisational skills and a wide variety of voices, he is often regarded as one of the best comedians of all time. Williams began performing stand-up comedy in San Francisco and Los Angeles during the mid-1970s, and rose to fame playing the alien Mork in the sitcom Mork & Mindy.

Robin McLaurin Williams was born at St. Luke's Hospital in Chicago, Illinois, on July 21, 1951. He had English, French, German, Irish, Scottish, and Welsh ancestry. Williams began performing stand-up comedy in the San Francisco Bay Area in 1976. In the 1960s, San Francisco was a center for a rock music renaissance, hippies, drugs, and a sexual revolution, and in the late 1970s, Williams helped lead its "comedy renaissance", writes critic Gerald Nachman.

Williams moved to Los Angeles and continued performing stand-up at clubs including The Comedy Store. There, in 1977, he was seen by TV producer George Schlatter, who asked him to appear on a revival of his show Laugh-In. The show aired in late 1977 and was his debut TV appearance. With his success on Mork & Mindy, Williams began to reach a wider audience with his stand-up comedy, starting in the late 1970s and throughout the 1980s, including three HBO comedy specials: Off The Wall (1978), An Evening with Robin Williams (1983), and A Night at the Met (1986). Williams won a Grammy Award for Best Comedy Album for the recording of his 1979 live show at the Copacabana in New York, Reality ... What a Concept.

His first major break came from his starring role in director Barry Levinson's Good Morning, Vietnam, which earned Williams a nomination for the Academy Award for Best Actor. Years after the films, Janet Hirshenson revealed in an interview that Williams had expressed interest in portraying Rubeus Hagrid in the Harry Potter film series, but was rejected by director Chris Columbus due to the "British-only edict". In 2006, he starred in five movies, including Man of the Year and The Night Listener, the latter being a thriller about a radio show host who realizes that a child with whom he has developed a friendship may or may not exist. After his death in 2014, four films starring Williams were released: Night at the Museum: Secret of the Tomb, A Merry Friggin' Christmas, Boulevard, and Absolutely Anything.

---

ancestry : the family or the race of people that you come from
[synonyms : ancestor; lineage]

reject : refuse to accept or consider something
[synonyms : deny ; dismiss ; refuse]

로빈 맥로린 윌리엄스

로빈 맥로린 윌리엄스(Robin McLaurin Williams)는 미국의 배우이다. 즉흥 연주 실력과 다양한 목소리로 유명한 그는 종종 역대 최고의 코미디언 중 한 명으로 여겨진다. 윌리엄스는 1970년대 중반 샌프란시스코와 로스앤젤레스에서 스탠드업 코미디를 연기하기 시작했고, 시트콤 Mork & Mindy에서 외계인 Mork를 연기하며 유명해졌다.

로빈 맥로린 윌리엄스는 세인트에서 태어났다. 1951년 7월 21일 일리노이주 시카고에 있는 루크 병원. 윌. 그는 영어, 프랑스어, 독일어, 아일랜드어, 스코틀랜드어, 웨일스의 조상을 가지고 있었다. 윌리엄스는 1976년 샌프란시스코 만 지역에서 스탠드업 코미디를 공연하기 시작했다. 1960년대 샌프란시스코는 록 음악 르네상스, 히피, 마약, 그리고 성적 혁명의 중심지였고, 1970년대 후반 윌리엄스는 코미디 르네상스를 이끌었다고 평론가 제럴드 나흐만은 쓰고 있다.

윌리엄스는 로스앤젤레스로 건너가 코미디 스토어를 포함한 클럽에서 스탠드업 공연을 계속했다. 1977년, 그는 TV 프로듀서 조지 슐레이터에 의해 발견되었고, 조지 슐레이터는 자신의 쇼인 "Laugh-In"에 출연할 것을 부탁했다. 이 쇼는 1977년 말에 방영되었고 그의 첫 TV 출연이었다. Mork & Mindy에서의 성공과 함께 윌리엄스는 1970년대 후반부터 1980년대에 걸쳐 스탠드업 코미디로 더 넓은 관객에게 다가가기 시작했다: 오프 더 월(1978), 앤 이브닝 위드 로빈 윌리엄스(1983), 그리고 A Night at the Met (1986). 윌리엄스는 Reality ... What a Concept의 촬영으로 1979년 뉴욕 코파카나바에서 생방송으로 그래미상을 수상했다.

배리 레빈슨 감독의 베트남 굿모닝 주연으로 윌리엄스가 아카데미 남우주연상 후보에 올랐던 것이 그의 첫 번째 주요 휴식기였다. 몇 년 후, 자넷 허슨(Janet Hirshenson)은 인터뷰에서 윌리엄스가 해리포터 영화 시리즈에서 루베우스 해그리드를 연기하는 것에 관심을 표명했지만, "영국 전용 칙령" 때문에 크리스 콜럼버스 감독에게 거절당했다고 밝혔다. 2006년, 그는 "맨 오브 더 이어"와 "나이트 리스너"를 포함한 다섯 편의 영화에 출연했고, 후자는 그가 우정을 발전시킨 아이가 존재할 수도 있고 없을 수도 있다는 것을 깨닫는 한 라디오 쇼 진행자에 관한 스릴러였다. 2014년 그가 사망한 후, 윌리엄스가 주연한 네 편의 영화가 개봉되었다. "박물관이 살아있다", "비밀의 무덤", "A Merry Friggin' Christmas,", "Boulevard, and Absolutely Anything".

Tony Hsieh

Tony Hsieh was an American Internet entrepreneur and venture capitalist. He retired as the CEO of the online shoe and clothing company Zappos in August 2020 after 21 years. Prior to joining Zappos, Hsieh co-founded the Internet advertising network LinkExchange, which he sold to Microsoft in 1998 for $265 million.

Hsieh was born in Urbana, Illinois, to Richard and Judy Hsieh, immigrants from Taiwan who met in graduate school at the University of Illinois. Hsieh's family moved to Lucas Valley area of Marin County, California when he was five. In 1995, Hsieh graduated from Harvard University with a degree in computer science. After college, Hsieh worked for Oracle Corporation. After five months, he left to co-found the LinkExchange advertising network. After LinkExchange sold to Microsoft, Hsieh co-founded Venture Frogs, an incubator and investment firm, with his business partner, Alfred Lin. They invested in a variety of tech and Internet startups, including Ask Jeeves, OpenTable and Zappos.

In 1999, Nick Swinmurn approached Hsieh and Lin with the idea of selling shoes online. Hsieh was initially skeptical and almost deleted Swinmurn's initial voice mail. After Swinmurn mentioned that "footwear in the US is a $40 billion market, and 5% of that was already being sold by paper mail order catalogs," Hsieh and Lin decided to invest through Venture Frogs. On July 22, 2009, Amazon announced the acquisition of Zappos.com in a deal valued at approximately $1.2 billion. On August 24, 2020, Hsieh retired as the CEO of Zappos after 21 years at the helm.

From 2009 until his death, Hsieh, who was still running the downtown Las Vegas-based Zappos.com business, organized a major re-development and revitalization project for downtown Las Vegas, which had been for the most part left behind compared to the Las Vegas Strip's growth. Hsieh originally planned the Downtown Project as a place where Zappos.com employees could live and work, but the project grew beyond that to a vision where thousands of local tech and other entrepreneurs could live and work.

Hsieh was known for taking extreme challenges regarding his body, including starving himself of oxygen to induce hypoxia and using nitrous oxide as well as a fasting to the point where he was under 100 pounds. On the morning of November 18, 2020, Hsieh was injured in a house fire in New London, Connecticut and died.

토니 세이

토니 세이는 미국의 인터넷 기업가이자 벤처 투자가였다. 그는 21년 만인 2020년 8월 온라인 신발·의류업체 Zappos의 CEO로 은퇴했다. Zappos에 입사하기 전, 세이는 인터넷 광고 네트워크 LinkExchange를 공동 설립하여 1998년 2억 6천 5백만 달러에 마이크로소프트에 매각하였다.

세이는 일리노이주 어바나에서 일리노이 대학교 대학원에서 만난 대만 이민자 리처드, 주디 시 사이에서 태어났다. 세이의 가족은 그가 다섯 살 때 캘리포니아 마린 카운티의 루카스 밸리 지역으로 이사했다. 1995년, 세이는 하버드 대학교에서 컴퓨터 공학 학위를 취득했다. 대학을 졸업한 후, 세이는 Oracle Corporation에서 일했다. 5개월 후, 그는 링크 LinkExchange 광고 네트워크를 공동 설립하기 위해 떠났다. LinkExchange가 Microsoft에 매각된 후, 시에는 사업 파트너인 알프레드 린과 함께 인큐베이터 및 투자회사인 Venture Frogs를 공동 설립했다. 이들은 Ask Jeeves, OpenTable and Zappos 등 다양한 기술 및 인터넷 스타트업에 투자했다.

1999년 닉 스윈먼은 신발을 온라인으로 판매한다는 생각으로 세이와 린에게 접근했다. 세이는 처음에는 회의적이었고 스윈멈의 초기 음성 메일을 거의 삭제했다. 스윈멈이 "미국 내 신발은 400억 달러 시장이고, 그 중 5%는 이미 종이 우편 주문 카탈로그로 판매하고 있었다"고 언급한 뒤 세이와 린은 벤처퍼스를 통해 투자하기로 했다. 2009년 7월 22일, 아마존은 Zappos.com을 인수하여 약 12억 달러의 가치를 지닌 거래로 발표했다. 2020년 8월 24일 Zappos의 CEO에서 21년 만에 은퇴하였다.

2009년부터 사망할 때까지 라스베이거스 시내 중심가 Zappos.com 사업을 운영하던 세이는 라스베이거스 스트립의 성장에 비해 대부분 낙후됐던 라스베이거스 시내를 위한 주요 재개발·활성화 프로젝트를 기획했다. 세이는 원래 Zappos.com 직원들이 살고 일할 수 있는 곳으로 다운타운 프로젝트를 계획했지만, 그 이상으로 그 프로젝트는 수천 명의 지역 기술자들과 다른 기업가들이 살고 일할 수 있는 비전으로 성장했다.

세이는 저산소증을 유발하기 위해 산소를 굶고 100파운드 이하의 단식은 물론 아산화질소를 사용하는 등 몸에 대한 극한의 도전을 한 것으로 알려졌다. 2020년 11월 18일 아침, 시에는 코네티컷주 뉴런던의 주택 화재로 부상을 입어 사망했다.

---

skeptical : having doubts that a claim or statement is true or that something will happen
[synonyms : doubtful ; dubious ; suspicious]

fasting : to eat little or no food for a period of time, especially for religious or medical reasons
[synonyms : abstain]

PART 1. *Read the following biographical narrative and answer the questions. The underlined words in the article are for vocabulary questions.*

[1-1]

WOLFGANG AMADEUS MOZART

Renowned composer Wolfgang Amadeus Mozart often played the piano mischievously, sometimes upside-down, backwards or with covered hands. But far beyond these fabled tricks, Mozart became known for mastery in all the contemporary classical genres - solo, chamber, symphony, sacred, and opera - from an early age.

Born in Salzburg, Austria on 27 January 1756, Mozart was baptized Johannes Chrysostomus Wolfgangus Theophilus Mozart at St. Rupert's Cathedral. As the son of the ambitious musical teacher Leopold Mozart, young Mozart received piano and violin training early in life. By the age of five, he was already brilliantly composing his own minuets. But he wasn't the only one : Mozart's sister Maria Anna "Nannerl" Mozart was a <u>gifted</u> pianist in her own right.

Utilizing their superb talents, the Mozarts toured the courts of Europe. Both children - particularly young Wolferl, as his father affectionately called Wolfgang - enjoyed celebrity status. But the "child wonder" earned much greater acclaim for his impressive compositions: for instance, he completed his first symphony at only nine years old.

In 1768, Mozart completed his first opera, *La Finta Semplice,* as commissioned by the Austrian Emperor, Joseph II. Subsequently, he was appointed honorary Konzertmeister at Salzburg Court. Later on, the family traveled to Italy again where he finished the opera *Mitridate*. While there, Mozart proudly became a member of the prestigious *Accademia Filarmonica*.

In 1777, Mozart and his mother toured Munich, Augsburg, Mannheim and Paris, where he composed the Paris Symphony. Unfortunately his mother became ill in Paris and died soon after the masterpiece made its <u>premiere</u>. Upon his return to Salzburg, Mozart secured the posts of Court Organist and Konzertmeister.

In 1782, Mozart married Constanze Weber, with whom they had six children (only two survived). That same year he finished the successful opera Die *Entfuhrung aus dem Serails*, and as Chamber Composer for Emperor Joseph II from 1782 to 1787, he produced *The Marriage of Figaro, Don Giovanni*, and numerous concertos and sonatas.

But in spite of Mozart's musical ability and success, his income could not keep up with his extravagant lifestyle, and eventually he fell into debt. Even his appointment as the crown's official composer did little to offset his financial crisis. In November 1791, commissioned with composing both a score for Schikaneder's The Magic Flute, and a complex requiem, Mozart became extremely ill. Although enthusiastically trying to complete his work, on 5 December 1791 his body finally succumbed to a still unknown illness. Due to his debts, and in stark contrast to his highly appointed status and marvelous talent and work, Mozart was buried in a common Viennese grave.

01. Who probably had the most influence on Wolfgang Mozart in music?

(a) his sister, Maria Anna
(b) his father
(c) Constanze Weber
(d) his mother

02. What was most remarkable about Wolfgan Mozart as a child?

(a) He learned to play the piano by himself
(b) He knew a lot of magic tricks.
(c) He married at the age of 12.
(d) He was able to compose his own minuets and symphonies.

03. In the context of the passage, gifted means _____.

(a) successful
(b) famous
(c) generous
(d) talented

04. In the context of the passage, premiere means _____.

(a) latter
(b) debut
(c) head
(d) principle

PART 1. *Read the following biographical narrative and answer the questions. The underlined words in the article are for vocabulary questions.*

[1-2]

LEE IACOCCA

Lee Iacocca is an American car executive who gained international fame for rescuing the Chrysler Corporation from bankruptcy. He started his colorful career at Ford Motor Company where he became president in the 1970s, and from which he was dismissed in 1978.

Lido Anthony Iacocca was born in October 1924 in Allentown, Pennsylvania to Italian immigrant parents. He graduated from Allentown High School and Lehigh University with a degree in industrial engineering. He joined Ford in 1946 where he briefly worked in the engineering department. He later transferred to the sales department where his natural talent for marketing was quickly noticed at the Ford headquarters in Michigan. His "56 for 56" campaign, which offered $56 monthly payments for loans on 1956 Ford models, was so successful that the program was adopted nationwide, boosting national sales. Iacocca was consequently promoted to head the Ford Division in 1964. As division head, he designed the highly successful Ford Mustang, as well as the Lincoln Continental Mark III and the Ford Fiesta.

Iacocca's accomplishments in design and marketing earned him the presidency of the Ford Motor Company in 1970. However, ensuing differences with Henry Ford II caused his much-publicized dismissal in 1978, a surprising development given that the company just earned a record $2 billion profit for the year. Shortly after leaving Ford, Iacocca was hired as president of the failing Chrysler Corporation and elected chairman in 1979. He imposed wage cuts, layoffs, and plant closings to make the company more efficient. He also pushed for the development of more fuel-efficient cars. He continued the "Mini-Max" program that he started at Ford to build the successful Dodge Caravan and Plymouth Voyager minivans.

All these changes were not sufficient to keep the company afloat, so Iacocca approached the US Congress to ask for a loan guarantee of $1.5 billion. After a series of heated and controversial Congressional hearings, Chrysler received the loan guarantee. The company used the money to develop the Dodge Aries and Plymouth Reliant - the first of what would become a highly successful series of cars. The Americans eagerly patronized the fuel-efficient front-wheel drive cars. In 1983, Iacocca repaid the government-backed bank loans seven years earlier than expected, and announced to the world Crysler's remarkable turnaround.

01. Why did Lee Iacocca leave Ford's engineering department?

(a) because he moved to Chrysler
(b) because he was called to the headquarters
(c) because he lacked training in engineering
(d) because his real interest was sales

02. How did Iacocca raise funds for Chrysler's recovery?

(a) by auctioning off some of their plants
(b) by asking Congress for a loan support
(c) by selling a car development program to Ford
(d) by selling fuel-efficient cars

03. Based on the article, why could Chrysler's recovery be considered remarkable?

(a) It succeeded within a shorter period than expected.
(b) It has lost its ability to make cars lately.
(c) Iacocca only knew how to run Ford Motors.
(d) Americans disliked small fuel-efficient cars.

04. In the context of the passage, boosting means _____.

(a) editing
(b) promoting
(c) questioning
(d) deriding

05. In the context of the passage, controversial means _____.

(a) additional
(b) solitary
(c) disputable
(d) responsible

PART 1. *Read the following biographical narrative and answer the questions. The underlined words in the article are for vocabulary questions.*

[1-3]

Alexander Hamilton

Alexander Hamilton was an American statesman, politician, legal scholar, military commander, lawyer, banker and economist. Born out of wed-lock in the British West Indies, Alexander Hamilton was orphaned at the age of 11, although this is contested because the exact date of his birth cannot be determined. Having shown abilities and talent, the people of his community sponsored him to get an education on the North American mainland. After attending King's College (now Columbia University) in New York, he was appointed to the Congress of the Confederation to represent New York. He soon resigned the post to practice law and founded the Bank of New York.

Having fought alongside the general during the Revolutionary War, Hamilton was appointed Secretary of Treasury during the George Washington administration. During his term, he was responsible for defining the role of the office. As an admirer of the British political system, Hamilton saw his office, like that of the British First Lord of the Treasury, as the equivalent to a Prime Minister. Washington did request Hamilton's advice on matters outside the purview of the Treasury Department, and because he was a nationalist in favor of a strong central government, he successfully argued that the implied powers of the Constitution could be used to fund the national debt, create the government owned bank of the United States, and shoulder state debt. The impact of these measures would resonate for centuries to come.

Hamilton was forced to resign from office when an extra-marital affair was made public. He returned to New York and made his living practicing law. However, he kept his hand in politics even after his resignation. His influence caused the defeat of John Adams' re-election for president. When Thomas Jefferson and Aeron Burr were tied for the presidency in the Electoral College, he helped defeat Burr out of personal reasons, despite the fact that Burr was a member of his own political party and Jefferson was a member of the opposition with fundamental philosophical differences. Hamilton's spite did not end there, however. When Burr ran for governor in the State of New York, Hamilton once again stood in the way and caused his defeat.

Even after Burr's defeat in the gubernatorial election, Hamilton continued to denounce Burr Publically. Burr, feeling affronted by Hamilton, demanded a public apology, which Hamilton refused to give, as it would lay him open to accusations of cowardice. Following an exchange of three petulant letters, and despite efforts from mutual friends to avoid a confrontation, Hamilton and Burr scheduled a duel on the banks of the Hudson River, during which Hamilton was wounded, eventually leading to his demise.

01. Which of the following can be concluded about Hamilton's education?

(a) His family was wealthy enough to financially support him.
(b) The majority of his education was conducted in the West Indies.
(c) He majored in both law and business.
(d) He received education through the patronage of non-related individuals.

02. According to passage, which of the following is mentioned as an action taken by Hamilton out of spite?

(a) He challenged the fundamental principles held by Thomas Jefferson.
(b) He retained an influence on the political scene even after his resignation.
(c) He obstructed Burr from being elected into public office on various occasions.
(d) He founded an institution of higher education called the Electoral College.

03. Why did Hamilton refuse to apologize publically?

(a) He believed that he had done nothing wrong and that there was no need for an apology.
(b) A public apology would make him look craven in the eyes of others.
(c) Three letters were sent to apologize personally, so he thought a public apology was not needed.
(d) Friends advised him that a public apology would be embarrassing for him.

04. In the context of the passage, purview means _____.

(a) scope
(b) disposition
(c) grudge
(d) administration

05. In the context of the passage, petulant means _____.

(a) gullible
(b) hypocritical
(c) querulous
(d) complacent

PART 1. *Read the following biographical narrative and answer the questions. The underlined words in the article are for vocabulary questions.*

[1-4]

Edgar Allan Poe

Edgar Allan Poe is an American short-story writer, poet, critic, and editor. His creative talents led to the beginning of modern detective genres, giving him the nickname "Father of the Detective Story". Although Poe was not the inventor of this type of fiction, he was the first to introduce the presentation of clues necessary to solve puzzles by reason. In this respect, he is credited as an originator.

Edgar Poe was born in Boston on January 19, 1809. His father left the family early, and his mother passed away when he was only three. Edgar was adopted by Mr. and Mrs. John Allan who was a successful merchant. He had an excellent education, learning Latin and French, as well as math and history. Edgar Allan went to the University of Virginia in 1826. Even though John Allan had plenty of money, Edgar didn't receive enough funds. Edgar turned to gambling to cover the cost of his college, but ended up in debt. He had to quit school.

He went to Boston, where he arranged for publication of his poetry, Tamberlane and Other Poems in 1827. He published a second collection Al Azaraaf, Tamberlane, and Minor Poems in 1829. Then he joined West Point, a military academy. A year later, after leaving the academy, Poe focused his writing full time. His young cousin, Virginia, became a literary inspiration to Poe as well as his love interest. The couple married in 1836. In 1837, Edgar went to New York. He published "The Narrative of Arthur Gordon Pym" but he could not find any financial success. He moved to Philadelphia in 1838 where he wrote "Ligeia" and "The Haunted Palace". His first volume of short stories, "Tales of the Grotesque and Arabesque" was published there in 1839.

Poe launched the new genre of modern detective fiction with 1841's "The Murders in the Rue Morgue." At a writing contest sponsored by Philadelphia's Dollar Newspaper, he won a literary prize in 1843 for "The Gold Bug," a suspenseful short fiction of secret codes and hunting treasure. In 1845, the narrative poem "The Raven" was published. Its publication made Poe widely popular in his lifetime, although it did not bring him much financial success. In the work, Poe reflected his common themes - death and loss. An unknown narrator laments the demise of his great love Lenore.

Poe is today considered as one of America's most enduring writers. His works are as compelling today as there were more than a century ago. His major accomplishment is to create the unique detective fiction formula by presenting textual evidence, comparisons and explanations.

01. Why was Poe given the nickname "Father of the Detective Story"?

(a) His works were full of thrillers
(b) He inspired a lot aspiring writers
(c) He was the first writer who wrote detective novels
(d) H brought changes in detective genre

02. What made Poe give up the college education?

(a) Because he had to move in to the parents' house
(b) Because he was a breadwinner to support his family
(c) Because he was in debt from gambling
(d) Because he didn't have any interests in study

03. Which work first proved Poe's gift as a novelist?

(a) The Narrative of Arthur Gordon Pym
(b) The Gold Bug
(c) The Haunted Palace
(d) The Raven

04. When did Poe become popular in the country?

(a) After winning a literary prize
(b) After creating the unique detective fiction formula
(c) Right after getting married to his wife
(d) After publishing the poem covering death and loss

05. What can be said about the Poe's biggest achievement as a writer?

(a) His pioneering contribution to the genre
(b) His contribution to creating the poem formula
(c) Overcoming the difficulties in his entire life
(d) Running his own publishing company

06. In the context of the passage, turned on means _____.

(a) depended on
(b) pulled over
(c) let down
(d) reside in

07. In the context of the passage, reflected means _____.

(a) recalled
(b) donated
(c) fascinated
(d) suggested

PART I 정답과 해설

한 권에 끝내는 지텔프 65점

[1-1]

볼프강 아마데우스 모차르트

저명한 작곡가 볼프강 아마데우스 모차르트는 거꾸로 치거나 뒤돌아 서서 치거나 주먹을 주고 치는 등 종종 장난스럽게 피아노를 연주했다. 그렇지만 모차르트는 이런 널리 알려진 장난에도 불구하고 어릴 때부터 독주, 실내악, 교향악, 교회음악, 오페라 등 모든 당대 클래식 장르를 망라하는 대가로 이름을 얻었다.

1756년 1월 27일 오스트리아 잘츠부르크에서 태어난 모차르트는 성 루페르트 성당에서 요하네스 크리소스토무스 볼프강구스 테오필루스 모차르트라는 이름으로 세례를 받았다. 야심 많은 음악 교습가 레오폴트 모차르트의 아들이었던 모차르트는 어린 시절 피아노와 바이올린 훈련을 받았다. 다섯 살이 되면서 벌써부터 훌륭한 미뉴에트 곡을 작곡했다. 그만이 뛰어난 것이 아니었다. 모차르트의 누나 마리아 안나 "난네를" 모차르트는 당당히 <u>재능 있는</u> 피아니스트였다.

뛰어난 재능 덕분에 모차르트 일가는 유럽의 궁전을 두루 돌아다녔다. 두 아이들, 특히 아버지가 애정어리게 볼프강이라고 부르는 어린 볼페르는 명사 대접을 즐겼다. 그러나 "신동"이라는 찬사에 그의 인상깊은 작품들이 가려져 있다. 예를 들어 그는 아홉 살 밖에 안 된 나이에 첫 교향곡을 완성했다.

1768년 모차르트는 첫 오페라곡, '가짜 바보'를 오스트리아 황제 요셉 2세의 의뢰를 받아 작곡했다. 이어서 그는 잘츠부르크궁의 명예 콘서트마스터로 임명됐다. 곧 이어 가족들과 함께 이탈리아를 다시 여행하는 동안 오페라곡 '미트라다테'를 완성했다. 그 곳에 있는 동안 자랑스럽게도 저명한 아카데미아 필라르모니카의 일원이 됐다. (학위를 받았다-역주)

1977년 모차르트는 어머니와 함께 뮌헨, 아우쿠스부르크, 만하임, 파리를 여행하면서 '파리 교향곡'을 작곡했다. 불행하게도 파리에서 어머니가 병에 걸렸고 걸작을 <u>초연한</u> 뒤 얼마 안돼 세상을 떠났다. 잘츠부르크에 돌아온 모차르트는 궁정 오르간 연주자 겸 콘서트 마스터에 올랐다.

1782년 모차르트는 콘스탄체 베버와 결혼했고 6명의 자녀를 낳았다(2명만 살아 남음). 같은 해 '후궁으로부터의 유괴'를 성공적으로 완성했고 1782년부터 1787년까지 요셉 2세의 실내악 작곡가로 있으면서 '피가로의 결혼' '돈 지오반니'와 수많은 협주곡, 소나타를 썼다.

모차르트는 음악적 재능과 성공을 거뒀음에도 불구하고 낭비가 심한 생활로 인해 결국 빚더미에 빠졌다. 공식 궁정작곡가로 임명됐지만 경제적 어려움을 벗어날 수 없었다. 1791년 11월 쉬카네더의 '마술피리' 악보와 장송곡 작곡을 의뢰 받은 상태에서 극심한 병에 시달렸다. 작품을 완성하기 위해 열정을 쏟았지만 1791년 12월 5일 그의 몸은 지금까지도 이름을 알 수 없는 병에 굴복했다. 빚 때문에, 높은 지위와 기적적인 재능과 업적에도 불구하고 비엔나 공동묘지에 묻혔다.

mischievously 해롭게, 짓궂게, 장난스럽게
fabled 전설적인
chamber 실내악
sacred 교회음악
baptize 세례를 주다
ambitious 야심 있는
brilliantly 찬란히
gifted 재능 있는
affectionately 애정을 담고
acclaim for ~에 대한 갈채
commission 위원회, 수수료, 의뢰하다
subsequently 그 뒤에
honorary 명예의
prestigious 명망 높은, 일류의
premiere 개봉, 초연
keep up with 알게 되다, 계속 내다
extravagant 낭비하는, 사치하는
fall into debt 빚지다
offset 상쇄하다, 보충하다
succumb 굴복하다, 무릎을 꿇다
stark 삭막한, 냉혹한, 극명한
marvelous 놀라운, 경이로운

01
정답 (b)

해석 누가 볼프강 모차르트의 음악에 가장 큰 영향을 주었는가?
(a) 그의 누나, 마리아 안나
(b) 그의 아버지
(c) 콘스탄체 베버
(d) 그의 어머니

02
정답 (d)

해석 어린 볼프강 모차르트에 대해 가장 주목할 만한 점은 무엇인가?
(a) 그는 스스로 피아노를 배웠다.
(b) 그는 마술 속임수를 많이 안다.
(c) 그는 12살에 결혼했다.
(d) 그는 자신의 미뉴엣과 교향곡을 작곡할 수 있었다.

03
정답 (d)

해석 글의 맥락에서 gifted는 재능 있는을 의미한다.
(a) 성공한
(b) 유명한
(c) 관대한
(d) 재능 있는

04
정답 (b)

해석 글의 맥락에서 premiere는 데뷔를 의미한다.
(a) 마지막의
(b) 데뷔
(c) 윗 부분
(d) 주요한

[1-2]

리 아이아코카

리 아이아코카는 크라이슬러 회사를 파산으로부터 구해낸 것으로 세계적인 명성을 얻은 미국인 자동차 기업가이다. 그는 1970년대에 포드 자동차 회사에서 사장이 되면서 화려한 일을 시작했으나 1978년에 해임되었다.

리오 앤소니 아이아코카는 1924년 펜실베니아 알렌타운에서 이탈리아 이민자 부모님 사이에서 태어났다. 그는 알펜타운 고등학교 후 리하이 대학교에서 산업 엔지니어 학위로 졸업했다. 그는 1946년에 포드에 입사하여 엔지니어링 부서에서 잠깐 일했다. 그는 나중에 판매부서로 이동하게 되는데, 그의 타고난 마케팅 재능을 미시건 주의 포드 본사로부터 금세 주목받았다. 포드의 1956년 차량을 56개월간 할부로 구매할 수 있게 해주는 그의 "56을 위한 56" 캠페인은 아주 성공적이었고, 전국에 확대되어 국내 판매를 촉진했다. 아이아코카는 그 결과 1964년에 포드의 부서장으로 승진했다. 부서장으로서 그는 링컨 컨티넨탈 마크 III와 포드 피에스타는 물론 매우 성공적인 포드 머스탱을 만들었다.

아이아코카의 디자인과 마케팅에서의 업적은 그에게 1970년 포드 자동차사의 사장 자리를 얻을 수 있게 했다. 그러나 헨리포드 2세와의 계속되는 의견차이로 1978년 엄청나게 보도되었던 그의 해임은 그 해에 회사가 20억불의 이익을 기록했다는 것을 고려하면 놀라운 결과였다. 포드가 떠난 후 곧, 아이아코카는 추락하는 크라이슬러 회사 사장으로 고용되었고 1979년에 회장으로 선출되었다. 그는 회사를 더 효율적으로 운영하기 위해 임금을 삭감하고 구조조정을 하고 공장을 폐쇄했다. 그는 또한 훨씬 연비가 좋은 자동차 개발을 추진했다. 그는 포드에서 성공적인 닷지 캐러밴과 플리머스 보이저 미니밴을 만들기 위해 시작했던 "미니-맥스" 프로그램을 계속했다.

이러한 모든 변화도 회사를 파산으로부터 지키는데 충분하지 않았고, 그래서 아이아코카는 미국 국회에 15억불 대출 보증을 요청했다. 일련의 열띠고 논란이 되는 국회 청문회 뒤에 크라이슬러는 대출 보증을 받게 되었다. 그 회사는 이 돈을 최초의 성공적인 연작이 되는 닷지 애리스와 플리머스 릴라이언트를 개발하는데 사용했다. 미국인들은 연비가 좋은 이 4륜 구동 차량을 열정적으로 이용했다. 1983년에 아이아코카는 정부가 보증해준 은행 대출금을 예상했던 것보다 7년 일찍 되갚았고, 전세계에 크라이슬러의의 두드러진 변화를 알렸다.

executive 경영 간부
fame 명성, 평판
rescue 구조하다, 구하다
bankruptcy 파산
dismiss 해고하다
immigrant 이민자
degree 학위
briefly 잠시, 짧게
department 부서
transfer 전근하다, 이사하다, 이동하다
noticed 주목받은, 인정받은
loan 대출
adopt 채택하다, 선택하다
nationwide 전국적인
consequently 그 결과
be promoted to ~로 승진되다
accomplishment 업적, 성과
ensuing 계속되는, 뒤따르는
layoff 해고, 구조조정
efficient 효율적인
fuel-efficient 연비 효율이 좋은
ask for 요청하다
guarantee 보증
receive 받다
eagerly 열정적으로
turnaround 변화

01 정답 (d)

해석 왜 아이아코카는 포드 엔지니어링 부서를 떠났는가?
(a) 그가 크라이슬러로 이직했으므로
(b) 본사에 불려갔기 때문에
(c) 그가 엔지니어링에 관해서 훈련이 부족했으므로
(d) 그의 진짜 관심사는 판매였기 때문에

02 정답 (b)

해석 아이아코카는 크라이슬러 회사의 회생을 위해 어떻게 자금을 모았는가?
(a) 공장의 일부를 경매에 내놓음으로써
(b) 국회에 대출 지원을 요청함으로써
(c) 자동차 개발 프로그램을 포드에 판매함으로써
(d) 연비가 좋은 자동차들을 판매함으로써

03 정답 (a)

해석 글을 바탕으로 할 때, 크라이슬러 회사의 회생이 왜 두드러지는 것으로 여겨지는가?
(a) 예상보다 더 짧은 기간에 성공했다.
(b) 최근에 자동차를 만드는 능력을 상실했다.
(c) 아이아코카는 포드 자동차회사를 운영하는 방법을 알고 있었을 뿐이다.
(d) 미국인들은 연비가 좋은 소형 자동차를 좋아하지 않는다.

04 정답 (b)

해석 문맥에서 boosting은 촉진시키는을 의미한다.
(a) 편집하는
(b) 촉진하는
(c) 심문하는
(d) 조롱하는

05 정답 (c)

해석 문맥에서 controversial는 논쟁적인을 의미한다.
(a) 추가적인
(b) 외로운
(c) 논쟁적인
(d) 책임이 있는

[1-3]

알렉산더 해밀턴

알렉산더 해밀턴는 미국인 정치가, 정치인, 법률 분야의 학자, 군 사령관, 변호사, 은행원이자 경제학자였다. 영국령 서인도제도에서 결혼하지 않은 부부 사이에서 태어난 알렉산더 해밀턴은 그의 정확한 생년월일이 확인되지 않기 때문에 이의가 제기되긴 하지만 11세 나이에 고아가 되었다. 지역 사람들은 뛰어난 재주와 재능을 보인 그에게 북미 대륙 본토에서 교육을 받을 수 있도록 후원했다. 뉴욕에 위치한 킹스칼리지 (현재 컬럼비아 대학교)를 다닌 후, 그는 뉴욕을 대표하기 위해 연합 의회에 임명되었다. 그는 오래 지나지 않아 변호사가 되기 그 직책에서 사임하였고 뱅크 오브 뉴욕을 설립했다.

독립전쟁 동안 군사령관의 곁에서 싸운 그는 조지 워싱턴 정권 동안 재무부 장관으로 임명되었다. 그의 임기동안 그는 그 자리의 역할을 정의해야 하는 책임이 있었다. 영국식 정치체계를 흠모했던 해밀턴은 그의 자리가 영국의 국가재정위원장과 마찬가지로 수상과 동등하다고 보았다. 워싱턴은 실제로 재무주의 <u>권한</u> 밖에 있는 문제에 대해서도 해밀턴의 조언을 요구했으며 해밀턴이 강력한 중앙 정부를 선호하는 독립주의자였기 때문에 그는 헌법에 암시된 법적 권한이 국가 부채를 갚고, 미국 정부가 소유하는 은행을 만들고 주 부채를 짊어지는 데 사용될 수 있다고 성공적으로 주장했다. 이러한 조치의 영향은 이후 수 세기 동안 울려 퍼졌다.

해밀턴은 혼외 불륜이 대중에 공개되자 어쩔 수 없이 사퇴했다. 그는 뉴욕으로 돌아가 변호사로 밥벌이를 했다. 그러나 그는 심지어 사퇴한 이후에도 정치에 관여했다. 그의 영향에 의해 존 아담스는 대통령직을 위한 재선에서 패배했다. 토마스 제퍼슨과 에어론 버가 대통령 선거인단 투표에서 동률을 이루었을 때, 버는 자신과 같은 정당의 당원이고 제퍼슨은 근본적인 사상 차이를 가진 상대편의 당원임에도 불구하고 개인적인 이유로 버의 낙선을 도왔다. 그러나 해밀턴의 심술은 거기에서 그치지 않았다. 버가 뉴욕 주의 주지사 선거에 출마했을 때, 해밀턴은 다시 한 번 훼방을 놓고 낙선을 야기했다.

버의 주지사 선거 낙선 이후에도 해밀턴은 공개적으로 버를 계속 비방했다. 해밀턴에게 모욕을 받았다고 느낀 버는 해밀턴에게 공개 사과를 요구했으나 그것은 해밀턴을 비겁하다는 비난에 노출시키는 일이 되기 때문에 그는 이를 거부했다. 세통의 <u>비방적인</u> 편지를 주고받은 후에 대치를 막아 보려는 공통된 친구들의 노력에도 불구하고 해밀턴과 버는 허드슨 강가에서 결투 일정을 잡았고 그 결투 중에 해밀턴이 부상을 당했다. 이 부상은 결국 그를 죽음으로 이끌었다.

orphan 고아로 만들다
mainland 본토
appoint 임명하다
represent 대표하다
resign 사임하다
administration 정권
admirer 흠모자
equivalent 동격
nationalist 독립주의자
shoulder 책임을 떠맡다
resonate 울려 퍼지다
affair 불륜
keep one's hand in ~에 관계하고 있다
Electoral College 선거인단
spite 심술
gubernatorial 주지사의
denounce 비방하다
affronted 모욕을 당한
accusation 비난
cowardice 비겁함
duel 결투
wound 부상 입히다

01
정답 (d)

해석 다음 중 Hamilton의 교육에 관해 결론 내릴 수 있는 것은?

(a) 그의 가족은 그를 재정적으로 지원할 만큼 부유했다.
(b) 그의 교육 대부분은 서인도제도에서 이루어졌다.
(c) 그는 법과 경영 두 개를 전공했다.
(d) 그는 혈연관계가 없는 사람들의 후원을 통해 교육을 받았다.

02
정답 (c)

해석 본문에 따르면 Hamilton이 악의로 취한 행동으로 언급된 것은?
(a) 그는 Thomas Jefferson이 보유한 근본적인 원칙에 이의를 제기했다.
(b) 그는 심지어 사임한 후에도 정치판에 대한 영향력을 유지했다.
(c) 그는 여러 번 Burr가 공직에 선출되는 것을 방해했다.
(d) 그는 고등 교육 기관인 선거 대학을 설립했다.

03
정답 (b)

해석 Hamilton은 왜 공개적으로 사과하는 것을 거부했는가?
(a) 그는 잘못한 것이 없어서 사과할 필요가 없다고 생각했다.
(b) 공개 사과는 다른 사람들의 눈에 그를 겁쟁이로 보이게 했을 것이다.
(c) 개인적으로 사과하려고 세 통의 편지를 보냈으므로 공개 사과는 필요 없다고 생각했다.
(d) 친구들이 공개 사과는 그를 난처하게 만들 것이라고 조언했다.

04
정답 (a)

해석 본문 맥락에서 purview가 의미하는 것은?
(a) 범위, 영역
(b) 기질, 성향
(c) 원한, 유감
(d) 정권

05
정답 (c)

해석 본문 맥락에서 petulant가 의미하는 것은?
(a) 잘 속는
(b) 위선적인
(c) 불평하는
(d) 현실에 안주하는, 자기만족의

[1-4]

에드거 앨런 포

에드거 앨런 포는 미국의 단편소설 작가이자 시인이며, 비평가이자 편집자이다. 그의 창의적인 재능은 현대 추리소설 장르를 시작하게 끔 하였고, 그에게 '추리소설의 아버지'라는 닉네임을 주었다. 그는 이 소설 장르 (추리소설)의 창시자는 아니었음에도 불구하고, 그는 처음으로 문제를 해결하는데 필수적인 단서들을 제시하는 것을 가장 처음으로 도입했다.

에드거 앨런 포는 1809년 1월 19일 보스톤에서 태어났다. 그의 아버지는 일찍 가족을 떠났고, 그가 겨우 세 살이 되었을 때 그의 어머니는 돌아가셨다. 에드거는 성공한 상인이었던 존 앨런 부부에게 입양되었다. 그는 수학과 역사뿐 아니라 라틴어와 불어를 배우는 훌륭한 교육을 받았다. 1826년에 에드거는 버지니아대학에 들어갔다. 존 앨런 부부은 충분한 돈이 있었음에도 불구하고, 에드거는 충분한 돈을 받지 못했다. 에드거는 그의 대학 학비를 충당하기 위해 도박에 의존했으나 결국 빚더미에 놓였다. 그는 학교를 그만둬야 했다.

그는 보스톤에 가서, Tamberlane and Other Poems라는 시를 1827년에 출판했다. 1829년에는 Al Aaraaf, Tamberlane, and Minor Poems를 엮은 시집을 두 번째 시집을 출간했다. 그러고 나서, 그는 군사학교엔 West Point에 들어갔다. 1년 후, 그는 군사학교를 떠났고, 포는 전업으로 글을 쓰는데 집중했다. 그의 어린 사촌인 버지니아는 포에게 사랑의 관심사뿐 아니라 문학적 영감이었다. 그 커플은 1836년에 결혼했다. 1837년에 에드거는 뉴욕으로 이동했다. 그는 The Narrative of Arthur Gordon Pym을 출간했지만 경제적인 성공을 이루지 못했다. 그는 1838년에 필라델피아로 이사했고 Ligeia와 The Haunted Palace를 출간했다. 그의 첫 번째 단편 소설 Tales of the Grotesque and Arabesque를 출간했다.

포는 1841년에 The Murders in the Rue Morgue로 현대 추리소설의 새 장르를 시작했다. 1843년 필라델피아의 Dollar Newspaper에서 주관한 대회에서 그는 1843년에 The Gold Bug로 문학상을 받았다. 1845년에는 서사시인 The Raven을 출판했다. 이 시의 출간이 그에게 많은 부를 가져다 주지는 못했지만 살아 생전에 그를 유명하게 만들었다. 이 작품에서 포는 공통적인 주제인 죽음과 상실을 표현했다. 미상의 화자는 자신의 사랑인 Lenore의 죽음을 애도한다.

포는 오늘날 미국 최고 불후의 작가 중 한 명으로 여겨진다. 그의 작품들은 오늘날 한 세기 이상 전 만큼이나 오늘날에도 매력적이다. 그의 주된 업적은 문맥상의 증거와 비교 및 설명을 제시함으로써 독특하면서도 유익한 탐정 소설의 틀을 만들 것이다.

01 정답 (d)

해석 포가 "추리 소설의 아버지"라는 별명을 얻게 된 이유는 무엇인가?
(a) 그의 작품들은 (범죄나 스파이 같은) 공포물로 가득 차 있다.
(b) 그는 재능이 많은 작가들에게 많은 영감을 줬다.
(c) 그는 추리 소설을 쓴 첫 작가이다.
(d) 그는 추리 장르에 변화를 일으켰다.

02 정답 (c)

해석 Poe가 대학 교육을 포기하게 된 것은 무엇 때문인가?
(a) 그는 부모님의 집으로 이사 들어가야 했기 때문에
(b) 그는 가족을 부양해야 하는 가장이었기 때문에
(c) 그는 도박으로 인한 빚 때문에
(d) 그는 학업에 흥미가 없었기 때문에

03 정답 (b)

해석 소설가로써 포의 재능을 입증한 첫 번째 작품은 무엇인가?
(a) 아서 고든 핌의 이야기
(b) 골드 버그
(c) 유령의 궁전
(d) 까마귀

04 정답 (d)

해석 포는 언제 그 나라에서 (미국) 유명해졌는가?
(a) 문학상을 받은 이후
(b) 독특하고 유일한 추리 소설의 공식을 만든 이후
(c) 그의 아내와 결혼을 한 직후
(d) 죽음과 상실을 다루는 시를 출간한 이후

05 정답 (a)

해석 작가로써 포의 가장 큰 업적은 무엇이라고 말할 수 있는가?
(a) 그 장르에 대한 선구적인 그의 공헌
(b) 시의 틀을 만들어 낸 것에 대한 그의 공헌
(c) 그 인생 전체에 걸친 어려운 점을 극복한 것
(d) 그 자신의 출판사를 운영한 것

06 정답 (a)

해석 글의 문맥 상 turn on은 의지하다를 의미한다.
(a) 의지하다
(b) (차를) 대다
(c) 실망시키다
(d) ~에 거주하다

07 정답 (d)

해석 글의 문맥상 reflected는 나타내다를 의미한다.
(a) 상기하다
(b) 기부하다
(c) 마음을 사로잡다
(d) 반영하다, 나타내다

memo

Part II | Magazine, Newspaper or Web article

이현아 취향저격 지텔프 65점

사회적 현상이나 과학적 발견을 소개하거나 이야기하는 잡지 또는 신문 기사문의 유형이다. 친숙한 주제가 나오면 난이도가 낮아질 수 있지만, 대개는 익숙하지 않은 내용들이 나오며 전문 용어가 나오는 경우가 있어 수험생들이 느끼는 난이도는 높다. 제목이 기사의 제목인데, 제목에서 주제나 핵심 소재를 알려준다. 또한, 기사문은 첫 문단에서 가장 중요한 사실(= 주제)를 알려준다는 것을 기억해야 한다.

예

SCIENTISTS FIND "DEVIL FROG" IN MADAGASCAR

In 1993, scientists found some fossils of the Beelzebufo ampinga - or "devil frog" - possibly the biggest frog ever to have existed. However, these fossils were incomplete, and it was only recently that scientists were able to piece together enough bones to reconstruct the skeleton of the whole frog.

"마왕 개구리" 과학자들 Madagascar에서 발견하다

1993년, 과학자들은 아마도 지금까지 존재해왔던 것 중에서 가장 큰 개구리 Beelzebufo ampigna – "마왕 개구리" – 화석 몇 개를 발견했다. 그러나 이 화석들은 완벽하지 않았는데 최근에서야 과학자들이 완전한 개구리 뼈대를 재구성할 수 있을 정도로 충분한 조각들을 이어붙일 수 있었다.

예

Q. What is the article about?

(a) probably the biggest frog to have lived
(b) the rebuilding of fossilized animal skeletons
(c) most likely the world's most evil frog
(d) a comparison between modern and ancient frogs

– 이 기사는 무엇에 관한 것입니까?

(a) 아마도 지금까지 존재했던 것 중 가장 큰 개구리
(b) 화석화된 동물 뼈대 재구성하기
(c) 세계에서 가장 사악할 거 같은 개구리
(d) 오늘날과 과거 개구리의 비교

[Reading material]

'Dalgona' coffee

Just a few months ago, none of us would ever have imagined that meeting up with friends for coffee would be considered a questionable activity. We'll all be glad when we can put fear of the coronavirus behind us, say goodbye to all this social distancing, and catch up face-to-face over our overpriced beverage of choice. But in the meantime, the many caffeine addicts among us can take a bit of comfort in one recent piece of news: there's a new coffee-related rage sweeping across the world.

There are only for four ingredients: instant coffee, sugar, milk, and hot water; but it's the way they're mixed that makes the difference. According to coffee connoisseurs who are now sharing their 'secrets' on how to prepare the ultimate creamy Dalgona on social media sites and YouTube channels, it's all about briskly stirring the ingredients together "at least 400 times." As crazy as it sounds, if the magical 400 stirs aren't done to perfection, the perfect Dalgona froth won't appear.

Apparently, this time consuming and tedious process is what makes a Dalgona coffee so special. Fans of the foamy, sweet beverage say that the methodical, repeated action of stirring the coffee helps them relax. According to a psychiatry professor at Kyung Hee University Hospital, it's almost like meditating. And there are lots of tutorials out there for anyone who needs a little coaching. YouTuber "Korean Grandma," whose recent video clip of her making a Dalgona coffee with the requisite number of stirs went viral and was viewed more than 750,000 times. Even the BBC has jumped on the bandwagon, dedicating one its recipe pages to Dalgona.

For Korean people, Dalgona coffee is reminiscent of a Korean toffee-like candy that goes by the same name. While versions of the drink, which has different names in different countries, have been around for a long time, Dalgona coffee only appeared on the scene in January of this year. Since then, YouTube and TikTok creators from around the world have made Dalgona tutorials, teaching the recipe to tens of millions of viewers. Even K-pop stars like BTS and TWICE are getting in on the action. Both groups have mentioned the Dalgona craze in recent live broadcasts. Despite the fact that it's a pain to make, people just can't get enough of it.

---

ingredient : one of things from which something is made, especially one of the foods that are used together to make a particular dish
[synonyms : element ; additive ; factor]

tedious : lasting or taking too long and not interesting
[synonyms : boring ; banal ; tiresome ; annoying ; uninteresting]

달고나 커피

불과 몇 달 전만 해도 우리 중 누구도 커피를 마시기 위해 친구들과 만나는 것이 의심스러운 활동으로 여겨질 것이라고는 상상도 못했을 것이다. 우리 모두는 코로나 바이러스에 대한 두려움을 뒤로하고, 이 모든 사회적 거리낌에 작별을 고하고, 우리가 고른 비싼 음료에 대해 대면할 수 있을 때 기쁠 것이다. 하지만 그 동안, 우리 중 많은 카페인 중독자들은 최근 한 가지 뉴스를 통해 약간의 위안을 얻을 수 있는데, 바로 커피와 관련된 새로운 분노가 전 세계를 휩쓸고 있다는 것이다.

인스턴트 커피, 설탕, 우유, 뜨거운 물 등 4가지 재료만 있다; 하지만 그 재료가 혼합된 방식이 차이를 만든다. 소셜네트워크서비스(SNS)와 유튜브 채널에서 궁극의 크림 달고나를 어떻게 준비할 것인가에 대해 '비밀'을 나누고 있는 커피 전문가들에 따르면, 이 모든 것은 재료들을 '최소한 400번' 함께 힘차게 젓는 것이다. 이상하게 들릴 지라도, 마법의 400번 휘젓기가 완벽에 이르지 않으면 완벽한 달고나 거품이 나타나지 않을 것이다.

분명하게도, 이 시간 소모적이고 지루한 과정이 달고나 커피를 특별하게 만든다. 거품이 많고 달콤한 음료의 팬들은 커피를 젓는 방법적이고 반복적인 행동이 긴장을 푸는데 도움을 준다고 말한다. 경희대병원 정신건강의학과 교수에 따르면 이것은 명상에 가까운 수준이라고 한다. 그리고 작은 코칭이 필요한 사람들을 위한 많은 사용지침이 있다. 유튜버 '코리안 할머님'은 최근 달고나 커피를 만드는 동영상이 입소문을 타며 75만 회 이상 조회수를 기록했다. 심지어 BBC조차 달고나에게 레시피(=요리 비결) 페이지 하나를 바치면서 시류에 편승했다.

한국인들에게 달고나 커피는 같은 이름으로 통하는 한국의 토피 같은 사탕을(=달고나) 연상시킨다. 나라마다 이름이 다른 음료 버전이 오래 전부터 존재해 온 반면, 달고나 커피는 올해 1월에 알려지게 되었다. 이후 전 세계 유튜브와 틱톡 크리에이터들이 수천만 명의 시청자들에게 레시피를 전수하는 달고나 설명서를 만들었다. 심지어 방탄소년단이나 트와이스 같은 K-pop 스타들도 이 액션에 동참하고 있다. 두 그룹 모두 최근 생방송에서 '달고나 열풍'을 언급했다. 그것을 만드는 것이 고통이라는 사실에도 불구하고, 사람들은 그것을 충분히 얻을 수 없다.

[Reading material]

Amazon's Drone Delivery

It has been almost seven years since Amazon's Jeff Bezos unveiled a very ambitious plan. In December 2013, he explained that approximately 86 percent of the company's packages weighed less than 2.25 kilograms, which made them prime candidates for drone delivery. Amazon also revealed its plan to launch Amazon Prime Air, which promised drone delivery service to its members within 30 minutes after placement of an order. He predicted that drone delivery would soon play a huge role in the company's delivery services, reducing various costs in the process.

Since then, Amazon has been putting a great deal of effort into the subsidiary's development. It has patiently conducted trials and experiments, including the first trial of Amazon Prime Air in Cambridge, England. Amazon delivered a package to a customer who lived within a few kilometers of the company's fulfillment center. Amazon celebrated the successful delivery by uploading a video of it on their YouTube channel. Cambridge incidentally is Amazon's biggest tech hub in the United Kingdom, a country where the company hired more than 2,000 employees in 2019 alone.

Amazon is not the only company that is trying to kick off its drone delivery business in the US. Alphabet Inc.'s Wing and United Parcel Service (UPS) Inc. have actually been faster in terms of obtaining approval from the US Federal Aviation Association (FAA) to test their drone services. Wing received FAA certification in April 2019, and UPS followed suit in October. Amazon finally received FAA certification on August 31, 2020, a year after it requested approval. This is an important green light on Amazon's road to further commercialization. But it does not mean that Amazon or its rival will be delivering parcels using drones just yet. They will have a long way to go, and getting FAA approval is just an initial step. Among other things, it is likely that more stringent federal rules and regulations will go into effect regarding drones in the near future.

---

reveal : to make something known to somebody
[synonyms : announce ; concede ; inform ; admit ; acknowledge]

stringent : very strict and that must be obeyed
[synonyms : exacting ; demanding ; harsh ; forceful ; draconian]

아마존의 드론 배달

아마존의 제프 베조스가 야심찬 계획을 발표한 지 거의 7년이 되었다. 2013년 12월, 그는 이 회사의 패키지 중 약 86%가 2.25kg 미만이어서 드론 배달의 유력한 후보라고 설명했다. 아마존은 또 주문 후 30분 이내에 회원들에게 드론 배송 서비스를 약속한 아마존 프라임 에어도 출시할 계획이라고 밝혔다. 그는 드론 배달이 곧 회사의 배달 서비스에서 큰 역할을 할 것이며, 그 과정에서 다양한 비용을 줄일 것이라고 예측했다.

그 이후로 아마존은 자회사의 개발에 많은 노력을 기울여 왔다. 그것은 끈기 있게 영국 캠브리지에서 아마존 프라임 에어의 첫 번째 실험을 포함하여 실험과 실험을 수행했다. 아마존은 회사의 고객 만족 센터에서 몇 킬로미터 이내에 사는 고객에게 소포를 배달했다. 아마존은 그들의 유튜브 채널에 그것의 동영상을 업로드함으로써 성공적인 전달을 축하했다. 케임브리지 대학은 영국에서 아마존의 가장 큰 기술 중심지로, 2019년에만 2,000명 이상의 직원을 고용한 나라입니다.

아마존만이 미국에서 드론 배달 사업을 시작하려고 하는 유일한 회사는 아니다. 알파벳사의 윙과 유나이티드 소포 서비스(UPS)사는 실제로 미국 연방 항공 협회(FAA)로부터 드론 서비스를 시험하기 위한 승인을 얻는 면에서 더 빨랐다. 윙은 2019년 4월에 FAA 인증을 받았고, UPS는 10월에 그 뒤를 따랐다. 아마존은 승인을 요청한 지 1년 후인 2020년 8월 31일에 마침내 FAA 인증을 받았습니다. 이것은 아마존의 추가적인 상업화로 가는 길에 중요한 청신호이다. 그러나 아마존이나 그것의 경쟁사가 아직 드론을 이용하여 소포를 배달한다는 것을 의미하지는 않는다. 그들은 갈 길이 멀 것이고, FAA 승인을 얻는 것은 단지 첫 단계일 뿐이다. 무엇보다도, 가까운 장래에 드론에 관한 좀 더 엄격한 연방 규칙과 규제가 시행될 가능성이 높다.

[Reading material]

IKEA effect

The IKEA effect is a cognitive bias in which consumers place a disproportionately high value on products they partially created. The name refers to Swedish manufacturer and furniture retailer IKEA, which sells many items of furniture that require assembly. A 2011 study found that subjects were willing to pay 63% more for furniture they had assembled themselves, than for equivalent pre-assembled items.

The IKEA effect was identified and named by Michael I. Norton of Harvard Business School, Daniel Mochon of Yale, and Dan Ariely of Duke, who published the results of three studies in 2011. They described the IKEA effect as "labor alone can be sufficient to induce greater liking for the fruits of one's labor: even constructing a standardized bureau, an arduous, solitary task, can lead people to overvalue their (often poorly constructed) creations."

Product designers were familiar with the IKEA effect long before it was given a name. Norton and his colleagues noted that, while not yet named or scientifically established, it had been recognized by marketers for a long time. Norton and his fellow researchers cited the Build-a-Bear product, which allows people to make their own teddy bears. Many consumers enjoy this option, even though they are charged a high price for a product for which, thanks to their labor, the manufacturer does not have to pay production costs.

The experiments by Norton and his colleagues demonstrated that self-assembly affects the evaluation of a product by its consumers. The results suggest that when people construct a particular product themselves, even if they do a poor job of it, they value the end result more than if they had not put any effort into its creation.

One factor is that "self-assembly of products may allow people to both feel competent and display evidence of that competence." Also, the idea that they are "saving money by buying products that require some assembly" may make them feel like "smart shoppers." Other possible explanations for the IKEA effect have been suggested, such as "a focus on the product's positive attributes, and the relationship between effort and liking." The IKEA effect is one of several cognitive biases that seem to reflect a causative link between perceived effort and valuation.

bias : a strong feeling in favor of or against one group of people, or one side in an argument, often not based on fair judgement
[synonyms : favoritism ; inclination ; leaning ; tendency ; bigotry]

sufficient : enough for a particular purpose ; as much as you need
[synonyms : ample ; plentiful ; satisfactory ; acceptable]

이케아 효과

이케아 효과는 소비자가 부분적으로 만든 제품에 불균형적으로 높은 가치를 두는 인지적 편견이다. 스웨덴의 제조업체이자 가구 소매상인 이케아(IKEA)를 지칭하는 명칭으로, 조립이 필요한 많은 가구 품목을 판매하고 있다. 2011년 연구에 따르면 피실험자들은 사전 조립된 동급 가구보다 직접 조립한 가구 비용을 63% 더 지불할 용의가 있는 것으로 나타났다.

이케아 효과는 마이클 1세에 의해 확인되고 명명되었다. 하버드 경영대학원의 노턴, 예일의 다니엘 모천, 듀크의 댄 에릴리는 2011년 세 가지 연구 결과를 발표했다. 그들은 이케아 효과를 "노동만으로도 노동의 결실을 더 많이 좋아하게 하기에 충분할 수 있다: 힘들고 고독한 작업인 표준화된 사무소를 건설하는 것조차도 사람들로 하여금 그들의 (때로는 형편없이 만들어진) 창작물을 과대평가하게 만들 수 있다."

제품 디자이너들은 이케아 효과가 이름이 붙기 훨씬 전부터 익숙했다. Norton과 그의 동료들은 그것이 아직 명명되거나 과학적으로 확립되지는 않았지만, 오랫동안 마케터들에 의해 인식되어 왔다고 언급했다. 노튼과 그의 동료 연구원들은 사람들이 테디베어를 직접 만들 수 있게 해주는 빌드 어 베어 제품을 인용했다. 많은 소비자들은 그들의 노동력 덕분에 제조자가 생산 비용을 지불하지 않아도 되는 제품에 대해 높은 가격을 부과 받음에도 불구하고 이 옵션을 즐긴다.

노튼과 그의 동료들의 실험은 자기 조립이 소비자들의 제품 평가에 영향을 미친다는 것을 입증했다. 그 결과는 사람들이 특정 제품을 직접 제작할 때, 비록 그들이 그것을 제대로 하지 못하더라도, 그들이 그것의 창조에 어떠한 노력도 하지 않았을 때보다 최종 결과를 더 소중히 여긴다는 것을 암시한다.

한 가지 요인은 "제품의 자가 조립은 사람들이 유능하다고 느끼고 그 능력에 대한 증거를 보여줄 수 있게 할 수 있다"는 것이다. 또한, 그들이 "조립이 필요한 제품을 구입함으로써 돈을 절약한다"는 생각은 그들을 "똑똑한 쇼핑객"처럼 느끼게 할 수도 있다. 이케아 효과에 대한 다른 가능한 설명들, 예를 들어 "제품의 긍정적인 속성, 그리고 노력과 취향의 관계에 초점을 맞춘다"가 제안되었다. IKEA 효과는 인식된 노력과 가치 평가 사이의 인과적 연관성을 반영하는 것처럼 보이는 몇 가지 인지적 편견 중 하나이다.

PART 2. *Read the following article and answer the questions. The underlined words in the article are for vocabulary questions.*

[2-1]

GETTING THE HIGHWAY PATROL OUT OF ITS SPEED TRAP

Travel tip: Should you be headed north this summer on vacation, I suggest prudence when you cross the New York border. The Empire State, with the second largest volume of traffic in the nation after California, has recently assigned squads of state troopers to a "speed enforcement task force."

New York has retained the 55 mph speed limit on interstate highways, and because an estimated 80 percent of the state's motorists ignore it, Albany is in danger of losing federal highway funds. The task force, using unmarked cars, helicopters, light planes and enough radar to microwave a side of beef, is prowling the interstates in an effort to reduce traffic speed by 10 mph.

It's not likely to be much better in the 10 other states that have refused to increase the 55 mph limit, eight of which are in the Northeast and mid-Atlantic regions. State police agencies across the nation deny it, but most of them operate on a quota system for traffic tickets under which individual policemen are rated in part on the number of citations they issue. A New York state trooper told me, "We don't have an official quota, but if you don't end up with a proper amount of 'paper' at the end of the month, the sergeant is likely to ask, "What are you doing out there on patrol, drinking coffee?" He also added, "If I had to drive 55 all day, I'd go stark-raving mad."

I know of an Ohio state police station that has a giant scoreboard on the wall. This names of individual officers are listed, with their speeding ticket "kills" tallied. At least Minnesota is honest - its highway patrol chief recently admitted to a quota system, saying it was the only way to document the effectiveness of highway patrolmen.

To some extent, the pursuit of speeding tickets is understandable within the bureaucratic milieu. Highway patrols are political entities beholden to legislatures for funding that must be justified on an annual basis. It's natural for the police to quantify their activities with ever-increasing numbers of speeding tickets. And yes, we must have highway patrols. But isn't it time we had police on our highways who are viewed as our friends, not as barracudas prowling through schools of mackerel?

In today's environment, cops need all the friends they can get, and they should not be forced to antagonize the citizenry in pursuit of a meaningless numbers game. Motorists who recklessly speed well above posted limits should be stopped, but most radar-trap tickets only create bitterness, especially involves the reversal of a basic American legal principle - suddenly you are guilty until proven innocent.

01. Based on this context, what is the purpose of the enforcement of the 55 mph speed limit?

    (a) to save lives
    (b) to reduce accidents
    (c) to save fuel
    (d) to retain federal highway funds

02. What is the author's opinion of speed traps?

    (a) They cause people to drive more slowly.
    (b) They prevent reckless driving.
    (c) They are a good source of income.
    (d) They make drivers antagonistic.

03. In the context of the passage, prudence means _____.

    (a) negligence
    (b) chastity
    (c) piety
    (d) caution

04. In the context of the passage, milieu means _____.

    (a) society
    (b) army
    (c) environment
    (d) confusion

PART 2. *Read the following article and answer the questions. The underlined words in the article are for vocabulary questions.*

[2-2]

Napping during the day may increase your risk of death

Various studies have proven the direct benefits of sleep in improving the quality of life, increasing creativity, boosting attention span, and lowering stress. British experts from the University of Cambridge found that taking daily naps for an hour or more at noon can increase death risks in middle-aged and older individuals.

For 13 years, the researchers observed nearly 16,000 individuals living in England where resting in the afternoon is a common lifestyle pattern. The participants aged between 40 and 79 years were interviewed about sleeping habits during the day and were monitored for 13 years. The study also included other variables like age, gender, smoking habits, physical activities, and diseases like cancer, diabetes and asthma that are risk factors of early death.

About 3,251 people died during the entire study period. It was found that subjects who reported sleeping for less than an hour daily during the day had 14 percent increased chances of dying than those who did not rest at day time. Napping for more than an hour further increased the death risk of the participants to 32 percent.

Their findings revealed sleep that extended beyond an hour was hazardous to the health. Older people are more likely to sleep in the afternoons and were twice more susceptible to die than those who did not sleep in the daytime. Excessive daytime napping could be a useful marker of underlying health risks, particularly respiratory problems for those aged groups.

Mediterranean countries practice daytime sleeping as a stress buster but many studies noticed mortality rate increase and heart-related deaths in older men. Too much or too little sleep is associated with shorter lifespan even though the research did not prove a cause and effect relation.

01. What is the main topic of the article?

   (a) The dangerous factors causing people to nap
   (b) The threat regular daytime sleep can lead to
   (c) The reasons why daytime sleep is recommended
   (d) The disease resulting from lack of sleep

02. Which one is not the benefit of sleep?

   (a) to blow off steam
   (b) to have quality time
   (c) to be disturbed easily
   (d) to develop creativity

03. According to the study, who is most likely to be at risk?

   (a) one napping for 30 minutes, 70 years old
   (b) one napping for 90 minutes, 75 years old
   (c) one napping for 100 minutes, 25 years old
   (d) one who isn't napping, 80 years old

04. What is not considered for the subjects?

   (a) the frequency of meditation
   (b) medical history
   (c) the pattern of sleeping
   (d) smoking habits

05. What can be said about the association between daily sleep and disease?

   (a) Regular daytime sleeping is more hazardous than excessive physical activities.
   (b) Excessive sleeping during the day might result from health problems.
   (c) Sleeping for more than one hour is not good for older people.
   (d) Too little sleep isn't related to people's lifespan at all.

06. In the context of the passage, booting means _____.

   (a) questioning
   (b) worsening
   (c) inspecting
   (d) enhancing

07. In the context of the passage, susceptible means _____.

   (a) favorable
   (b) satisfied
   (c) vulnerable
   (d) suspicious

PART 2. *Read the following article and answer the questions. The underlined words in the article are for vocabulary questions.*

[2-3]

The Invention of the Automobile

Mankind did not evolve to be very mobile compared to other species of animals, and thus had to resort to various modes of transport to facilitate its movement over long distances. The domestication of the horse around 4,000 BCE was a significant step, and horseback riding, as well as stagecoaches, became the most prevalent method of travel on land. As technology developed, however, mankind no longer needed another animal to aid in its travels. Rather, it was able to invent a wheeled, self-powered motor vehicle: the automobile.

The first automobile, built by Jesuit missionary Ferdinand Verbiest around 1672, was a steam-powered vehicle. At the time, Verbeist was a missionary in China, and while stationed there, he sought to gain the favor of the then Chinese Emperor Kangxi. Verbiest was knowledgeable in steam technology, and built a steam-powered vehicle as a toy for the emperor. Steam was first generated in a spherical boiler, and then emerged through a pipe at the top, where it was directed at a simple, open steam turbine that propelled the rear wheels. Although there is some doubt as to whether there was such a machine, most historians agree that such a vehicle would have been possible because he had access to China's finest metal-working craftsmen who already had enough technical expertise to construct precision astronomical instruments. However, his device could not carry any passengers nor could it carry a driver.

The first steam-powered, self-propelled vehicle large enough to transport people and cargo was invented in the late 18th century by French inventor Nicolas-Joseph Cugnot. Cugnot was the first person to successfully employ a device for converting the reciprocating motion of a steam pistol into rotary motion by means of a ratchet arrangement. His experimental vehicle weighed about 2.5 tons and had three wheels, one at the front, and two at the rear end. The front wheel supported a steam boiler and driving mechanism. Although Cugnot's design enabled his machine to transport up to four passengers at a speed of about 2.25 miles per hour, because of insufficient boiler technologies, the automobile had to be refueled every 15 minutes. Added to this was the problem that the vehicle had very poor weight distribution as the boiler at the front of the vehicle weighed more than the rest of the vehicle combined. This made the automobile unstable, and unfit for the rough roads of his time. In fact, his vehicle went out of control and crashed into a wall during an experiment conducted in 1771, marking the first recorded automobile accident in history.

The first automobile to be fueled by gasoline, rather than steam came in 1886, when German entrepreneur Karl Benz invented a three-wheeled, self-propelled vehicle. It was the first automobile completely designed as such to generate its own power, which is the reason Benz was awarded a patent and regarded as the inventor of the first modern automobile. Named the "Benz Patent Motorwagen," it was also the first automobile to be commercially available to the public. Although initial models had no gears and could not climb hills by their own, these limitations were rectified when Bertha Benz took her husband's car to visit her mother in another city without her husband's knowledge. Together with her two sons, Eugen and Richard, she took a 106-kilometer journey from Mannheim to Pforzheim. When she faced difficulty steering the vehicle downhill, she went to a shoemaker and had him nail leather on the brake blocks. She arrived at last at nightfall, and announced her achievement to Karl by telegram. It was her intention to demonstrate the feasibility of using the "Benz Motorwagen" for long-distance travel and to generate publicity in a manner of what today's marketers refer to as "live marketing".

01. Why is stagecoaches mentioned?

(a) To provide a mode of transport that mankind utilized to facilitate its travel
(b) To explain an important step in the evolution of mankind
(c) To suggest that it was the most prevalent mode of terrestrial transportation
(d) To provide insight on the method by which early man roamed about

02. Which of the following can be inferred about Verbiest's first automobile?

(a) Commoners could not afford to manufacture such a machine.
(b) Its production was only possible by utilizing the advanced technical expertise of Chinese artisans.
(c) It was not intended as a practical mode of transport.
(d) The machine was not sophisticated enough to travel vast distances.

03. According to passage, what is the significance of 18th century inventor Nicolas Joseph-Cugnot's automobile?

(a) It utilized gears to alter the reciprocating movement of pistols into a rotational movement for the first time.
(b) It utilized a steam-based power source to propel itself forward for the first time.
(c) It was the first multi-wheeled vehicle large enough to be utilized for the purpose of transporting people as well as cargo.
(d) Its placement of a boiler on the front wheel enabled it to reach the unprecedented speed of 2.25 miles per hour.

04. Which of the following can be inferred about Cugont's automobile?

(a) Its forward-oriented weight distribution increased the propulsion of the machine when it moved.
(b) Its enormous weight led to the automobile being structurally unstable for the uneven roads of Cugnot's time.
(c) Its weight would have been better distributed, had the boiler been placed on the rear side of the vehicle.
(d) Its crude technologies made it unfit for traveling extended periods of time without interruptions.

05. In the context of the passage, vehicle means _____.

(a) conveyance
(b) swath
(c) apparatus
(d) organ

06. In the context of the passage, rectified means _____.

(a) arranged
(b) remedies
(c) positioned
(d) orchestrated

> PART 2. Read the following article and answer the questions. The underlined words in the article are for vocabulary questions.

[2-4]

CEZANNE : THE DARK, RAW ROAD TO MASTERY

"Cezanne: The Early Years 1859-1872" surprises from the start. Those who come to this exhibit to worship at Cezanne's altar will not believe their eyes. "The Four Seasons" (1860-62), the pictures one sees first, surely are the ugliest paintings by a master ever shown in the West Building of the National Gallery of Art. They're banal in conception and inept in execution. They have no saving graces - they have no grace at all. The woman by the fire personifying "Winter" seems to have a bosom that grows out of her neck. Her tiny-headed sister representing "Summer" is equally preposterous. Are those apples in her basket, are they onions, perhaps grapefruit? There is no way to tell.

Paul Cezanne (1839-1906), "that poetic, fantastic, bacchic, erotic, antique, physical, geometrical friend of ours," as one boyhood friend described him, must rank among the least precocious of the masters. Cezanne was not a child, he was already in his twenties when he produced these decorations for his father's house near Aix. No wonder Ceznne pere prayed Paul would stay in law school. If you or I had painted pictures so discouraging, we'd have to quit art on the spot.

There is no way to gauge the sources of his confidence. He began as an incompetent, tortured by frustrations, yet somehow he transformed himself into one of the great seers in all the history of art. Cubism, and more, is built on his foundation. Cezanne in his late years reconstructed seeing. No wonder Matisse called him "the father of us all."

But the first paintings of Cezanne have no prettiness, no deftness, no glibness, no finesse. He must have known that they'd offend. When he nonetheless submitted his discordant, lumpy oils to the annual Salons (they were, of course, rejected) he was jeeringly dismissed as a madman or a drunk.

Many of these works throb with anguish, with sex and death and pain. Some are coarse, and worse than coarse. Most are peculiarly unstabilized - buttocks, breast and bellies bulge, paint and victims writhe. The young provincial from Provence, with his crude clothes and crude accent and his balding head, was derided on all sides. "How can you abide such foul painting?" asked Edouard Manet.

Still Cezanne persevered. His dark eyes, touched with flecks of blood, burn in his self-portrait of 1861-62. He was well known for his touchiness, his silences, his rage. His friends called him the ecorche, the man without a skin. "I have very strong sensations," he told one mocking critic, "I do dare, sir. I do dare." If any single show could shift Cezanne's reputation, it is the one on view. What makes this exhibition, conceived by Lawrence Gowing, so peculiarly compelling is how little it predicts the masterworks to come.

01. Why was Cezanne the "least precocious" of major artists?

   (a) He began painting early in childhood
   (b) He began painting in adulthood.
   (c) He was a law school student.
   (d) He was not successful in school.

02. How does the reviewer describe Cezanne's early works?

   (a) as some of the most beautiful paintings ever done by a young artist
   (b) as pieces that clearly showed a precocious young man's talent
   (c) as well-conceived pieces that would be considered masterpeices someday
   (d) as ugly, ineptly done pieces that showed no portent of great talent

03. Why did Matisse, another great French painter, refer to Cezanne as "the father of us all"?

   (a) because Cezanne, in his later years, succeeded in painting with what was a novel perspective for its time
   (b) because Cezanne was the father of many children, most of whom grew up to become great artists
   (c) because Matisse admired Cezanne so much that he wished Cezanne had been his real father
   (d) because Matisse, like many artists of the time, never knew his real father

04. Why does the reviewer find this particular exhibition of Cezanne's art unique?

   (a) because the works chosen are particularly unstabilized
   (b) because all of the paintings throb with anguish
   (c) because it hints so little at the masterworks to come
   (d) because Lawrence Gowing made a poor selection of Cezanne's works

05. By inference, how can we say that the young Cezanne was perceived by his contemporaries in the French art world?

   (a) as possessing rare talent, sure to become a respected painter in time
   (b) as a crude person from the country who painted atrociously
   (c) with no strong opinions formed about him at that time
   (d) with fear of criticizing him because of his touchiness and rage

06. In the context of the passage, personifying means _____.

   (a) to become a person
   (b) to represent in human form
   (c) to anthropomorphize
   (d) to be indefinite

07. In the context of the passage, discordant means _____.

   (a) inharmonious
   (b) without a cord
   (c) not current
   (d) offensive

PART II 정답과 해설

[2-1]

고속도로 순찰대 과속단속을 피하는 법

여행 팁: 이번 여름 휴가에 북쪽으로 간다면 뉴욕주 경계를 넘을 때 조심할 것을 권한다. 엠파이어주(뉴욕주의 속칭-역주)는 캘리포니아주에 이어 그 나라에서 두번째로 교통량이 많은 곳으로 최근 "과속단속 특별단속반" 경찰팀을 여럿 조직했다.

뉴욕주는 주간고속도로의 속도 제한을 55마일로 유지하고 있는데 주내 운전자들의 약 80%가 속도제한을 무시하고 있어서 올버니(뉴욕주의 주도-역주)는 연방고속도로 지원금이 끊길 위기에 처해 있다. 특별단속반은 표식 없는 차와 헬리콥터, 경비행기, 소옆구리살을 익히기 충분할 정도로 강한 레이다를 가지고 주경계를 돌아다니며 자동차 속도를 10마일 낮추기 위해 노력하고 있다.

속도 상한을 55마일 이상으로 높이지 않고 있는 10개의 다른 주도 다르지 않는데, 그들 중 8개주가 동북부와 중부-대서양 연안지역에 있다. 나라전역의 주 경찰당국은 그것을 부인하지만 대부분의 주 경찰이 범칙금 딱지 부과 실적으로 경찰 개인들을 평가하는 쿼터제를 운용하고 있다. 한 뉴욕주 경찰은 내게 말하기를, "공식적 쿼터는 없지만 월말에 '딱지'를 충분히 떼지 못한 것으로 집계되면 경사가 물을 겁니다. "순찰하면서 뭐하고 다녔나. 커피 마셨나"라구요." 그는 "하루 종일 55마일로 운전하면 완전히 미쳐버릴 걸요"라고 덧붙였다.

오하이주 한 경찰서에는 벽면에 거대한 스코어보드가 붙어 있다. 모든 경찰관 이름 아래에 속도위반 "적발" 건수가 적혀 있다. 미네소타주는 더 솔직하다. 고속도로 순찰대장이 고속도로 순찰대원들을 평가하는 유일한 방법이 딱지 실적이라고 최근 말했다.

관료주의적 여건을 고려한다면 속도위반 딱지를 많이 떼려 하는 건 어느 정도 이해할 만하다. 매년 예산을 의회에서 승인 받아야 하는 고속도로 순찰대는 꼼짝 없이 정치의 영향을 받는다. 항상 증가하기만 하는 과속단속 딱지 숫자로 경찰들의 활동을 숫자화하는 건 자연스러운 일일지 모른다. 고속도로 순찰대는 꼭 필요한 존재다. 그렇지만 고등어떼를 노리는 바라쿠다처럼 고속도로를 어슬렁거리는 것이 아니라 친구같이 느껴지는 경찰이 필요할 때가 되지 않았을까?

최대한 지원세력을 늘려야 하는 오늘날 경찰이 무의미한 숫자게임에 빠져서 시민들의 반감을 사는 일을 하는 건 잘못된 일이다. 정해진 속도 상한을 한참 넘어 달리는 운전자들은 물론 막아야 하지만 갈등만 일으키는 레이더 단속 딱지 떼기는 기본적으로 미국 법률 원칙을 정면으로 부정하고 있다. 무죄가 입증되기 전까지 당신은 유죄라는 것이다.

patrol 순찰을 돌다, 돌아다니다
trap 속도 위반 적발 장치
prudence 신중, 사려, 분별, 조심
assign 맡기다, 파견하다, 배치하다
squad 경찰서의 반
state trooper 주 경찰관
enforcement 시행, 실시, 강제
task force 특별 수사대
retain 유지하다, 존속하다
interstate 주와 주 사이의, 주간의
unmarked 표시가 없는
microwave 전자레인지, 데우다
prowl 돌아다니다
operate on 운용하다, 가동하다
quota 할당제
citation 인증, 인용, 소환장
end up with 결국 ~하게 되다
sergeant 병장, 경사
stark-raving mad 완전히 미쳐서 날뛰는
tally 부합하다, 총계를 내다, 기록하다
admit 인정하다
effectiveness 유효성, 효과성
bureaucratic 관료적인
milieu 환경
entity 실재, 존재, 본질, 실체
beholden ~에게 신세를 지고 있는
legislature 입법부, 주 의회
funding 자금, 재정 지원
justify 정당화시키다
quantify 수량화하다
barracudas 꼬치고기류
mackerel 고등어
antagonize 적대감을 불러일으키다
citizenry 시민들
recklessly 무모하게

bitterness 쓴 맛, 신랄함, 괴로움
reversal 뒤바뀜, 전환, 반전
innocent 무죄의, 결백한

01 정답 (d)

해석 이 맥락에 따르면 55mph 속도 제한 시행의 목적은?
(a) 생명을 살리기 위해
(b) 사고를 줄이기 위해
(c) 연료를 아끼기 위해
(d) 연방고속도로 지원금을 보유하기 위해

02 정답 (d)

해석 속도 위반차 적발 장치에 대한 작가의 의견은 무엇인가?
(a) 사람들이 더 느리게 운전하게 한다.
(b) 무모한 운전을 방지한다.
(c) 수입의 좋은 공급원이다.
(d) 운전자들에게 반감을 일으키게 한다.

03 정답 (d)

해석 글의 맥락에서 prudence는 주의를 의미한다.
(a) 태만
(b) 순결
(c) 경건함
(d) 주의

04 정답 (c)

해석 글의 맥락에서 milieu는 환경을 의미한다.
(a) 사회
(b) 군대
(c) 환경
(d) 혼란

[2-2]

낮잠은 죽음의 위험을 높일지도 모른다.

다양한 연구들은 삶의 질을 향상시키고, 창의력을 높이고, 집중력의 시간을 강화하고, 스트레스를 낮추는데 있어서의 수면의 이점을 입증해왔다. 캠브리지대학(출신)의 전문가들은 한 시간이나 그 이상 시간 매일 낮잠을 자는 것이 중년층과 고령층의 사망 위험을 높일 수 있다는 것을 발견했다.

13년 동안, 연구자들은 오후에 쉬는 것이 일상생활 방식인 영국에서 거주하는 약 16,000명을 관찰했다. 그 참가자들의 나이는 40세에서 79세였으며 낮 시간 동안의 수면 습관에 관해 인터뷰했고 13년 동안 관찰되었다. 이 연구는 또한 연령, 성별, 흡연 습관, 신체적 활동들, 조기 사망의 위험한 요소들인 암이나 당뇨 그리고 천식과 같은 질병들을 포함했다.

약 3,251명의 사람들이 연구 기간에 죽었다. 낮 시간 동안 매일 한 시간 이하 잔다고 보고 했던 피실험자들(=실험 참가자들)은 낮 시간에 휴식을 취하지 않은 사람보다 사망할 확률이 14% 증가한 것으로 드러났다. 한 시간 이상 낮잠을 자는 것은 피실험자들의 사망 위험은 32% 높였다.

이들의 연구결과는 한 시간을 넘어서 자는 것이 건강에 위험하다는 것을 밝혔다. 연장자들은 오후에 잠을 더 많이 자는 가능성이 높으며, 낮에 잠을 자지 않는 사람보다 사망에 2배 취약했다. 과도한 낮잠은 특히 연령대가 높은 호흡기 질환을 가진 사람들에게 기본적인 건강상의 위험에 유용한 지표가 될 수 있다.

지중해 국가들은 낮잠을 스트레스 해소제로 시행하지만 많은 연구는 연령대가 높은 사람들에게서 사망률 증가와 심장질환 사망을 발견했다. 비록 그 연구가 인과관계를 입증하지는 못했음에도 불구하고 과도하거나 부족한 수면은 짧아진 수명과 관련이 있다.

01 정답 (b)

해석 이 기사의 주된 주제는 무엇인가?
(a) 사람들이 낮잠을 자게 하는 위험한 요소들
(b) 정기적인 낮 시간 수면이 초래할 수 있는 위협
(c) 낮 시간 수면이 권고되는 이유들
(d) 수면부족으로 발생하는 질병

02   정답 (c)

해석 수면의 장점이 아닌 것은?
(a) 스트레스 해소, 감정 분출
(b) 질 좋은 시간을 가지는 것
(c) 쉽게 산만해지는 것
(d) 창의성을 높이는 것

03   정답 (b)

해석 연구에 따르면 누가 가장 위험할 거 같은가?
(a) 30분간 낮잠을 자는, 70세
(b) 90분간 낮잠을 자는, 75세
(c) 100분간 낮잠을 자는, 25세
(d) 전혀 낮잠을 자지 않는 80세

04   정답 (a)

해석 실험 대상자들에게 고려되지 않은 것은?
(a) 명상의 빈도
(b) 병력
(c) 수면 패턴
(d) 흡연 습관

05   정답 (b)

해석 낮잠과 질병과의 관계에 대해서 말할 수 있는 것은 무엇인가?
(a) 정기적인 낮잠은 과도한 신체적 활동보다 더 위험하다.
(b) 과도한 낮잠은 건강 문제에서 기인했을 지도 모른다.
(c) 한 시간 이상 잠을 자는 것은 나이든 사람들에게 좋지 않다.
(d) 너무 적게 잠을 잔 것은 사람들의 수명에 전혀 관련이 없다.

06   정답 (d)

해석 글의 문맥에서 boosting은 <u>강화하다</u>를 의미한다.
(a) 심문하다
(b) 악화시키다
(c) 점검하다
(d) 향상시키다, 강화하다

07   정답 (c)

해석 글의 문맥에서 susceptible은 <u>취약한</u>을 의미한다.
(a) 호의적인, 찬성하는
(b) 만족하는
(c) ~에 걸리기 쉬운, 약한
(d) 의심스러운

[2-3]

자동차 발명

인류는 다른 동물 종에 비해 매우 움직이기 쉽게 진화하지 않았고, 그러므로 장거리에 걸쳐 움직이는 것을 용이하게 하기 위해 다양한 수송 방법에 의존해야 했다. 기원전 4,000쯤 말의 가축화는 중요한 단계였고 역마차뿐만 아니라 승마는 지상에서 가장 일반적으로 행해지는 이동 방식이 되었다. 그러나 기술이 발달하면서 인류는 더 이상 이동하는 데 다른 동물의 도움이 필요하지 않았다. 오히려, 인류는 바퀴가 달린 자가동력의 모터 운송 수단인 자동차를 발명할 수 있었다.

대략 1672년에 예수회 선교사인 Ferdinand Verbiest에 의해 만들어진 첫 자동차는 증기 동력의 <u>운송 수단</u>이었다. 그 시절 Verbiest는 중국에서 선교사 생활을 하고 있었고, 거기에 주재하고 있는 동안 그 당시 중국의 황제였던 Kangxi의 총애를 얻으려 노력했다. Verbiest는 증기 기술에 능통했으며 황제를 위한 장난감으로 증기 동력의 운송 수단을 만들었다. 증기는 처음 구형의 보일러에서 발생한 후 상부의 관을 통해 내뿜어졌는데, 거기서 증기는 뒷바퀴를 추진하는 단식 개방형 증기 터빈으로 겨냥되었다. 그런 기계가 있었는지에 대한 약간의 의심이 들지만 대부분 역사가들은 그가 정밀한 천문학 도구를 만들 만한 기술적 전문 지식을 이미 갖추고 있었던 중국 최고의 금속 세공 장인들에게 접근할 수 있었기에 그러한 운송 수단이 가능했을 것이라는데 동의한다. 그러나 그의 장치는 승객들이나 운전사를 운반할 수 없었다.

사람들과 수화물을 수송할 만큼 충분히 큰 첫 증기 동력의 자가 추진 운송 수단은 18세기 말 프랑스 발명가인 Nicolas-Joseph Cugnot에 의해 발명되었다. Cugnot은 래칫 배열을 통해 증기 피스톨의 왕복 운동을 회전식 운동으로 전환하는 장치를 처음으로 성공적으로 사용한 사람이었다. 그의 실험적인 운송 수단은 대략 2.5톤의 무게가 나갔고, 앞쪽에 1개, 뒤쪽에 2개인 3개의 바퀴를 가지고 있었다. 앞바퀴는 증기 보일러와 구동 장치를 지지했다. Cugnot의 설계는 기계가 최대 네 명의 승객들을 대략 시속 2.25마일의 속도로 수송할 수 있게 했음에도 불구하고 불충분한 보일러 기술로 인해 그 자동차는 15분마다 연료가 보급되어야 했다. 여기에 덧붙여서 운송 수단 앞쪽의 보일러가 나머지 운송 수단 부분을 합한 것보다 무게가 더 많이 나갔기 때문에 그 운송 수단은 굉장히 안 좋은 중량 배분을 가졌다는 문제가 있었다. 이것은 그 자동차를 불안정하고 그가 살았던 시대의 거친 도로에 적합하지 않게 했다. 실제로 그의 운송 수단은 1771년에 수행되었던 실험 도중 조종 불능이 되어 벽에 충돌하여 역사상 처음 기록된 자동차 사고가 되었다.

증기가 아닌 가솔린을 연료로 삼는 첫 자동차는 1886년 독일 사업가 Karl Benz가 3개의 바퀴가 달린 자가 추진 운송 수단을 발명했을 때 쓰이기 시작했다. 그것은 그런 식으로 자체 동력을 발생시키도록 완벽하게 고안된 첫 자동차였기 때문에 Benz는 특허를 받고 첫 근대 자동차의 발명가로 여겨졌다. 벤츠 페이턴트 모터바겐이라고 이름 붙여진 그것은 또한 대중에게 상업적으로 시판된 첫 자동차였다. 초기 모델은 기어가 없었고 스스로 언덕을 오를 수 없었지만 이러한 한계는 Bertha Benz가 남편 모르게 남편의 차로 다른 도시에 있는 자신의 모친을 만나러 갔을 때 <u>고쳐졌다</u>. 두 아들인 Eugen과 Richar와 함께 그녀는 만하임에서 포르츠하임까지 106km의 이동을 했다. 그녀가 내리막 아래로 그 운송 수단을 조종하는 것에 어려움을 느끼자 그녀는 제화공에게 가서 제동자에 가죽을 못 박아달라고 했다. 그녀는 마침내 저녁에 도착했고, 자신의 공적을 전보로 Karl에게 알렸다. 장거리 이동을 위해 '벤츠 모터바겐'을 사용하는 것이 가능하다는 것을 입증하고 오늘날 마케터들이 '라이브 마케팅'이라고 부르는 방법으로 언론의 주목을 받고자 하는 것이 그녀의 의도였다.

mobile 움직이기 쉬운
domestication 가축화
prevalent 일반적으로 행해지는
wheeled 바퀴 달린
self-powered 자가 동력의
missionary 선교사
steam-powered 증기 동력의
favor 총애
spherical 구형의, 둥근
propel 추진하다, 나아가게 하다
rear 후방의
craftsman 장인
expertise 전문 지식
precision 정밀함
reciprocate (기계) 왕복운동을 하다
rotary 회전식의
driving mechanism 구동 장치
refuel 연료를 보급하다
entrepreneur 사업가
patent 특허
rectify 수정하다, 고치다
shoemaker 제화공
nail 못을 박다
leather 가죽
telegram 전보
feasibility 실행 가능성

01
정답 (a)

해석 왜 역마차가 언급되었는가?
(a) 인류가 이동을 용이하게 하기 위해 활용한 수송 방법을 제시하기 위해
(b) 인류의 진화에서 중요한 단계를 설명하기 위해
(c) 그것이 가장 일반적으로 행해지는 육상 수송 방법이었다는 것을 암시하기 위해
(d) 초기 인간이 돌아다녔던 방법에 대한 통찰을 제시하기 위해

02
정답 (c)

해석 다음 중 Verbiest의 첫 자동차에 대해 추론할 수 있는 것은?
(a) 일반인들은 그러한 기계를 제조할 만한 여유가 없었다.
(b) 그것의 생산은 중국 장인들의 진보된 기술적 전문 지식을 활용함으로써 오직 가능했다.
(c) 그것은 실제적인 수송 방법으로 쓰고자 한 것이 아니었다.
(d) 그 기계는 먼 거리를 이동할 만큼 충분히 정교하지 못했다.

03 정답 (a)

해석 18세기 발명가 Nicolas-Joseph Cugnot의 자동차의미는?
(a) 처음으로 피스톤의 왕복 운동을 회전식 운동으로 변경시키는 장치를 활용했다.
(b) 처음으로 증기 기반의 동력원을 활용해서 자동차 스스로 앞으로 추진하게 했다.
(c) 수화물뿐 아니라 사람들도 수송하려는 목적으로 활용될 만큼 충분히 큰 여러 개의 바퀴가 달린 첫 운송 수단이었다.
(d) 보일러 앞바퀴 위에 배치한 것은 그것이 전례 없는 속도인 시속 2.25 마일에 달하게 했다.

04 정답 (d)

해석 다음 중 Cugnot의 자동차에 대해 암시하는 것은?
(a) 앞쪽으로 기울어진 중량 배분은 움직일 때 기계의 추진력을 증가시켰다.
(b) 엄청난 무게는 그 자동차가 Cugnot 시대의 울퉁불퉁한 도로에 구조적으로 불안정하게 했다.
(c) 만약에 보일러가 그 운송 수단의 뒤쪽에 놓였다면 무게가 더 잘 배분되었을 것이다.
(d) 미숙한 기술은 자동차가 중단 없이 오랜 기간 이동하는 데 적합하지 못하게 했다.

05 정답 (a)

해석 본문 맥락에서 vehicle가 의미하는 것은?
(a) 운송, 탈것
(b) 넓은 길, 넓은 공간
(c) 장치
(d) 장기

06 정답 (b)

해석 본문 맥락에서 rectified가 의미하는 것은?
(a) 배열된
(b) 고쳐진, 개선된
(c) 배치된
(d) 조직화된

[2-4]

세잔느: 대가가 되는 어둡고 헐벗은 과정

"세잔느: 초기 1859-1872" 전시회는 처음부터 놀라웠다. 세잔느 제단에서 경배를 하기 위해 이 전시회에 오는 사람들은 자기 눈을 믿을 수가 없을 것이다. 관람객이 처음 마주치는 "사계절"(1860-62)(연작-역주)은 국립미술관 서관에서 공개된 대가의 그림 가운데 분명 가장 추한 것들이다. 이 그림들은 발상은 따분하고 솜씨는 서툴렀다. 우아함과는 거리가 멀었다. 아니 전혀 우아하지 않았다. "겨울"을 불로 표현한 여자는 목에서 유방이 튀어나온 듯했다. "여름"을 표현한 작은 머리 여자도 마찬가지로 터무니없었다. 그녀가 들고 있는 바구니에 있는 것들이 사과인가 양파인가. 포도는 아닐까? 도무지 분간이 되질 않았다.

폴 세잔느(1839-1906)는 그의 어릴 적 친구가 말했듯 "시적이며 광적이고 바커스(술의 신-역주)적이며 관능적이고 고전적이며 입체적이고 기하학적"이다. 그러나 그는 일치감치 성공한 대가의 반열에는 절대 들지 않는다. 세잔느가 엑스 근처 아버지집을 이 그림들로 장식했을 때는 아이가 아닌 이미 20대였다. 세잔느 아버지가 폴이 로스쿨을 다니기 바랐다는 것은 놀랍지 않다. 나나 당신이 그처럼 엉망으로 그린다면 그 즉시 화가의 길을 포기해야 했을 것이다.

그의 자신감이 어디에서 나오는 지는 도저히 측량할 길이 없다. 무능했던 그는 스트레스를 받으면서 시작했지만 어찌어찌해서 미술 역사 전체에서 가장 위대한 선각자중 한 사람이 됐다. 입체파와 그 이상의 것들이 그를 토대로 일궈졌다. 말년의 세잔느는 시각을 변화시켰다. 마티즈가 그를 "우리 모두의 아버지"로 말한 것이 놀랍지 않다.

그러나 세잔느의 초기 작품들은 예쁘거나, 교묘하거나, 풍부하거나, 섬세하지 않다. 사람들이 그의 그림을 보고 기분이 상한다는 것을 그 자신이 알았어야 했다. 그럼에도 불구하고 그는 물감덩어리 투성이의 조화롭지 않은 그림을 매년 미술전에 제출했고(당연히 거절됐지만) 미친 사람이나 취한 사람으로 조롱당하며 쫓겨났다.

그의 많은 작품들이 괴로움, 섹스, 죽음, 고통으로 비틀려 있었다. 어떤 것들은 조악했고 다른 것들은 더 나빴다. 대부분이 아주 불안정했다. 엉덩이, 가슴, 배를 불룩하게 그렸고 희생물은 비틀렸다. 프로방스에서 온, 투박한 차림새에 사투리를 쓰고 대머리 까진 젊은 촌뜨기는 온갖 데서 조롱을 당했다. 에두아르 마네는 "어떻게 그런 역겨운 그림을 계속 그리나"고 했다.

세잔느는 여전했다. 핏발 선 검은 눈이 1861-62년 자화상에 불타듯 그려졌다. 그는 성마르고 말이 없고 화를 잘 내는 것으로 유명했다. 그의 친구들은 그를 에코르셰, 즉 가죽을 벗겨 근육을 노출시킨 모형이라고 불렀다. "난 아주 강력한 느낌을 가지고 있습니다." 자기를 조롱하는 평론가에게 말했다. "정말 그렇습니다. 선생님, 정말로요." 세잔느의 평판을 단번에 바꿀 수 있는 건 바로 이번 전시회와 같은 것이다. 로렌스 고윙이 구상한 이번 전시회를 주목하게 만드는 것은 걸작이 결코 나올 수 없을 것이라는 느낌을 준다는 점이다.

mastery 숙달, 숙련
altar 제단, 성찬대
banal 진부한, 평범한
conception 구상, 이해, 신념
inept 솜씨 없는, 서투른
execution 처형, 사형, 실행, 솜씨
grace 우아함, 품위
personify ~을 전형적으로 보여주다, 의인화하다
bosom 가슴
preposterous 말도 안 되는, 터무니 없는
bacchic 바커스 신
geometrical 기하학적인
precocious 조숙한, 아이 같지 않은
no wonder ~은 놀랄 일이 아니다
pere 아버지
pray 기도하다, 간절히 바라다
discouraging 낙담시키는
on the spot 현장에서, 즉시
gauge 판단하다, 측정하다
torture 고문하다, 괴롭히다
somehow 어떻게든지 해서, 그럭저럭
seer 관찰자, 선각자, 예언자
deftness 교묘함, 능숙함
glibness 입심 좋음
finesse 수완, 재간
offend 불쾌하게 하다
discordant 조화를 이루지 못하는
lumpy 덩어리진, 덩어리 투성이의, 울퉁불퉁한, 땅딸막한
jeeringly 조롱하여
dismiss 묵살하다, 떨쳐 버리다, 해고하다, 내쫓다
throb 욱신거리다, 지끈거리다, 울리다
coarse 거친, 조잡한, 조악한

peculiarly 아주, 특히
unstablized 불안정한
buttocks 엉덩이
breast 가슴
belly 배
bulge 가득 차다, 불룩하다
writhe 온몸을 비틀다
provincial 지방의
crude 대충의, 투박한
bald 대머리의
deride 조롱하다
abide 머물다, 살다, 지속하다
foul 더러운
preserve 보호하다, 유지하다
fleck 얼룩
silence 고요, 적막
dare 감히 ~하다
conceive 마음속으로 품다, 생각해내다
compelling 주목하지 않을 수 없는

01 정답 (b)

해석 왜 세잔느는 대가들 중 "가장 늦게 성공한" 사람인가?
(a) 그는 어릴 때 일찍 그림을 시작했다.
(b) 그는 성인일 때 그림을 시작했다.
(c) 그는 로스쿨 학생이었다.
(d) 그는 학교에서 성공하지 못했다.

02 정답 (d)

해석 평론가들은 세잔느의 초기 작품들을 어떻게 평가하는가?
(a) 젊은 예술가에 의해 만들어진 가장 아름다운 그림 중 몇몇으로
(b) 조숙한 젊은 남자의 재능을 명확히 보여주는 작품으로
(c) 언젠가 걸작으로 여겨질 수 있는 잘 계획된 작품으로
(d) 대단한 재능의 조짐을 전혀 보이지 않는 흉하고 서투르게 만들어진 작품으로

03 정답 (a)

해석 다른 프랑스 화가인 마티스는 왜 세잔느를 "우리 모두의 아버지"라고 일컬었는가?
(a) 세잔느는 그의 말년에 당시에는 참신한 시각으로 그림 그리는 것에 성공했기 때문에

(b) 세잔느는 대부분이 위대한 예술가로 자랐던 많은 아이들의 아버지였기 때문에
(c) 마티스가 세잔느를 너무 존경해서 그는 세잔느가 그의 친아버지가 되기를 바랐기 때문에
(d) 마티스는 그 시대의 많은 예술가와 비슷하게 친아버지를 전혀 몰랐기 때문에

04 정답 (c)

해석 왜 평론가는 이번 세잔느 작품의 특별 전시를 독특하다고 여기는가?
(a) 선별된 작품들이 특별히 불안정하기 때문
(b) 모든 그림들이 고통으로 고동치기 때문
(c) 걸작이 나올 것이라는 것을 너무 적게 암시하기 때문
(d) 로렌스 고윙이 세잔느 작품 선택을 잘 못하기 때문

05 정답 (b)

해석 추론에 따르면 우리는 젊은 세잔느가 프랑스 예술계에서의 그의 동시대인들에게 어떻게 인식된다고 말할 수 있는가?
(a) 시대의 존경 받는 화가가 되는 것이 당연한 희귀한 재능을 가지는 것으로
(b) 그 나라에서 그림을 형편없게 그리는 거친 사람으로
(c) 그 당시에 그에 대해 강한 의견이 형성되지 않은
(d) 그의 까다로움과 분노 때문에 그를 비평하는 것이 두려운

06 정답 (b)

해석 글의 맥락에서 personifying은 인간의 모습으로 표현하는 것을 의미한다.
(a) 사람이 되는 것
(b) 인간의 모습으로 표현하는 것
(c) 의인화하는 것
(d) 명확하지 않은

07 정답 (a)

해석 글의 맥락에서 discordant는 조화를 이루지 못한을 의미한다.
(a) 조화를 이루지 못하는
(b) 끈이 없는
(c) 현재가 아닌
(d) 모욕적인

Part III | Encyclopedia Article

백과사전에서 다루는 과학, 역사, 지리 등으로 전문적이고 세부적인 내용이 많이 나오는 만큼 수험생들의 체감 난이도도 가장 높다. 특정한 주제에 대한 구체적인 사실묘사나 정보전달을 하는 내용으로써 서식지, 특징, 유사한 종류를 많이 묻는다. 전문적인 용어가 많이 나오고 하이픈이나 세미콜론, 관계사 수식으로 인해 문장이 길어지는 만큼 정확한 독해능력을 요구한다.

예

THE PARTHENON

The Parthenon was a Grecian temple built to thank Athena, the patron goddess of the Acropolis, for saving Athens and Greece during the Persian Wars. Noted for its simplicity and considered a masterpiece of Greek architecture, the Parthenon is one of the most famous structrues in the world. It was built between 447 and 432 B.C.

파르테논

파르테논은 페르시아 전쟁 중에 아테네와 그리스를 지켜준 아크로폴리스 수호여신 아테나에게 경의를 표하기 위해 지어진 그리스 신전이다. 간결함으로 유명하고 그리스 건축물의 걸작으로 여기지는 파르테논은 전 세계에서 가장 유명한 건축물 중 하나이다. 파르테논은 기원전 447년에서 432년 사이에 지어졌다.

예

Q. What main event caused the Parthenon to be built?

(a) to demonstrate gratitude to Athena for the Grecian victory during the Persian wars
(b) the Greeks' need for a grand place to worship their gods
(c) the Greeks' desire to uplift and preserve their culture
(d) the gods' order in exchange for their victory in the war

• 어떤 중요한 사건이 파르테논이 지어지게 만들었는가?

(a) 페르시아 전쟁 중 그리스가 승리를 거둔 것에 대한 아테네에게 경의를 표하기 위해
(b) 그리스인들이 그들의 신들을 숭배할 수 있는 거대한 장소를 요구함에 따라서
(c) 그리스인들이 그들의 문화를 올리고 보존하려는 바람으로 인해
(d) 전쟁에서 그들의 승리에 대한 대가로 신들의 명령으로

[Reading material]

Where's Wally?

Where's Wally? (also called Where's Waldo? in North America) is a British series of children's puzzle books created by English illustrator Martin Handford. The books consist of a series of detailed double-page spread illustrations <u>depicting</u> dozens or more people doing a variety of amusing things at a given location. Readers are challenged to find a character named Wally hidden in the group. Wally is identified by his red-and-white-striped shirt, bobble hat, and glasses, but many illustrations contain red herrings involving deceptive use of red-and-white striped objects.

In 1986, Handford was asked by his art director, David Bennett, at Walker Books to develop a book of detailed crowd scenes, inspired by Bennett having seen Philippe Dupasquier's Busy Places series. Whilst the book was being prepared for Bologna Book Fair, someone at Walker Books suggested the idea of adding a <u>distinctive</u>-looking character whom the reader could search for in the crowd scenes. After much thinking, Handford came up with the idea of "Wally", a world traveller and time travel aficionado who always dresses in red and white. Sometimes it would take him up to eight weeks to draw a two-page sketch of the elusive "Wally" and the characters surrounding him.

The first Where's Wally? book was published on 21 September 1987. The Where's Wally? books were published in the United Kingdom by Walker Books and in the United States under the title Where's Waldo? first by Little, Brown and Company before being taken on by Candlewick Press (Walker Books' American subsidiary publishing company). The first four titles were originally printed in Italy, but later reprinted in China. The books became extremely popular and were localized for many different territories, with name changes for Wally in certain regions. The franchise also spawned other media in a more storyline-based form, including a 1991 television series, a comic strip and a series of video games.

---

depict : to show an image of somebody/something in a picture
[synonyms : characterize ; illustrate ; interpret ; portray ; represent]

distinctive : having a quality or characteristic that makes something different and easily noticed
[synonyms : extraordinary ; special ; original ; peculiar]

월리를 찾아라

월리는 어디 있는가?(북미에서는 Where's Waldo라고도 불리기도 한다)는 영국의 삽화가 마틴 핸드포드가 만든 영국의 어린이 퍼즐 책 시리즈다. 책들은 주어진 장소에서 수십 명 이상의 사람들이 다양한 재미있는 일들을 하는 것을 묘사하는 일련의 상세한 2페이지짜리 삽화로 구성되어 있다. 독자들은 그룹 안에 숨겨진 월리라는 캐릭터를 찾아야 하는 도전을 받는다. 월리는 그의 빨강과 흰 줄무늬 셔츠, 바블 모자, 안경으로 확인되지만 많은 삽화에는 빨강과 흰 줄무늬 물체를 기만적으로 사용하는 것과 관련된 청어가 포함되어 있다.

1986년, 핸드포드는 워커 북스에서 그의 예술 감독인 데이비드 베넷으로부터 필립 듀파스키어의 〈바쁜 장소들〉 시리즈를 본 베넷으로부터 영감을 받아 상세한 군중 장면의 책을 개발하라는 요청을 받았다. 볼로냐 북페어를 위해 책이 준비되고 있는 동안 워커북스의 누군가가 군중 속에서 독자들이 찾을 수 있는 독특하게 생긴 캐릭터를 추가하자는 아이디어를 제안했다. 많은 생각 끝에 핸드포드는 항상 빨간색과 흰색으로 옷을 입는 세계 여행자 겸 시간 여행 애피시오나도인 "월리"의 아이디어를 생각해 냈다. 때때로 그는 이해하기 힘든 "월리"와 그를 둘러싼 인물들의 두 페이지짜리 스케치를 그리는데 8주까지 걸리곤 했다.

첫 번째 월리는 1987년 9월 21일에 출판되었다. 월리는 어디인가?라는 제목의 책들은 영국 워커 북스에 의해 그리고 미국에서는 리틀, 브라운 그리고 컴퍼니가 먼저 캔들윅 프레스 (워커 북스의 미국 자회사 출판사)에 의해 출판되었다. 처음 4개의 타이틀은 원래 이탈리아에서 인쇄되었지만, 나중에 중국에서 다시 인쇄되었다. 이 책들은 매우 인기를 끌게 되었고, 특정 지역에서 월리의 이름이 바뀌면서, 많은 다양한 지역에 걸쳐 지역화되었다. 이 체인점은 1991년 텔레비전 시리즈, 연재만화, 그리고 일련의 비디오 게임을 포함한 더 줄거리 기반의 다른 미디어들도 낳았다.

[Reading material]

Ramadan, why is it so important for Muslims?

Ramadan is the ninth month in the Muslim lunar calendar. Healthy adult Muslims fast in Ramadan from dawn until dusk. This includes abstaining from drinking, eating, immoral acts and anger. Other acts of worship such as prayer, reading the Quran and charity are also encouraged during the holy month.

Muslims also believe the Quran was revealed in Ramadan. During the holy month, Muslims wake up early to eat a pre-dawn meal called suhoor, and they break their fast with a meal referred to as iftar. It is common for mosques to host large iftars, especially for the poor and needy. Nightly prayers called Tarawih are also held in mosques after iftar.

Different cultures have different traditions during Ramadan, whether it is a special food they must cook, or eating iftar with the extended family. Islamic tenets such as generosity inspired most of these traditions, including sharing food and inviting guests over for iftar. However, this year Ramadan will most certainly be a less festive time, amid the coronavirus pandemic as all nations, including Muslims ones, take precautions to curb the spread of the virus by banning or limiting social gatherings, and closing mosques.

Fasting is one of the five pillars of Islam. There is also a verse in the Quran that prescribes fasting for all Muslims who are mature and healthy enough to do so for the full day. So Muslims fast as an act of worship, a chance to get closer to God, and a way to become more compassionate to those in need. Fasting is also seen as a way to learn patience and break bad habits.

---

worship : a strong feeling of love and respect for somebody/something
[synonyms : adoration ; devotion ; awe]

inspire : to give somebody the desire, confidence or enthusiasm to do something well
[synonyms : affect ; influence ; arouse ; impress ; motivate]

라마단, 왜 이슬람교도들에게 중요한가?

　라마단은 이슬람 음력으로 9번째 달이다. 건강한 성인 이슬람교도들은 새벽부터 해질 때까지 라마단 기간 동안 금식한다. 이것은 음주, 식사, 부도덕한 행위와 분노를 금하는 것을 포함한다. 기도, 쿠란 읽기, 자선 같은 다른 예배 행위들도 성스러운 달 동안 장려된다.

　이슬람교도들은 또한 라마단에 코란이 나타났다고 믿는다. 성스러운 달에는 이슬람교도들이 새벽녘에 일어나 수후르라는 새벽 식사를 하고, 이프타르라고 불리는 식사로 단식을 한다. 모스크는 특히 가난하고 가난한 사람들을 위해 큰 이프스타를 호스트하는 것이 일반적이다. 타라위라 불리는 야간 기도도 이프타르의 뒤를 이어 모스크에서 행해진다.

　라마단 기간 동안 다른 문화권에서는 그것이 그들이 요리해야 하는 특별한 음식인지, 아니면 대가족과 함께 이프타르를 먹는지, 다른 전통이 있다. 관대함과 같은 이슬람교 교리는 음식을 나누고 손님을 이프타르로 초대하는 것을 포함한 대부분의 전통에 영감을 주었습니다. 그러나 올해 라마단은 확실히 덜 축제일이 될 것인데, 이슬람교도들을 포함한 모든 국가들이 사회 모임을 금지하거나 제한하고 이슬람 사원을 폐쇄함으로써 바이러스의 확산을 억제하기 위한 예방 조치를 취하기 때문이다.

　단식은 이슬람의 다섯 가지 기둥 중 하나이다. 코란에는 하루 종일 그렇게 할 수 있을 만큼 성숙하고 건강한 모든 이슬람교도들을 위해 단식을 규정하는 구절도 있다. 그래서 이슬람교도들은 예배의 행위로 단식을 하고, 신과 가까워질 수 있는 기회이며, 도움이 필요한 사람들에게 더 동정심을 가질 수 있는 방법으로써 단식을 합니다. 단식은 인내심을 배우고 나쁜 습관을 고치는 방법으로도 여겨진다.

[Reading material]

Minimum wage

A minimum wage is the lowest remuneration that employers can legally pay their workers the price floor below which workers may not sell their labor. Most countries had introduced minimum wage legislation by the end of the 20th century.

Supply and demand models suggest that there may be employment losses from minimum wages. However, if the labor market is in a state of monopsony (with only one employer available who is hiring), minimum wages can increase the efficiency of the market. There is debate about the full effects of minimum wages.

The movement for minimum wages was first motivated as a way to stop the exploitation of workers in sweatshops, by employers who were thought to have unfair bargaining power over them. Over time, minimum wages came to be seen as a way to help lower-income families. Modern national laws enforcing compulsory union membership which prescribed minimum wages for their members were first passed in New Zealand and Australia in the 1890s. However, the first time wages were set by a government was when the King of England issued the 1349 *Ordinance of Labourers*. This ordinance actually established a maximum wage. Although the original decree benefited the landowners, later amendments eventually set living wages to protect employees as well as employers.

Although minimum wage laws are in effect in many jurisdictions, differences of opinion exist about the benefits and drawbacks of a minimum wage. Supporters of the minimum wage say it increases the standard of living of workers, reduces poverty, reduces inequality, and boosts morale. In contrast, opponents of the minimum wage say it increases poverty, increases unemployment because some low-wage workers "will be unable to find work...[and] will be pushed into the ranks of the unemployed".

---

compulsory : a strong feeling of love and respect for somebody/something
[synonyms : forced ; mandatory ; obligatory ; required ; imperative]

drawback : a disadvantage or problem that makes something a less attractive idea
[synonyms : defect ; failing ; fault ; handicap; hindrance ; obstacle; shortcoming]

최저 임금

　최저 임금은 고용주가 노동자에게 합법적으로 지급할 수 있는 최저 보수로서, 노동자가 노동력을 팔지 않을 수 있는 최저 가격이다. 대부분의 나라들은 20세기 말까지 최저임금법을 도입했다.

　수급모델은 최저임금으로 인한 고용손실이 있을 수 있음을 시사한다. 다만 노동시장이 단일화 상태(채용 대상 사업주 1명만 가능)라면 최저임금은 시장의 효율성을 높일 수 있다. 최저임금의 완전한 효과에 대한 논쟁이 있다.

　최저임금 운동은 노동자들에 대한 부당한 협상력을 갖고 있다고 생각되던 사업주가 노동자들의 노동착취를 막기 위한 방안으로 먼저 동기가 부여됐다. 시간이 흐르면서 최저 임금이 저소득층을 돕는 방법으로 여겨지게 되었다. 조합원의 최저 임금을 규정하는 강제 조합원 자격을 강제하는 현대 국가법은 1890년대에 뉴질랜드와 호주에서 처음 통과되었다. 그러나, 정부에 의해 임금이 처음으로 정해진 것은 영국 국왕이 1349년 노동자들의 조례를 제정한 때였다. 이 조례로 사실상 최고 임금이 확정되었다. 비록 원래 법령은 토지 소유자들에게 이익을 주었지만, 후에 개정안은 결국 고용주뿐만 아니라 고용주들을 보호하기 위해 생활 임금을 정했다.

　많은 국가에서 최저임금법이 시행되고 있지만 최저임금의 장점과 단점에 대한 의견 차이가 존재한다. 최저임금 지지자들은 근로자의 생활수준을 높이고, 빈곤을 줄이고, 불평등을 줄이고, 사기를 진작한다고 말한다. 반면 최저임금 반대론자들은 일부 저임금 노동자들은 "일자리를 찾지 못할 것"으로 인해 빈곤과 실업률을 증가시킨다고 말한다."그리고"는 실업자의 반열에 오르게 될 것이다.

PART 3. *Read the following encyclopedia article and answer the questions. The underlined words in the article are for vocabulary questions.*

[3-1]

Telegraphy

The establishment of the first telegraphic system using Morse code in 1844 was a milestone in the development of a fast, efficient telecommunications infrastructure. Morse code is a pattern of signals that may be used to relay messages. In telegraphy, this is carried out by striking a key in order to generate or <u>interrupt</u> electric circuits, which transmit a signal as a series of electric pulses.

Telegraphy changed American business practices, news coverage and personal correspondence in many ways. With the advent of regular transatlantic services in 1866, companies were able to commence businesses globally. Using telegraphy, communicating price fluctuations became prompt and prices were standardized across the country.

The telegraph also prompted the institution of standard time zones across the country. This facilitated the efficient organization of the railroads in regard to scheduling freight and passengers. Any exceptions in the schedules could be communicated instantaneously by telegraph. The establishment of such a system could provide better services for both passengers and freight customers of the rail network.

News distribution also benefitted greatly from the new device, exclusive stories could be transmitted rapidly over long distances. In 1844, when the telegraph was still in its infancy, the politicians in the telegraph room at the Capitol Building in Washington received news of the nominations of the Democratic presidential candidate direct from the convention center in Maryland.

Telegraphy is unique in that it is one of the few innovations that immediately affected the everyday life of all citizens; news, prices and rail services have still been <u>integral</u> parts of American life. Personal correspondence was also affected by the telegraph. For example, it became possible to communicate important messages over vast distances without the usual postal delay of days or even weeks. Even the American landscape was altered drastically because of telegraphy. By the late nineteenth century, the city streets around the country were covered with telegraph wires supported by poles.

01. How are messages sent in telegraphy?

(a) By using the mysterious code
(b) By exploiting radio waves
(c) By tapping a key to manipulate electric currents
(d) By allowing citizens to take a note in person

02. Based on the article, which of the following is not an example of how the telegraph altered American business practices?

(a) It changed the appearance of cities
(b) It led to standard time zones throughout America
(c) It allowed companies to operate internationally
(d) It brought about uniformity in commodity prices

03. Which of the following is implied by the passage?

(a) The telegraph affected public health service a lot.
(b) Railroad companies didn't want to use the telegraphy.
(c) American landscapes were getting worse before the invention of telegraph.
(d) Most of the innovations take time to affect the lives of people.

04. In the context of the passage, interrupt means _____.

(a) avert
(b) stop
(c) discover
(d) injure

05. In the context of the passage, integral means _____.

(a) swift
(b) modern
(c) key
(d) temporary

PART 3. *Read the following encyclopedia article and answer the questions. The underlined words in the article are for vocabulary questions.*

[3-2]

THE BATTLE AT BIG HOLE

Most Indian wars were fought in the United States during the 19th century. One of the most famous battles occurred at a place called the Big Hole. The Nez Perce tribe crossed the Bitterroot Mountains in August of 1877 and entered Montana. They were led by several chiefs, including Chief Thunder-Rising-to-Loftier-Mountains, whom the history books call Chief Joseph.

When they reached the valley of the Big Hole, they felt secure and did not guard their horses or the camp. The chiefs did not realize that Colonel John Gibbon of the 7th Cavalry had started on their trail days before. He and his men discovered the Nez Perce resting place. During the night the soldiers secretly surrounded the Indian position.

At dawn they attacked the sleeping camp. The Nez Perce were roused from their beds by the sounds of bullets whistling through their tents. They ran out into a hail of rifle fire, some forgetting their weapons. Many died in the first moments of the battle. Then they began the struggle to save themselves. Some fired from within the camp itself. Others circled into brush and found places from which to attack the soldiers. Still others charged straight for the Army positions, trying to kill as many of enemy as they could before falling to an army bullet.

Chief Five Wounds, when he saw that the great chief Rainbow had fallen, said that he would soon follow him, for their fathers had fallen in battle together years before. He joined a group of warriors creeping uphill toward the soldiers' position. Soon he stood up and charged up the hill toward the enemy. The other warriors tried to stop him but could not. When he got to the top of the hill there was a volley of fire and he fell dead.

The Nez Perce gradually gained the upper hand and trapped the soldiers in a grove of trees. Many of the Nez Perce, filled with rage at the attack and grief for the loved ones lying dead about them, wanted to kill all the soldiers. Chief Joseph and the other chiefs convinced them to draw back. A few of the young men stayed to prevent the soldiers from following, while the rest of the band escaped to the south.

01. Where is the valley of the Big Hole?

   (a) Montana
   (b) Oregon
   (c) Idaho
   (d) Wyoming

02. The Nez Perce had no guards at the Big Hole because they _____.

   (a) knew about Colonel Gibbon
   (b) thought Chief Joseph was nearby
   (c) were used to fighting in the mountains
   (d) felt secure

03. After the battle began, all the Nez Perce who were still alive _____.

   (a) stayed hidden in the encampment
   (b) ran off into the brush
   (c) charged into a grove of trees
   (d) attacked the enemy from various positions

04. When did the cavalry attack the Indian camp?
   (a) at dusk
   (b) at dawn
   (c) at noon
   (d) at night

05. Why did Chief Five Wounds stand up and charge up the hill?

   (a) It is the best battle tactic.
   (b) The soldiers were out of ammunition.
   (c) He knew he was going to die.
   (d) The 7th Cavalry had poor marksmen.

06. In the context of the passage, roused means _____.

   (a) angered
   (b) awakened
   (c) excited
   (d) invigorated

07. In the context of the passage, fallen means _____.

   (a) occurred
   (b) met
   (c) died
   (d) dropped

PART 3. *Read the following encyclopedia article and answer the questions. The underlined words in the article are for vocabulary questions.*

[3-3]

Mangroves

Mangroves are various large and extensive types of trees and shrubs that grow in saline coastal sediment habitats in the tropics and subtropics. Mangrove forests are found all over the world, though mainly in estuaries and marine shorelines. However, their habitats are less than favorable because high tide brings in salt water, and when the tide recedes, solar evaporation of the seawater in the soil leads to further increases in salinity whereas the low tide exposes the mangroves to increases in temperature and desiccation, only to be cooled and flooded by the tide. In order to cope with such circumstances, mangroves have demonstrated convergent evolution, meaning that many of these species found similar solutions to the adverse conditions of variable salinity, regular tidal inundation, and anaerobic soils.

One of the major obstacles mangroves face in their habitats is salinity, both from flooding and from intertidal soils. Mangroves have adapted to exclude salt by developing significantly impermeable roots. These roots are highly suberized, acting as a filtration mechanism to exclude sodium salts from the rest of the plant. The roots are so effective in removing salinity that an analysis of the water found inside mangroves has shown that up to 97% of salt had been eliminated at the roots. The small amount of salt that does penetrate the roots accumulates in the shoots. This salt is then concentrated in old leaves the plants are ready to shed.

Freshwater is also limited in salty intertidal soils, and because mangroves cannot draw in much useable water, they must conserve the water they have. In order to limit the amount of water they lose through their leaves, they restrict the opening of their stomata, which are pores on the leaf surfaces that exchange carbon dioxide gas and water vapor during photosynthesis. Additionally, they may also alter the direction of their leaves' orientation to avoid direct contact with the sun's radiant energy. This helps reduce the amount of water lost through transpiration.

Mangrove forests are among the world's most productive ecosystems. They enrich coastal waters, and yield forest products that may be used for commercial purposes. Mangrove wood is resistant to rot and insect attacks, making it a valuable construction material. The trees also protect coastlines as their dense root systems trap sediments flowing down river and off land, preventing erosion from storms and waves. Mangrove forests support commercial fisheries by housing a large variety of fish. In fact, more than half of the fish caught in commercial fisheries in Fiji use mangrove forests at one or more critical periods in their lives. Furthermore, they also act as tourist attractions, given the diversity of life inhabiting mangrove systems.

01. Which of the following is not mentioned as a reason for the mangrove's adverse environmental conditions?

    (a) The soil is boggy, and without oxygen.
    (b) The rising of the tide brings in water with salinity.
    (c) The temperatures of the tropics and subtropics are scorching.
    (d) The water is receded during ebb tide, leaving the mangroves susceptible to desiccation.

02. Why does the author mention the fact that 97% of salt had been eliminated by the mangroves' root system?

    (a) To demonstrate how mangroves are able to survive under such adverse conditions
    (b) To illustrate how effective mangroves' roots are as filters
    (c) To note that not all salinity is filtered out by the mangroves' roots
    (d) To describe the results of an experiment conducted on mangroves

03. According to passage, what is a reason mangroves must conserve the water that they posses?

    (a) Water must be conserved because they lose valuable freshwater from their leaves through transpiration.
    (b) Loss of water is significant during photosynthesis when the stomata are opened on the leaf surfaces.
    (c) Because the soil around them has a high level of salinity, access to freshwater is limited.
    (d) Intertidal soils lack sufficient carbon dioxide levels, and thus must facilitate their use through water.

04. Which of the following is not mentioned as a benefit of mangrove forests?

    (a) They enhance the variety of marine life by providing habitat to various fish.
    (b) They attract tourists seeking to enjoy the plentiful organisms inhabiting the forests.
    (c) They prevent the erosion of land through the preservation of flowing rivers.
    (d) Their wood provides construction materials insusceptible to decay.

05. Why does the author mention commercial fisheries in Fiji?

    (a) To highlight the extent to which mangrove forests benefit the fisheries industry.
    (b) To mention a group of people interested in preserving the mangrove forests.
    (c) To cite an instance where mangrove forests were directly utilized for commercial profits.
    (d) To account for the reason why fish are so plentiful in the seas near the Fiji Islands.

06. In the context of the passage, obstacles means _____.

    (a) assortment
    (b) hardship
    (c) immensity
    (d) selection

07. In the context of the passage, accumulates means _____.

    (a) propagates
    (b) diffuses
    (c) scatters
    (d) piles up

PART 3. *Read the following encyclopedia article and answer the questions. The underlined words in the article are for vocabulary questions.*

[3-4]

OSTRICH FARMING

There have been many strange business ventures in Arizona's history. But one of the most unusual was ostrich farming. It wasn't that the cattle business had declined so much, but rather the demands of women's fashions around the turn of the century that gave rise to the new industry. Ostrich feathers <u>adorned</u> the hats and dresses of the wealthy. And the demand for this decorative plumage increased greatly during the 1890s, remaining high until World War Ⅰ.

Cattle ranchers who had originally laughed at such an enterprise reconsidered when they heard that the feathers were selling for up to $300 per pound during the peak of ostrich fashion. In one case reported in 1910, the feathers from 4,023 ostriches were valued at $1,365,000. Prices were determined by a monthly <u>auction</u> in London, the "feather capital" of the world.

Josiah Harbert, who owned a farm in Phoenix, was the first to act when he heard of the great profits being made by ostrich ranchers in South Africa. Harbert ordered a flock of ostriches from an importer in Pasadena, California, in 1887. When the birds arrived at the loading dock of the Southern Pacific Railroad in downtown Phoenix, they were greeted by crowds of people who had endured the sweltering mid-August heat for a look at the strange creatures. The public was fascinated with the unusual birds. Harbert was forced to put the birds on display in downtown Phoenix before he could transport them home.

After two weeks, when Harbert hired a horse-drawn wagon man to move the ostriches, the driver pulled an old stocking over the head of each bird to prevent escape attempts. He also tied a large canvas sheet over the top of the wagon. Of the twelve birds that started the trip, only one adult male, one adult female and a chick of unknown sex survived the three-mile journey in the strong summer heat.

The remaining female ostrich was the next to die, apparently mistaking a piece of barbed wire for an insect. The two surviving birds were kept as pets for three years while the chick matured, happily showing signs that it was a female. Within four years, 104 birds had descended from the original couple.

With Harbert's success as an example, ostrich farming became big business. However, women's fashion was as changeable as it is today, and in 1914, ostrich feathers began to drop in popularity. Apart from a temporary rise of the market in 1922, the ostrich business in America had come to an end.

60. Why did ostrich farming become popular?

(a) It was a very new industry in the U.S.
(b) Women's fashions created a market for the feathers.
(c) The cattle business had declined.
(d) Ostriches are such unusual animals.

61. Josiah Harbert was _____.

(a) the first farmer in Phoenix to import ostriches
(b) the only man to make a profit from selling ostrich feathers
(c) the first farmer to sell 21 pairs of young birds for $31,000
(d) the only man in Phoenix to sell ostrich feathers for $300 per pound

62. Who did Harbert buy his ostriches from?

(a) an ostrich farmer in Phoenix
(b) an importer in Pasadena
(c) the "feather capital" of the world
(d) a ranch in South Africa

63. Harbert kept the ostriches in Phoenix for two weeks because _____.

(a) The people of the city demanded to see them.
(b) They needed protection from the sweltering mid-August heat.
(c) It was too hot to transport them to the farm.
(d) There was great public demand for ostrich feathers.

64. What did Harbert discover when the birds arrived at his farm?

(a) It had been a three-mile journey.
(b) He pulled a stocking over the head of each ostrich.
(c) He had to prevent the ostriches from escaping
(d) Most of the ostriches had died from the heat

65. In the context of the passage, adorned means _____.

(a) decorated
(b) fashioned
(c) simplified
(d) remodeled

66. In the context of the passage, auction means _____.

(a) donation
(b) report
(c) sale
(d) reception

PART III 정답과 해설

[3-1]

전신(전보 발송 과정)

1844년 모스 부호를 이용한 최초의 전신 시스템 구축은 빠르고 효율적인 통신 인프라 개발의 이정표였다. 모스 코드는 메시지를 중계하는 데 사용될 수 있는 신호의 패턴이다. 텔레파시에서, 이것은 일련의 전기 펄스로 신호를 송신하는 전기 회로를 발생시키거나 방해하기 위해 키를 치는 것으로 수행된다.

전보는 미국의 사업 관행, 뉴스 보도 및 개인 서신을 여러 가지 면에서 변화시켰다. 1866년 대서양 횡단 정기 서비스가 등장하면서, 기업들은 전세계적으로 사업을 시작할 수 있었다. 전보를 이용하여, 통신 가격 변동이 빨라졌고 전국적으로 가격이 표준화되었다.

전신은 또한 전국에 표준 시간대를 도입하는 계기가 되었다. 이를 통해 화물 및 승객 일정에 관한 철도의 효율적인 조직화가 촉진되었다. 일정의 예외는 전보로 즉시 전달될 수 있다. 그러한 시스템의 구축은 철도망의 승객과 화물 고객 모두에게 더 나은 서비스를 제공할 수 있을 것이다.

뉴스 유통은 또한 새로운 장치로부터 큰 이익을 얻었고, 독점적인 이야기들은 먼 거리에 걸쳐 빠르게 전달될 수 있다. 전신이 아직 걸음마 단계였던 1844년 워싱턴 국회의사당 건물 전신실의 정치인들은 메릴랜드 컨벤션센터에서 민주당 대선 후보 지명 소식을 직접 접했다.

전보는 모든 시민들의 일상 생활에 즉각적으로 영향을 미친 몇 안 되는 혁신 중 하나라는 점에서 독특하다; 뉴스, 가격, 철도 서비스는 여전히 미국 생활의 필수적인 부분이었다. 개인 통신도 전신의 영향을 받았다. 예를 들어, 며칠 또는 심지어 몇 주라는 일반적인 우편 지연 없이 먼 거리에 걸쳐 중요한 메시지를 전달할 수 있게 되었다. 심지어 미국의 풍경도 전보 때문에 급격하게 바뀌었다. 19세기 후반에 이르러 전국의 도시 거리는 전봇대에 의해 지탱되는 전신선으로 뒤덮였다.

01 정답 (c)

해석 글에 따르면, 전보에서 메시지가 어떻게 전달되는가?
(a) 알 수 없는 코드를 사용함으로써
(b) 무선전파를 이용함으로써
(c) 키를 눌러서 전류를 조작함으로써
(d) 시민들이 직접 필기를 함으로써

02 정답 (a)

해석 이 글에 따르면, 다음 중 전보가 미국사업관행을 바꾼 예가 아닌 것은?
(a) 도시의 모습을 변경했다.
(b) 미국 전역의 표준적인 시간대를 이끌었다.
(c) 회사들이 국제적으로 운영할 수 있도록 했다.
(d) 상품들의 가격에 통일성을 가지고 왔다.

03 정답 (d)

해석 다음 중 이 글에서 암시하는 것은?
(a) 전보는 공중건강 서비스에 많은 영향을 끼쳤다.
(b) 철도회사들은 전신을 사용하는 것을 원하지 않았다.
(c) 전보가 발명되기 전 미국의 풍경은 나빠지고 있었다.
(d) 혁신의 대부분은 사람들의 삶에 영향을 끼치는데 시간이 걸린다.

04 정답 (b)

해석 글의 맥락에서 interrupt는 중단하다를 의미한다.
(a) 피하다
(b) 중지하다
(c) 발견하다
(d) 해를 입히다

05 정답 (c)

해석 글의 맥락에서 integral은 중요한을 의미한다.
(a) 재빠른
(b) 현대적인
(c) 핵심적인
(d) 일시적인, 임시의

[3-2]

빅 홀(큰 구멍) 전투

미국 인디언 전쟁의 대부분은 19세기에 벌어졌다. 유명한 전투들 중 하나가 빅 홀(큰 구멍)이라는 곳에서 있었다. 네즈퍼스족이 1877년 비터루트 산맥을 넘어 몬타나로 들어왔다. 그들을 이끄는 여러 명의 추장 가운데 높은-산에-천둥치기라는 추장이 있었고, 역사책에는 조셉 추장으로 기록된 인물이다.

빅 홀 계곡에 들어섰을 때 안전하다고 느낀 그들은 말이나 캠프를 지키는 보초를 세우지 않았다. 추장들은 7연대 존 기본 대령이 며칠 전부터 그들을 추적하기 시작했다는 것을 몰랐다. 그 부대가 네즈퍼스족의 안식처를 발견했다. 밤에 군인들이 인디언 주변을 몰래 에워쌌다.

군인들이 새벽에 잠들어 있는 캠프를 공격했다. 네즈퍼스족은 총알이 텐트를 뚫고 날아오는 소리에 잠을 깼다. 그들은 라이플 총탄이 빗발치는 속으로 뛰어들었고 몇몇은 자기 무기를 잡지도 못했다. 전투가 시작되자마자 많이 죽었다. 곧이어 사력을 다한 반격이 시작됐다. 캠프 안에서 총을 쏘는 사람도 있었다. 일부가 덤불 속으로 모여서 군인들을 공격할 수 있는 장소를 찾았다. 여전히 몇몇은 적의 총알이 날아들기 전에 그들이 할 수 있는 한 많은 적을 죽이기 위해 적진을 향해 돌진했다.

대추장 레인보우가 쓰러지는 것을 보면서 지난 몇 년 동안 전쟁에서 전사한 선조들을 위해 곧 그를 따르겠다고 했다. 그는 군인들을 향해 기어오르고 있는 전사들의 무리에 합류했다. 언덕 위에 올라선 그는 빗발치는 총알을 맞고 죽었다.

네즈퍼스족이 차츰 우위를 차지해 군인들을 숲 속으로 몰았다. 눈앞에서 사랑하는 사람들이 죽는 것을 보고 분노와 비탄에 잠긴 네즈퍼스족 대부분이 군인들을 말살하려 했지만 조셉 추장과 다른 추장들이 그들을 말렸다. 젊은이들 몇이 군인들의 추격을 막는 한편 나머지 무리들은 남쪽으로 탈출했다.

guard 보초를 세우다
colonel 대령
cavalry 기병대
run out into ~로 달려나가다
hail 쏟아지는 것
rifle 라이플 총
brush 붓, 다툼, 덤불
charge 공격하다
five wounds 오상(예수의 몸에 난 다섯 개의 상처)
creeping 살금살금 움직이다, 기다
uphill 오르막의
volley 바로 맞받아치기, 일제 사격, 공세
trap 가두다, 끼이다, 몰아넣다
grove 숲, 수풀, 밭
convince 납득시키다, 확신시키다
draw back 물러나다

01   정답 (a)

해석 빅 홀의 골짜기에 무엇이 있는가?
(a) 몬타나
(b) 오리건
(c) 아이다호
(d) 와이오밍

02   정답 (d)

해석 네스퍼스족은 그들이 _____ 때문에 빅 홀에서 보초를 세우지 않았다.
(a) 기본 대령에 대해 알았기 때문에
(b) 조셉 추장이 가까이 있다고 생각했기 때문에
(c) 산에서 싸우는 것에 익숙했기 때문에
(d) 안전함을 느꼈기 때문에

03   정답 (d)

해석 전쟁이 시작하고 나서 계속 생존했던 모든 네스퍼스족은 _____.
(a) 진지에 숨어 지냈다
(b) 덤불로 뛰어들었다
(c) 나무 숲으로 뛰어들었다
(d) 다양한 위치에서 적을 공격했다

04
정답 (b)

해석 연대가 인디언 캠프를 언제 공격했는가?
(a) 황혼녘에
(b) 새벽에
(c) 정오에
(d) 밤에

05
정답 (c)

해석 오상 추장은 왜 일어나서 언덕을 달렸는가?
(a) 그것은 가장 좋은 전투 전략이다.
(b) 군인들은 탄약이 없었다.
(c) 그는 그가 죽을 것을 알았다.
(d) 7연대가 형편 없는 사수를 지녔다.

06
정답 (b)

해석 글의 맥락에서 roused는 일어난을 의미한다.
(a) 화난
(b) 일어난
(c) 흥분한
(d) 활력있는

07
정답 (c)

해석 글의 맥락에서 fallen은 죽은을 의미한다.
(a) 발생한
(b) 만난
(c) 죽은
(d) 떨어진

[3-3]

맹그로브

맹그로브는 열대 지방과 아열대 지방의 염분을 함유한 해안가 퇴적물 서식처에서 자라는 거대하고 광범위한 다양한 종류의 나무와 관목이다. 맹그로브 숲은 전 세계에서 찾을 수 있긴 하나, 주로 강어귀나 해안가에서 찾을 수 있다. 그러나 그들의 서식처는 결코 양호하지 않은데 이는 만조가 소금물을 들여오고, 조수가 후퇴할 때 토양 속 소금물의 태양열 증발이 염분을 더 증가시키는 반면 간조는 맹그로브를 온도 상승과 건조에 노출시키고 오직 조수에 의해 식혀지고 범람되게 한다. 그러한 상황에 대처하기 위해, 맹그로브는 다수의 이런 종이 변하는 염분과 정기적인 조수에 의한 범람, 무산소성 토양의 악조건에 대한 유사한 해결책을 찾앗다는 것을 의미하는 수렴 진화를 나타냈다.

맹그로브가 그들의 서식처에서 직면하는 가장 큰 장애 중 하나는 범람과 만조와 간조 사이의 토양 둘 다에서 나오는 염분이다. 맹그로브는 상당히 불침투성의 뿌리를 발달시킴으로써 소금을 제외하도록 적응했다. 이런 뿌리는 매우 코르크화 되어서, 그 식물의 나머지 부분에서 나오는 나트륨 염을 제외하는 여과 장치 역할을 한다. 그 뿌리는 염분을 제거하는 데 굉장히 효과적이라 맹그로브 안에서 발견된 물에 대한 분석은 뿌리에서 소금이 97%까지 제거되었다는 것을 나타냈다. 뿌리를 관통하는 적은 양의 소금은 새싹에 축적된다. 그 이후에 이 소금은 그 식물이 떨어뜨릴 준비가 된 오래된 잎사귀에 집중된다.

민물은 또한 소금기 있는 만조와 간조 사의의 토양에서 제한되며, 맹그로브는 사용할 수 있는 물을 많이 끌어들일 수 없기 때문에 가지고 있는 물을 보존해야만 한다. 그들은 잎사귀를 통해 잃은 물의 양을 제한하기 위해 광합성 동안에 탄산가스와 수증기를 교환하는 잎 표면에 있는 작은 구멍인 기공의 입구를 제한한다. 추가적으로, 그들은 또한 태양의 복사에너지와의 직접 접촉을 피하기 위해 잎사귀 정위의 방향을 변경할 수 있다. 이것은 증산으로 인한 수분 손실의 양을 줄이는 것은 돕는다.

맹그로브 숲은 세계에서 가장 생산적인 생태계 중 하나이다. 그들은 연안 해역을 풍부하게 하며, 상업적인 목적으로 사용될 수 있는 목재를 산출한다. 맹그로브 목재는 부식과 충해에 저항력이 있어 귀중한 건축 자재가 된다. 그 나무는 또한 밀도 높은 뿌리 체계가 강과 땅으로부터 흘러내리는 퇴적물을 가둠으로써 태풍이나 파도로 인한 침식을 방지하여 해안가를 보호한다. 맹그로브 숲은 온갖 다양한 종류의 어류를 수용함으로써 상업적인 어업을 지원한다. 사실, 피지의 상업적 어업으로 잡힌 어류의 절반 이상이 그들의 삶에서 한 번 혹은 여러 번의 중요한 기간에 맹그로브 숲을 사용한다. 더욱이 맹그로브 체계에 거주하는 생명의 다양성을 고려해 볼 때 그들은 또한 관광지의 역할을 한다.

shrub 관목
saline 염분을 함유한
subtropics 아열대 지방
estuary 강어귀
shoreline 해안가
high tide 만조
tide 조수
evaporation 증발
desiccation 건조
demonstrate 나타나다
convergent 수렴(성)의
inundation 범람
anaerobic 무산소성의
intertidal 만조와 간조 사이
impermeable 불침투성의
filtration 여과
shed (잎 등이) 자연스럽게 떨어지다
freshwater 민물
stoma 기공(복수- stomata)
pore 작은 구멍
orientation (생물) 정위
transpiration 증산
enrich 풍부하게 하다
rot 부식, 썩음
erosion 침식

01 정답 (c)

해석 다음 중 맹그로브의 불리한 환경 조건에 대한 이유로 언급되지 않은 것은?
(a) 토양이 늪 같고 산소가 없다.
(b) 밀물이 염분을 함유한 물을 들여온다.
(c) 열대 지방과 아열대 지방의 온도가 몹시 뜨겁다.
(d) 썰물 동안에 물이 후퇴하여 맹그로브가 쉽게 건조하도록 한다.

02 정답 (b)

해석 글쓴이가 맹그로브의 뿌리 체계에 의해 97%의 소금이 제거되었다는 사실을 언급한 이유는?
(a) 맹그로브가 그런 악조건 속에서 어떻게 생존할 수 있는지를 보여 주기 위해
(b) 맹그로브의 뿌리가 여과기로서 얼마나 효과적인지 설명하기 위해
(c) 맹그로브의 뿌리에 의해 모든 염분이 걸러지는 것이 아니라는 것을 언급하기 위해
(d) 맹그로브에 대해 수행된 실험 결과를 묘사하기 위해

03 정답 (c)

해석 본문 내용에 따르면, 맹그로브가 소유한 물을 보존해야 하는 이유는?
(a) 증산을 통해 잎사귀로부터 귀중한 민물을 잃기 때문에 물이 보존되어야 한다.
(b) 잎 표면의 기공이 열렸을 때 광합성 동안에 물의 손실이 상당하다.
(c) 그들 주변 토양이 높은 정도의 염분을 함유하고 있기 때문에 민물에 대한 접근이 제한된다.
(d) 만조와 간조 사이의 토양은 이산화탄소 수치가 충분하지 않아서 물을 통해 그것들의 사용을 용이하게 해야 한다.

04 정답 (c)

해석 다음 중 맹그로브 숲의 장점으로 언급되지 않은 것은?
(a) 다양한 어류에서 서식처를 제공함으로써 해양 생물의 다양성을 향상시킨다.
(b) 숲에 거주하는 풍부한 생물을 즐기고자 하는 관광객들을 끌어들인다.
(c) 흐르는 강의 보존을 통해 땅의 침식을 방지한다.
(d) 목재는 부식의 영향을 받지 않는 건축 자재를 제공한다.

05 정답 (a)

해석 피지의 상업적 어업을 언급한 이유는?
(a) 맹그로브 숲이 어업을 이롭게 하는 정도를 강조하기 위해
(b) 맹그로브 숲을 보존하는 데에 관심이 있는 사람들의 모임을 언급하기 위해
(c) 맹그로브 숲이 상업적인 이익을 위해 직접 활용되었던 경우를 언급하기 위해
(d) 피지 섬 근처 바다에 어류가 그리 풍부한 이유를 설명하기 위해

06 정답 (b)

해석 본문 맥락에서 obstacles가 의미하는 것은?
(a) 모음, 종합
(b) 어려움, 고난
(c) 방대함
(d) 선택

07 정답 (d)

해석 본문 맥락에서 accumulates가 의미하는 것은?
(a) 번식하다
(b) 확산하다
(c) 흩어지다
(d) 쌓이다

[3-4]

타조 농장

아리조나의 역사에서 이상한 벤처 사업이 많이 있다. 그러나 가장 특이한 것들 중 하나는 타조 농장이다. 그것은 소가축 사업이 많이 감소한 것이 아니라 새로운 산업을 낳은 세기의 전환 시기에 여성 패션의 수요이다. 타조 깃털의 수요는 부유한 사람의 모자와 드레스를 장식한다. 그리고 이러한 장식적 깃털은 1890년 대에 아주 증가했고 1차 세계대전까지 높은 상태를 유지했다.

원래 그러한 사업을 비웃었던 소 목장주들은 타조 패션의 정점의 시기 동안 그 깃털을 파운드 당 300 달러까지 팔고 있었다는 것을 듣고 다시 생각했다. 1910년에 보도된 한 사례에서 4023마리의 타조들의 깃털은 가치가 1365000달러였다. 세계의 "깃털 수도"였던 런던에서의 매월 경매에서 값이 결정되었다.

Josiah Harbert는 Phoenix의 농장을 소유했으며 남아프리카의 타조 목장주에 의해 만들어진 거대한 이윤을 듣고 처음으로 행동한 사람이다. Harbert는 1887년에 California Pasadena에서 수입자로부터 타조 떼를 주문했다. 새들이 Phoenix 시내의 남태평양 철로의 짐 싣는 곳에 도착했을 때 그 새들은 이상한 생물을 보기 위해 무더위에 시달리는 8월 중순을 견딘 많은 사람들에 의해 반겨졌다. 대중은 특이한 새에 매료되었다. Harbert는 그가 새들을 고향으로 운반하기 전에 Phoenix 시내에서 새들을 전시하도록 강요 받았다.

2주 후에 Harbert가 타조를 옮기기 위해 말이 끄는 마차의 마부를 고용했을 때 그 운전사는 탈출 시도를 막기 위해 각 새들의 머리를 오래된 스타킹으로 당겼다. 그는 또한 마차의 꼭대기 위 큰 시트를 묶었다. 여행을 시작한 12마리의 새들 중 하나의 성인 수컷, 하나의 성인 암컷과 하나의 성이 알려지지 않은 새끼가 그 강한 여름의 열기 속 3마일의 여행에서 살아남았다.

남은 암컷 타조는 분명히 곤충을 위한 가시 철사 조각을 오해하여 다음에 죽었다. 두 마리의 생존한 새들은 새끼가 암컷이라는 신호를 행복하게 보이며 성숙할 때까지 3년 동안 애완동물로 보호되었다. 4년 안에 104마리의 새들은 원래 부부 새의 후손이 되었다.

본보기로서 Harbert의 성공과 함께 타조 농장은 큰 사업이 되었다. 그러나 여성 패션은 오늘날만큼 변덕이 심하며 1914년에는 타조 깃털의 인기가 감소하기 시작했다. 1922년에 일시적인 시장의 성장을 제외하고 미국 타조 사업은 끝이 났다.

give rise to 낳다, 일으키다
adorn 장식하다
plumage 깃털
loading dock 짐 싣는 곳
swelter 무더위에 시달리다
barbed wire 가시 철사
mistake 오인하다
descend from ~의 자손이다
apart from ~을 제외하고

60
정답 (b)

해석 왜 타조 농장은 유명해졌는가?
(a) 그것은 미국에서 아주 새로운 산업이었다.
(b) 여성 패션은 깃털 시장을 만들었다.
(c) 소 가축 사업이 감소했다.
(d) 타조들은 그러한 특이한 동물이다.

61
정답 (a)

해석 Josiah Harbert는 _____.
(a) Phoenix에서 타조를 수입하는 첫 농장주였다.
(b) 타조 깃털을 파는 것으로부터 수입을 얻는 유일한 사람이었다.
(c) 31000달러에 21쌍의 어린 새들을 파는 첫 농장주였다.
(d) Phoenix에서 파운드 당 300달러로 타조 깃털을 파는 유일한 남자였다.

62
정답 (b)

해석 Harbert는 그의 타조들을 누구에게 샀는가?
(a) Phoenix의 타조 농장주
(b) Pasadena의 수입자
(c) 세계의 "깃털 수도"
(d) 남아프리카의 목장

63
정답 (a)

해석 Harbert는 _____ 때문에 2주 동안 Phoenix의 타조들을 보호했다.
(a) 도시의 사람들이 그것들을 보는 것을 요구했다.
(b) 그들이 무더위에 시달리는 8월 중순 열기로부터 보호를 필요로 했다.
(c) 농장으로 그들을 옮기기에 너무 더웠다.
(d) 타조 깃털의 큰 대중적 요구가 있었다.

64
정답 (d)

해석 Harbert는 새들이 그의 농장에 도착할 때 무엇을 발견했는가?
(a) 그것은 3마일의 여행이었다.
(b) 그는 각 타조의 머리 위의 스타킹 당겼다.
(c) 그는 타조들이 탈출하는 것을 예방해야 했다.
(d) 타조 대부분은 열 때문에 죽었다.

65
정답 (a)

해석 글의 문맥 상 adorned은 장식했다를 의미한다.
(a) 장식했다
(b) 만들었다
(c) 단순화했다
(d) 개조했다

66
정답 (c)

해석 글의 문맥 상 auction은 경매를 의미한다.
(a) 기부
(b) 보도
(c) 판매
(d) 환영회

memo

Part IV | Business or Formal Letter

비즈니스와 같은 상용편지나 서식들이 나온다. 글을 쓴 이와 글을 받는 이가 명확하게 제시되고 편지 상단과 하단에 나와 있는 수신인과 발신인의 직함, 회사명을 통해서 두 사람의 관계를 파악할 수 있다. 제품이나 서비스에 대한 소개, 사회적 활동이나 기조연설에 대한 요청, 기금 모금 협조를 부탁하는 글 등이 나온다. 편지를 쓴 목적이 주로 첫 문단에 나오지만 가벼운 안부를 전하거나 주제에 대한 가벼운 언급을 하는 경우도 있다.

예

January 2, 2018

Ms. Sophie
516 West 65th Street
New York NY 10235

Dear Ms. Sophie
We appreciate the feedback we received from you when you took our recent breakfast foods survey; your feedback was important to us in developing our new Tasty Breakfast Foods line of products. As a token of our appreciation, we are sending you some free samples of Tasty Breakfast Foods products. They should arrive within two weeks.

... (중간 생략) ...

Sincerely,
Pedro Alvarez
Product and Marketing Manager
Good Foods for Everyone

Sophie 씨께
최근 참여하셨던 아침 식사 설문 조사에서 귀하로부터 받은 피드백에 대해 감사드립니다. 귀하의 피드백은 우리 회사가 '맛있는 아침 식사' 신제품을 개발하는 데 아주 요긴했습니다. 감사의 표시로 '맛있는 아침 식사'의 무료 샘플 일부를 보내드립니다. 샘플들은 2주 이내에 도착할 것입니다.

예

Q. Why was the e-mail sent to Ms. Sophie?
(a) To invite her to a meeting
(b) To answer a question she asked about a product
(c) To thank her for her help
(d) To explain why a shipment was delayed

• Sophie씨에게 이메일을 보낸 이유는?
(a) 그녀를 회의에 초대하기 위해
(b) 제품에 대한 그녀의 질문에 답변하기 위해
(c) 그녀의 도움에 감사하기 위해
(d) 배송이 지연된 이유를 설명하기 위해

PART 4. *Read the following business letter and answer the questions. The underlined words in the article are for vocabulary questions.*

[4-1]

Baker Tool, Inc.
1004 Howard St.
Hadleyville, MO 64589

June 27, 2017

John Walsh, Manager
Martin Hardware Emporium
412 7th Street
Lawrence, KS 66044

Dear Mr. Walsh:

I was pleased to receive your letter of the 23rd of June, inquiring about our products. Our new catalog is at the printer's. I will be able to send you a copy within three weeks. In the meantime, I would like to answer the specific questions you asked in your letter.

We make all the standard types of hammers. They are available with tubular steel, solid steel, glass fiber and wood handles. Our chisels are made in eight different styles. Lengths vary from three to ten inches and widths vary from one-eighth of an inch to two inches. Chisels are sold in dozen <u>lots</u> of a particular style and size. The minimum order is one dozen.

We manufacture every kind of hand tool normally sold in hardware stores. Most are sold in lots of a dozen. The exceptions are items such as sledge hammers, which are not sold in great numbers.

Although you do not have our catalog, you do not have to wait to order. Just send me a list of your <u>current</u> needs, and I will phone you with the descriptions and prices of what we have in that line.

Sincerely,
Robert Jones
Sales Manage

01. How will Mr. Jones inform Mr. Walsh of the descriptions and prices of the tools he wants?

(a) by phone
(b) by telegram
(c) by letter
(d) by messenger

02. How many chisels of one kind must Mr. Walsh buy?

(a) 4
(b) 12
(c) 8
(d) 16

03. How many kinds of hammer handles are available?

(a) 2
(b) 3
(c) 4
(d) 5

04. When will Mr. Walsh's catalog be sent?

(a) June
(b) July
(c) August
(d) September

05. Which tool can be purchased in lots of less than a dozen?

(a) mallet
(b) sledge hammer
(c) chisel
(d) claw hammer

06. In the context of the passage, lots means _____.

(a) land
(b) choices
(c) many
(d) groups

07. In the context of the passage, current means _____.

(a) flowing
(b) present
(c) running
(d) constant

PART 4. *Read the following business letter and answer the questions. The underlined words in the article are for vocabulary questions.*

[4-2]

February 1

Dear Valsen Lines Subscriber:

Thank you for being a loyal Valsen Lines subscriber. As you know, we consider it one of our highest priorities to keep our longtime customers up-to-date on all changes or improvements in the services we provide. For this reason, we are writing to inform you of some changes to our pricing policies that may affect your business.

Beginning on February 20, the <u>rate</u> for international calls placed during regular business hours will increase from 14 cents per minute to 16 cents per minute. Also, the rate for all other international calls will be raised from 9 cents per minute to 11 cents per minute. In addition, local calls during business hours will no longer cost 5 cents per minute. Instead, they will be 6 cents per minute. However, all other rates will remain the same. Please also note that regular business hours are defined as 8 A.M. to 6 P.M., Monday through Friday.

We wish to assure you that these changes are necessary and that we are committed to providing the best possible service to all our customers. As one measure taken to ensure that our service remains of the highest quality, we recently refurbished several of our communications receivers, which has improved the clarity of telephone calls on the Valsen Lines network. Moreover, on March 15, we will set up a new customer service call center that will help reduce the amount of time customers have to wait to speak to a representative. These and other planned improvements over the next few months are our way of showing you that we at Valsen Lines value your continued business.

Sincerely,

Rashna Richards

Vice President, Customer Relations

01. For whom is the letter intended?

(a) People who have been Valsen Lines customers for an extended period
(b) People who recently switched from Valsen Lines to another telephone company
(c) Potential Valsen Lines employees
(d) Service technicians at Valsen Lines

02. When will a change in rates take effect?

(a) On February 1
(b) On February 20
(c) On March 6
(d) On March 15

03. What type of call will NOT be affected by the rate changes?

(a) A local call on a Saturday evening
(b) A local call on a Monday afternoon
(c) An international call on a Sunday morning
(d) An international call on a Tuesday afternoon

04. What is the company planning to do next month?

(a) Improve its Web site
(b) Replace old equipment
(c) Offer a special discount
(d) Open a new office

05. In the context of the passage, rate means _____.

(a) speed
(b) quality
(c) fee
(d) volume

PART IV 정답과 해설

[4-1]

> **베이커 도구 회사**
> **호워드가 1004번지**
> **미주리 주 헤들리 시, 우편번호 64589**
>
> 2017년 6월 27일
> 관리자 존 월시
> 마틴 철물 상점
> 412번지 7가
> 캔사스 주 로렌스 시, 우편번호 66044
>
> 월시 씨에게
> 저는 6월 23일에 우리의 제품에 대해 문의하는 당신의 편지를 받아서 기쁩니다. 우리의 새로운 카탈로그는 프린터의 카탈로그에 있습니다. 저는 3주 이내로 당신에게 복사본을 보낼 수 있습니다. 그 동안 저는 당신의 편지에서 당신이 여쭤본 특정한 질문들에 답하고자 합니다.
>
> 우리는 모든 표준적 유형의 망치를 만듭니다. 그것들은 관으로 된 철, 강철, 유리 섬유 그리고 나무 손잡이와 함께 사용 가능합니다. 우리의 끌은 8가지의 다른 스타일로 만들어 집니다. 길이는 3에서 10인치로 다양하며 너비는 8분의 1인치에서 2인치까지로 다양합니다. 끌은 하나의 특정 유형과 크기를 가진 다스 <u>세트</u>로 판매됩니다. 최저 주문은 한 다스입니다.
>
> 우리는 보통 철물점에서 팔리는 모든 다양한 종류의 수공구를 제조합니다. 대부분은 한 다스의 세트로 판매됩니다. 예외적인 것은 많은 개수로는 팔리지 않는 큰 망치 같은 물품입니다.
>
> 당신이 우리 카탈로그가 없더라도 주문을 기다릴 필요가 없습니다. 단지 당신이 <u>현재</u> 필요한 것의 목록을 저에게 보내주시면 그 상품 종류 내에서 저희가 가지고 있는 것의 설명과 가격에 관해 당신께 전화드릴 것입니다.
>
> 판매 관리자 로버트 존스 올림

hardware 하드웨어, 철물
emporium 상점
tubular 관의, 튜브로 된
solid 단단한
fiber 섬유
chisel 끌
lots 제비, 몫, 한 몫, 한 세트
sledge hammer 큰 망치
line 상품 종류

01 정답 (a)

해석 존스가 어떻게 월시에게 그가 원하는 도구의 설명과 가격을 알릴 것인가?
(a) 전화로
(b) 전보로
(c) 편지로
(d) 메신저로

02 정답 (b)

해석 월시는 한 종류에 몇 개의 끌을 사야 하는가?
(a) 4
(b) 12
(c) 8
(d) 16

03 정답 (c)

해석 몇 종류의 망치 손잡이가 사용 가능할까?
(a) two
(b) three
(c) four
(d) five

04
정답 (b)

해석 월시의 카탈로그는 언제 보내질 것인가?
(a) 6월
(b) 7월
(c) 8월
(d) 9월

05
정답 (b)

해석 어떤 도구가 한 다스보다 적은 세트로 판매될 것인가?
(a) 나무 망치
(b) 큰 망치
(c) 끌
(d) 장도리

06
정답 (d)

해석 글의 맥락에 따르면 lots는 묶음들을 의미한다.
(a) 땅
(b) 선택들
(c) 많은
(d) 묶음들

07
정답 (b)

해석 글의 맥락에서 current는 현재의를 의미한다.
(a) 흐르는
(b) 현재의
(c) 달리는
(d) 끊임없는

[4-2]

2월 1일

발슨 통신 가입자께:

발슨 통신의 단골 가입자가 되어 주셔서 감사합니다. 아시다시피, 저희는 장기 가입 고객 여러분께 저희가 제공하는 서비스의 모든 변경 사항과 개선 사항을 계속 업데이트해 드리는 것을 최우선 사항의 하나로 여기고 있습니다. 이러한 이유로, 귀하의 사업에 영향을 미칠 수 있는 요금제 정책의 몇 가지 변경 사항에 대해 알려 드리고자 편지를 드립니다.

2월 20일부터 정규 업무 시간 동안의 국제전화 요금이 1분당 14센트에서 16센트로 인상됩니다. 또한, 다른 모든 국제전화 요금도 1분당 9센트에서 11센트로 인상됩니다. 게다가 업무 시간 중의 국내전화는 더 이상 1분당 5센트가 아닙니다. 그 대신 1분당 6센트가 될 것입니다. 하지만 그 외의 모든 요금은 변동 없이 동일합니다. 또한 정규 업무 시간은 월요일부터 금요일까지 오전 8시부터 오후 6시까지로 규정된다는 점을 유념해 주십시오.

이러한 변경들은 불가피하며, 저희는 모든 고객들께 가능한 최상의 서비스를 제공하기 위해 전력을 다하고 있다는 것을 확신시켜 드리고 싶습니다. 저희 서비스를 최상의 품질로 유지하기 위한 한 가지 조치로 저희는 최근에 통신 수신기 몇 대를 개선했으며, 이 수신기들 덕분에 발슨 통신 네트워크상의 통화 음질이 더 또렷하게 개선되었습니다. 더욱이, 고객이 상담원과 통화하기 위해 기다려야 하는 대기 시간을 줄이는 데 도움이 될 새 고객 서비스 콜센터를 3월 15일에 설립할 것입니다. 이러한 변경 사항들과 앞으로 몇 달간 계획된 개선 사항들을 통해 저희 발슨 통신이 고객 여러분과의 지속적인 거래를 소중히 여긴다는 것을 보여 드리고자 합니다.

부사장, 고객관리부 라시나 리처즈

priority 우선 사항, 우선권
rate 요금
be committed to ~에 헌신하다, 전념하다
refurbish 새로 꾸미다, 재단장하다
representative 대표, 대리인, 외판원

01
정답 (a)

해석 편지는 누구를 위한 것인가?
(a) 장기간 동안 발슨 통신의 고객인 사람들
(b) 최근에 발슨 통신에서 다른 전화 회사로 전환한 사람들
(c) 발슨 통신의 잠재적 직원
(d) 발슨 통신의 서비스 기술자

02
정답 (b)

해석 요금 변화가 언제 실시될 것인가?
(a) 2월 1일에
(b) 2월 20일에
(c) 3월 6일에
(d) 3월 15일에

03
정답 (a)

해석 어떤 종류의 전화가 요금 변화에 영향 받지 않는가?
(a) 토요일 저녁 국내전화
(b) 월요일 오후 국내전화
(c) 일요일 아침 국제전화
(d) 화요일 오후 국제전화

04
정답 (d)

해석 다음 달에 회사가 계획하고 있는 것은 무엇인가?
(a) 웹 사이트를 개선한다
(b) 노후 장비를 교체한다
(c) 특별 할인을 제공한다
(d) 새 사무실을 연다

05
정답 (c)

해석 글의 맥락에서 rate는 요금을 의미한다.
(a) 속도
(b) 품질
(c) 요금
(d) 양

 G-TELP 65점을 위한 '취향저격' 독해 질문유형 파헤치기

❶ 주제 찾기 유형

- What does the article mainly discuss? 이 기사가 다루는 것은 주로 무엇인가?
- What is the purpose of this letter? 이 편지의 목적은 무엇인가?
- Why was this letter written? 이 편지는 왜 쓰였는가?
- What is the main topic of the article? 이 기사의 핵심 주제는 무엇인가?
- What is main idea of this report? 이 보고서의 주제는 무엇인가?

❷ 사실관계 확인 유형

- What is indicated about the fossil? 화석에 대해 알 수 있는 것은?
- What problem was mentioned? 어떤 문제가 언급되었는가?
- What is NOT true about vending machines? 자동판매기기에 대해 사실이 아닌 것은?
- What is Not mentioned in the letter? 이 편지에서 언급되지 않은 것은?
- Which item would not be included in the basic cost? 어떤 항목이 기본비용에 포함되어 있지 않은가?

❸ 세부적인 내용을 묻는 질문 유형

- Why did William want to become a sailor? 왜 William은 뱃사람이 되고 싶어 했는가?
- Which was not a feature of the library? 그 도서관의 특징이 아닌 것은 무엇인가?
- What is a possible drawback of Monica staying in Chicago? Monica가 Chicago에 머무는 것에 관한 가능한 문제점은 무엇인가?
- How can Miranda help Brian with his situation? Brian이 처한 상황을 Miranda가 도울 수 있는 방법은 무엇인가?
- Why did the UAE officials order the creation of the carpet? UAE 관리인들이 카펫을 만들어달라고 주문한 이유는 무엇인가?

❹ 추론과 암시 질문 유형

- What can be inferred from this article? 이 기사에서 추론할 수 있는 것은?
- What is implied in the letter? 편지에서 암시되는 것은?
- Who most likely is Mr. Garbutt? Garbutt씨는 누구일 것 같은가?
- Who are most likely to be interested in SoleCina? SoleCina에 가장 관심 있어 할 것 같은 사람은 누구인가?
- What can be said about Frank? Frank에 대해서 언급할 수 있는 것은?

 **G-TELP 65점을 위한 '취향저격' 독해전략 꿀 Tips**

❶ Part 4가 지문 길이도 다소 짧고 비즈니스 내용으로 한정되므로 독해에서 가장 먼저 풀자. 시간이 부족해서 지문을 보지 못하는 것을 막을 수 있다.
  - 독해 지문 공략 순서 가이드 : Part 4 → Part 1 → Part 2 → Part 3
    전문용어가 많이 나오고 문장이 긴 Part 2와 Part 3은 상대적으로 쉬운 Part 1과 Part 4를 다 푼 후에 풀자.

❷ 독해 지문과 선지는 Paraphrasing (같은 뜻 다른 단어 사용)되어 나오는 경우가 많으므로 어휘력이 부족하면 점수를 획득하기가 어렵다. 자주 나오는 표현들과 Paraphrasing 표현들은 익혀두자.

❸ 반드시 문제를 먼저 읽고 지문을 읽어야 한다. 5문제(2문제는 어휘 문제이므로)를 기억하는 것이 힘들다면 3문제를 먼저 읽고 정답을 찾은 후에 나머지 2문제를 읽고 정답을 찾는 연습을 한다.

❹ 어휘는 아는 단어가 나와도 반드시 지문 속에 보기로 나온 단어를 대입해서 넣어보고 가장 의미가 비슷하고 용법과 쓰임이 비슷한 것을 정답으로 체크해야 한다.

❺ 추론과 암시 문제처럼 정답 근거가 확실하게 제시되지 않거나 생각을 요구하는 문제는 일단 과감하게 포기하자. 다른 지문 & 문제를 다 푼 후에 시간이 남는 경우에만 다시 풀어보자. 풀 수 있는 문제를 하나라도 더 푸는데 에너지와 시간을 쓰도록 하자.

독해 모의고사

이현아 취향저격 G-TELP 65점

PART 1. *Read the following biographical narrative and answer the questions. The underlined words in the article are for vocabulary questions.*

Yves Saint Laurent

Yves Saint-Laurent was a French fashion designer who, in 1961, founded his eponymous fashion label. He is regarded as being among the foremost fashion designers in the twentieth century. He approached fashion in a different perspective by wanting women to look comfortable yet elegant at the same time. He is also credited with having introduced the tuxedo suit for women and was known for his use of non-European cultural references, and non-white models.

Saint Laurent was born on 1 August 1936, in Oran, French Algeria. Saint Laurent liked to create intricate paper dolls, and by his early teen years he was designing dresses for his mother and sisters. At the age of 17, Saint Laurent moved to Paris and enrolled at the Chambre Syndicale de la Haute Couture, where his designs quickly gained notice. Michel De Brunhoff, the editor of French Vogue, introduced Saint Laurent to designer Christian Dior, a giant in the fashion world. Under Dior's tutelage, Saint Laurent's style continued to mature and gain even more notice. In 1957, Saint Laurent found himself at age 21 the head designer of the House of Dior. His spring 1958 collection almost certainly saved the enterprise from financial ruin; the straight line of his creations, a softer version of Dior's New Look, catapulted him to international stardom with what would later be known as the "trapeze dress."

In 1960, Saint Laurent found himself conscripted to serve in the French Army during the Algerian War of Independence. Saint Laurent was in the military for 20 days before the stress of hazing by fellow soldiers led to him being admitted to a military hospital, where he received news that he had been fired from Dior. This exacerbated his condition, and he was transferred to Val-de-Grâce military hospital, where he was given large doses of sedatives and psychoactive drugs, and subjected to electroshock therapy. Saint Laurent himself traced the origin of both his mental problems and his drug addictions to this time in hospital. After his release from the hospital in November 1960, Saint Laurent sued Dior for breach of contract and won. After a period of convalescence, he and his partner, industrialist Pierre Bergé, started their own fashion house Yves Saint Laurent YSL with funds from American millionaire J. Mack Robinson.

In the 1960s and 1970s, the firm popularised fashion trends such as the beatnik look; safari jackets for men and women; tight trousers; tall, thigh-high boots; and arguably the most famous classic tuxedo suit for women in 1966, Le Smoking. The 1965 Mondrian collection was particularly renowned. Saint Laurent also started mainstreaming the idea of wearing silhouettes from the 1920s, 1930s and 1940s. He opened his Pret-a-Porter House YSL Rive Gauche in 1967 where he was starting to shift his focus from Haute Couture to Ready-to-wear. One of the purposes was to provide a wider range of fashionable style being available to choose from in the market as they were affordable and cheaper. In 1983, Saint Laurent became the first living fashion designer to be honoured by the Metropolitan Museum of Art with a solo exhibition.

53. Which is not true about Yves Saint Laurent?

(a) He was the chief designer of the Dior House.
(b) He only employed European models for his show.
(c) He earned fame because of his spring 1958 collection.
(d) He developed not only Haute Couture but also Ready-to-wear.

54. According to the passage, when Saint Laurent was in the military hospital _____.

(a) he founded his own fashion label with his partner.
(b) he suffered from drug addictions.
(c) he got along well with his fellow soldiers.
(d) he came to know that he had lost his job.

55. Which is not a creation of Saint Laurent?

(a) Le Smoking
(b) New Look
(c) trapeze dress
(d) beatnik look

56. What was the reason Saint Laurent opened Rive Gauche?

(a) because of financial difficulties
(b) because of the trend of those days
(c) in order to expand his fashion field
(d) in order to display his works

57. What can be said about Saint Laurent's tuxedo suit for women?

(a) It gained popularity in the 1960s.
(b) It was affordable and cheap.
(c) It was the first formalwear for women.
(d) It followed the silhouette from 1920s and 1930s.

58. In the context of the passage, exacerbated means _____.

(a) sabotaged
(b) alleviated
(c) aggravated
(d) decomposed

59. In the context of the passage, affordable means _____.

(a) reasonable
(b) assessable
(c) mundane
(d) exempt

PART 2. *Read the following article and answer the questions. The underlined words in the article are for vocabulary questions.*

Poor sleep makes people pile on the pounds, study finds

Lack of sleep has long been linked to obesity, but a new study suggests late night snacking may not be the primary culprit. The latest findings provide the most compelling evidence to date that disrupted sleep alters the metabolism and boosts the body's ability to store fat. The findings add to mounting scientific evidence on how disrupted sleep influences the usual rhythms of the body clock, raising the risk of a wide range of health problems from heart disease to diabetes. Jonathan Cedernaes, a circadian researcher at Uppsala University in Sweden and the paper's first author, said the findings pointed to "the irreplaceable function that sleep has".

Time and again research has linked shift work and lack of sleep to the risk of obesity and diabetes, but the reasons behind this association are complex and have been difficult to elucidate. Insufficient sleep appears to disrupt hormones that control appetite and feelings of fullness. Those who sleep less and have more time to eat, may be too tired to exercise and have less self-control when it comes to resisting the temptation of unhealthy snacks. A previous study by Cedernaes and colleagues showed that even a short period of sleep deprivation led people to eat more and opt for higher calorie food.

The latest study provides new evidence that sleep deprivation having a direct influence on basic metabolism and the body's balance between fat and muscle mass. In the study, published in the journal Science Advances, 15 healthy volunteers each attended a testing session on two occasions, once after a normal night's sleep and once after staying up all night. During the visit, they gave samples of fat and muscle tissue and blood. After sleep deprivation, people's fat tissue showed changes in gene activity that are linked to cells increasing their tendency to absorb lipids and also to proliferate.

By contrast, in muscle the scientists saw reduced levels of structural proteins, which are the building blocks the body requires to maintain and build muscle mass. Previous epidemiological studies have also found shift workers and those who sleep less have lower muscle mass. This may be in part down to lifestyle factors, but the latest work shows that there are also fundamental biological mechanisms at play. "Sleep loss by itself is reducing proteins that are the key components of muscle," said Cedernaes, although he added it is possible that diet and exercise could counteract these changes.

60. What is the main topic of the article?

(a) the sleep's effect on the body's balance
(b) the relationship between lifestyle and obesity
(c) the increase in muscle mass due to shift work
(d) the advantages of choosing higher calorie food

61. How does sleep deprivation influence the body?

(a) It prevents the body from accumulating fat.
(b) It decreases workout time.
(c) It makes people to eat more.
(d) It helps a certain hormone to be released.

62. Which is true about the study published in the journal Science Advances?

(a) The total number of participants was 30.
(b) The study analyzed body tissue from the volunteers.
(c) The study showed proliferation of protein after a normal sleep.
(d) The results undermine the irreplaceable function that sleep has.

63. According to the passage, structural proteins _____.

(a) are the basic elements helping maintain the body.
(b) are linked to gene activity which activates absorption of lipids.
(c) are inversely proportional to muscle mass.
(d) result in insufficient sleep and an increased risk of health problems.

64. What can be said about the association between sleep and metabolism?

(a) The reason for the association has been well established.
(b) Sleep's influence on metabolism was stumbled upon unexpectedly.
(c) Disrupted sleep can change the metab- olism negatively.
(d) A sound sleep is beneficial to the metabolism.

65. In the context of the passage, compelling means _____.

(a) absolute
(b) phenomenal
(c) innate
(d) convincing

66. In the context of the passage, counteract means _____.

(a) assert
(b) neutralize
(c) depress
(d) intrude

PART 3. *Read the following encyclopedia article and answer the questions. The underlined words in the article are for vocabulary questions.*

Blood Cells

The most numerous cells found in the blood are erythrocytes, commonly referred to as red blood cells whose level remains relatively stable unless an organism is exposed long-term to low oxygen environments, and which are significantly smaller than the other cells in the body. These biconcave disks are actually straw colored and only turn their characteristic red due to the presence of oxygenated hemoglobin. They are produced in the bone marrow by blood-forming stem cells and since they lack nuclei, they are unable to replicate themselves. They are constantly in the process of being made, since these red blood cells generally do not last more than three months, and while some may be stored in the spleen to be released at times of heightened stress, the majority of them are in constant circulation in the vascular systems.

While in motion around the body, each red blood cell, packed with millions of hemoglobin molecules, is responsible for transporting oxygen to all the cells within the body and removing carbon dioxide. Its small size and extreme flexibility allows it to access extraordinarily small spaces like tiny blood vessels, where it releases the oxygen needed for respiration and bonds to the waste, carbon dioxide, which is excreted by the cells, in a process that is then reversed when the erythrocytes return to the lungs.

Much larger but less numerous are the leukocytes, or white blood cells, which can keep off foreign invaders and infectious diseases as part of the immune system and be differentiated into many sub-categories. Like red blood cells, these are created from stem cells in the bone marrow, but they have a nucleus that allows them to duplicate while stored in the thymus. This is quite important since some leukocytes have a lifespan of only a week, although there are other types which can be longer lived, depending upon the level of bacterial activity in the body. Based on how much of a threat the body faces, leukocyte levels fluctuate widely, with the body keeping reserves in the lymph nodes and thymus.

The white blood cells have two different mechanisms for defending the body when an invader is detected. The simplest method is performed by a specialized type of leukocyte known as a neutrophil that will release lysosomal enzymes from stores of internal granules that cause the bacteria to break down, at which point other cells will clean up the debris. The other is called phagocytosis, by which the T cell leukocytes ingest the invader and thus eliminate it, a process that is able to be repeated until the buildup of toxins acquired overwhelms the cell, leading to its demise.

67. When do the red blood cells turn red?

(a) when they are exposed to low oxygen environments
(b) when the hemoglobin binds to oxygen
(c) when they are being made by blood-forming stem cells
(d) when they pass through the body's tissue

68. What is the role of red blood cells?

(a) They interchange gases between lungs and the other body parts.
(b) They recycle beneficial ingredients from the body.
(c) They give out venomous substances when the body encounter hazard.
(d) They regenerate themselves before they are eradicated.

69. According to the passage, the number of leukocytes _____.

(a) changes so much that it can endanger the organism.
(b) is subject to sharp fluctuations due to their short lifespan.
(c) remains constant in order to keep the body healthy.
(d) varies according to the degree of external intimidation.

70. Which is true about the white blood cells?

(a) They can survive for a quarter of a year.
(b) They don't contain nuclei which enable them to reproduce.
(c) The body doesn't store white blood cells in other parts.
(d) They detect the invasion from outside.

71. According to the passage, lysosomal enzymes _____.

(a) compensate for decreased leukocyte levels.
(b) are safe from exterior bacteria.
(c) are from a specialized type of leukocyte.
(d) contain toxic products which ingest the invader.

72. In the context of the passage, heightened means _____.

(a) increased
(b) presumed
(c) supplanted
(d) retrieved

73. In the context of the passage, infectious means _____.

(a) temporal
(b) contagious
(c) sanitary
(d) squalid

PART 4. *Read the following business letter and answer the questions. The underlined words in the article are for vocabulary questions.*

TO: Events Staff
FROM: Marinella Garnet, Project Manager
SUBJECT: Upcoming Seminar
DATE: September 23

As announced at the recent meeting, our company is organizing a three-day business seminar on e-commerce. The seminar, to be held six months from now, will be attended by small and mid-size business owners wishing to learn how to sell their products and services on the Internet. To facilitate the planning of this seminar, I have posted a list of seminar committees and their members on the bulletin board. The committees are as follows:

Speaker Committee
Venue Committee
Food Committee
Marketing Committee
Registration Committee

You will notice that, except for the marketing committee, all committees are composed of new members.

The venue committee must confirm the location at least 3 months prior to the event. The space must be large enough to hold up to 500 people. The marketing committee must coordinate with Mr. Donaldson, our marketing director, so that they will be familiar with the company's new sponsorship packages. Since the seminar is free, I would like the marketing committee to look for more sponsors so that the majority of the seminar's costs may be covered by income from advertisers. Make sure that sponsors are aware of the benefits they will receive in return for their assistance, including the use of their logos in promotional materials for the seminar.

I also want the speaker committee to present a list of potential guest speakers. If possible, invite executives from online books, arts and crafts, computers, and clothing retailers.

74. Why was the e-mail written?

    (a) to give directions to the committees
    (b) to find a sponsor for the seminar
    (c) to encourage employees to attend the seminar
    (d) to thank the committees for arranging an event

75. What is true about the seminar?

    (a) It will cost more than estimated.
    (b) It has been held annually.
    (c) It will take place 3 months later.
    (d) It will be sponsored by businesses.

76. Who will most likely attend the seminar?

    (a) a marketing manager
    (b) a small business owner
    (c) an internet service provider
    (d) an advertising agent

77. What are the committees not asked to do?

    (a) to send solicitation letters
    (b) to decide on a venue
    (c) to consult a colleague
    (d) to create guest speaker directories

78. What can be suggested about the committees?

    (a) The members of the committees are temporary employees.
    (b) The members of the committees were recommended by Mr. Donaldson.
    (c) They have been given different assignments.
    (d) They have to learn background information on e-commerce before the seminar.

79. In the context of the passage, facilitate means _____.

    (a) improvise
    (b) promote
    (c) exploit
    (d) compensate

80. In the context of the passage, confirm means _____.

    (a) validate
    (b) identify
    (c) furnish
    (d) fix

G-TELP

정답과 해설
독해 모의고사

이현아 취향저격 G-TELP **65**점

[Part 1]

Yves Saint Laurent

이브 생 로랑은 1961년에 자신의 패션 레이블을 설립한 프랑스 패션 디자이너이다. 그는 20세기 최고의 패션 디자이너 중 한 명으로 간주된다. 그는 여성을 편안하면서도 동시에 우아하게 보이도록 원함으로써 다른 관점에서 패션에 접근했다. 그는 또한 여성을 위한 턱시도 슈트를 소개한 것으로 인정받으며 비 유럽적 문화 참조, 그리고 백인이 아닌 모델을 사용한 것으로 알려져 있다.

생 로랑은 1936년 8월 1일 프랑스령 알제리의 오랑에서 태어났다. 생 로랑은 정교한 종이 인형을 만드는 것을 좋아했으며, 십대 초반에 어머니와 여자형제를 위한 드레스를 디자인했다. 17세의 나이에, 생 로랑은 파리로 가 Chambre Syndicale de la Haute Couture에 입학했는데, 그의 디자인은 빠르게 주목 받았다. French Vogue의 편집자인 Michel De Brunhoff는, 생 로랑을 크리스티앙 디올에게 소개했는데, 그는 패션계의 거인이었다. 디올의 지도 아래, 생 로랑의 스타일은 계속해서 성숙했고 더 많은 주목을 받았다. 1957년, 생 로랑은 21세의 나이에 디올 하우스의 수석 디자이너가 되어 있었다. 그의 1958년 봄 컬렉션은 재정상 파산으로부터 거의 확실하게 기업을 구했다. 디올의 New Look의 더 부드러운 버전인, 그의 작품의 직선은, 이후 "공중 그네 드레스"로 알려진 것과 함께 그를 국제 스타덤에 올려놓았다.

1960년, 생 로랑은 알제리 독립 전쟁 중 프랑스 군대에서 복역하도록 징집되었다. 생 로랑은 동료 병사들의 괴롭힘으로 인한 스트레스로 군인 병원에 입원하기 전 20일 간 군대에 있었고, 병원에서 그는 디올에서 해고되었다는 소식을 받았다. 이는 그의 상태를 <u>악화시켰고</u>, 그는 Val-de-Grâce 군 병원으로 옮겨져, 그곳에서 많은 양의 진정제와 항정신성 약물이 투여되었고 전기 쇼크 치료를 받았다. 생 로랑 자신은 그의 정신적 문제와 마약 중독의 원인을 병원에서 있던 이 시기에서 찾았다. 1960년 11월 병원에서 퇴원한 후, 생 로랑은 계약 위반으로 디올을 상대로 소송을 제기했고 승소했다. 요양 후, 그와 그의 기업가 파트너 피에르 베르제는, 미국의 백만장자인 J. Mack Robinson의 자금으로 그들의 패션 하우스 이브 생 로랑 YSL을 시작했다.

1960년대와 1970년대에 이 회사는 비트족 룩과 같은 패션 트렌드를 대중화했다. 남녀를 위한 사파리 자켓, 꽉 끼는 바지, 무릎 위까지 오는 높은 부츠, 그리고 틀림없이 1966년 여성을 위한 턱시도 슈트로 가장 유명한 Le Smoking이다. 1965년 몬드리안 컬렉션은 특히 유명했다. 생 로랑은 또한 1920년대, 1930년대 및 1940년대의 실루엣 착용의 생각을 주류화하기 시작했다. 그는 1967년 그의 기성복 하우스 YSL Rive Gauche를 오픈하여 고급 여성복에서 기성복으로 그의 초점을 옮기기 시작했다. 목적 중 하나는 가격이 <u>적당하고</u> 저렴하여 시장에서 선택될 수 있는 다양한 범위의 세련된 스타일을 제공하는 것이었다. 1983년, 생 로랑은 메트로폴리탄 미술관에 개인전으로 영예를 안은 최초의 현존 패션 디자이너가 되었다.

53 정답 (b)

해설 첫 번째 단락 「He is also credited with having introduced the tuxedo suit for women and was known for his use of non-European cultural references, and non-white models.」에서 백인이 아닌 모델도 사용했음을 알 수 있으며, 오직 유럽 모델만 사용했는지는 알 수 없다.

해석 이브 생 로랑에 대해 틀린 것은 무엇인가?
(a) 그는 디올 하우스의 수석 디자이너였다.
(b) 그는 그의 쇼에 유럽 모델만 이용했다.
(c) 그는 1958년 봄 컬렉션 때문에 명성을 얻었다.
(d) 그는 고급 여성복 뿐만 아니라 기성복도 개발했다.

54 정답 (d)

해설 세 번째 단락 「Saint Laurent was in the military for 20 days before the stress of hazing by fellow soldiers led to him being admitted to a military hospital, where he received news that he had been fired from Dior.」에서 알 수 있다.

해석 본문에 따르면, 생 로랑이 군 병원에 있을 때 _____.
(a) 그의 파트너와 함께 그들의 패션 레이블을 설립했다.
(b) 약물 중독으로 고통받았다.
(c) 동료 군인들과 잘 지냈다.
(d) 직업을 잃은 것을 알게 되었다.

55 정답 (b)

해설 두 번째 단락 「the straight line of his creations, a softer version of Dior's New Look, catapulted him to international stardom with what would later be known as the "trapeze dress.".」으로부터 New Look은 디올의 작품임을 알 수 있다.

해석 생 로랑의 작품이 아닌 것은 무엇인가?
(a) Le Smoking.
(b) New Look.
(c) 공중 그네 드레스
(d) 비트족 룩

56 정답 (c)

해설 네 번째 단락 「He opened his Pret-a-Porter House YSL Rive Gauche in 1967 where he was starting to shift his focus from Haute Couture to Ready-to-wear. One of the purposes was to provide a wider range of fashionable style being available to choose from in the market as they were affordable and cheaper.」에서 알 수 있다.

해석 생 로랑이 Rive Gauche를 오픈한 이유는 무엇인가?
(a) 재정상의 어려움 때문에
(b) 그 시대의 트렌드 때문에
(c) 그의 패션 분야를 넓히기 위해
(d) 그의 작품을 전시하기 위해

57 정답 (a)

해설 네 번째 단락 「In the 1960s and 1970s, the firm popularised fashion trends such as the beatnik look; safari jackets for men and women; tight trousers; tall, thigh-high boots; and arguably the most famous classic tuxedo suit for women in 1966, Le Smoking.」에서 알 수 있다.

해석 생 로랑의 여성 턱시도 슈트에 대해 말할 수 있는 것은 무엇인가?
(a) 1960년대에 인기를 끌었다.
(b) 가격이 적당하고 저렴했다.
(c) 여성을 위한 첫 번째 정장이었다.
(d) 1920년대와 1930년대의 실루엣을 따랐다.

58 정답 (c)

해설 exacerbate 악화시키다
해석 본문 맥락에서 exacerbated가 의미하는 것은?
(a) 방해하다
(b) 완화하다
(c) 악화시키다
(d) 분해되다

59 정답 (a)

해설 affordable 가격이 알맞은, 감당할 수 있는
해석 본문 맥락에서 affordable가 의미하는 것은?
(a) 가격이 적정한
(b) 평가할 수 있는
(c) 단조로운
(d) 면제된

[Part 2]

부족한 수면은 사람들이 빠르게 체중을 늘게 한다고 연구가 밝히다

수면 부족은 오랫동안 비만과 관련되어 왔지만, 최근의 연구는 야식이 주범이 아닐 수도 있음을 시사한다. 최신 연구 결과는 수면 방해가 신진 대사를 변화시키고 체내 지방 저장 능력을 촉진시킨다는 가장 설득력 있는 증거를 제공한다. 이 연구 결과는 수면 방해가 생체 시계의 일반적인 리듬에 어떻게 영향을 미치는지에 대하여 커져 가는 과학적 증거에 보태, 심장 질환에서부터 당뇨병에 이르기까지 광범위한 건강 문제의 위험성을 증가시킨다. 스웨덴 웁살라 대학의 생체 주기 연구원이자 논문의 첫째 저자인 Jonathan Cedernaes는, 이 연구 결과가 "수면이 갖는 대체불가능한 기능"을 지적했다고 말했다.

되풀이된 연구는 교대 근무와 수면 부족을 비만과 당뇨병의 위험에 연관시켜 왔지만, 이 연관성을 뒷받침하는 이유는 복잡하고 설명하기가 어렵다. 불충분한 수면은 식욕과 포만감을 조절하는 호르몬을 방해하는 것처럼 나타난다. 더 적게 자는 사람은 더 많은 먹을 시간을 지니고, 운동하기에는 너무 지치며 건강에 해로운 간식의 유혹에 저항할 때 자기 통제력이 더 떨어진다. Cedernaes와 동료의 이전 연구는 짧은 수면 부족조차 사람들이 더 많이 먹고 더 높은 칼로리의 음식을 선택하게 한다는 것을 보여주었다.

최신 연구는 기본 대사 및 지방과 근육량 사이의 신체 균형에 직접적인 영향을 미치는 수면 박탈에 대한 새로운 증거를 제시한다. Science Advances 저널에 발표된 연구에서, 15명 명의 건강한 지원자들은 두 차례에 걸쳐 각 테스트 세션에 참여했는데, 한 번은 정상적인 수면 후였고 한 번은 밤샘 후였다. 실험 방문 동안, 참여자들은 지방과 근육, 혈액 조직 샘플을 제공했다. 수면 박탈 이후, 사람들의 지방 조직은 지질을 흡수하고 또한 증식하는 경향을 증가시키는 세포와 관련이 있는 유전자 활동의 변화를 보여주었다.

대조적으로, 근육에서 과학자들은 구조 단백질의 감소된 수치를 발견했는데, 이는 신체가 근육량을 유지하고 형성하는 데 필요로 하는 기본 구성물이다. 이전의 유행병 연구는 또한 교대 근로자와 덜 자는 사람들의 근육량이 낮다는 사실을 발견했다. 이것은 부분적으로는 생활 방식의 요인 때문일 수도 있지만, 최신 연구는 근본적으로 작동하는 생물학적 메커니즘이 있음을 보여준다. Cedernaes 교수는 "수면 손실 자체는 근육의 핵심 구성 요소인 단백질을 감소시킨다"라고 말했지만, 그는 식이 요법과 운동이 이러한 변화를 상쇄하는 것이 가능하다고 덧붙였다.

60 정답 (a)

해설 첫 번째 단락 「The latest findings provide the most compelling evidence to date that disrupted sleep alters the metabolism and boosts the body's ability to store fat.」에서 알 수 있다.

해석 기사의 주된 주제는 무엇인가?
(a) 신체 균형에 수면이 미치는 영향
(b) 생활 방식과 비만 간의 관계
(c) 교대 근무로 인한 근육량의 증가
(d) 고칼로리의 식품을 선택하는 것의 이점

61 정답 (c)

해설 두 번째 단락 「A previous study by Cedernaes and colleagues showed that even a short period of sleep deprivation led people to eat more and opt for higher calorie food.」에서 알 수 있다.

해석 수면 박탈은 신체에 어떻게 영향을 미치는가?
(a) 신체가 지방을 축적하는 것을 막는다.
(b) 운동 시간을 줄인다.
(c) 사람들이 더 많이 먹게 한다.
(d) 특정 호르몬이 분비되는 것을 돕는다.

62 정답 (b)

해설 세 번째 단락 「During the visit, they gave samples of fat and muscle tissue and blood. After sleep deprivation, people's fat tissue showed changes in gene activity that are linked to cells increasing their tendency to absorb lipids and also to proliferate.」로부터 참여자들이 신체 조직을 제공했음을 알 수 있고, 이를 통해 과학자들이 연구 결과를 얻어냈음을 추론할 수 있다.

해석 Science Advances 저널에 발표된 연구에 대해 맞는 것은 무엇인가?
(a) 참여자의 총 숫자는 30이었다.
(b) 연구는 지원자의 신체 조직을 분석했다.
(c) 연구는 정상적인 수면 후 단백질의 급증을 보여주었다.
(d) 결과는 수면이 갖는 대체불가능한 기능을 약화한다.

63 정답 (a)

해설 네 번째 단락 「By contrast, in muscle the scientists saw reduced levels of structural proteins, which are the building blocks the body requires to maintain and build muscle mass.」에서 알 수 있다.

해석 본문에 따르면, 구조 단백질은 _____.
(a) 신체를 유지하는 것을 돕는 기본 요소이다.
(b) 지방질 흡수를 활성화하는 유전자 활동에 연관된다.
(c) 근육량과 반비례한다.
(d) 불충분한 수면과 건강 문제의 증가된 위험을 초래한다.

64 정답 (c)

해설 첫 번째 단락 「The latest findings provide the most compelling evidence to date that disrupted sleep alters the metabolism and boosts the body's ability to store fat.」에서 수면이 신진 대사를 변화시키며, 이어지는 연구 내용에서 부정적으로 변화시킬 수 있음을 확인할 수 있다.

해석 수면과 신진 대사의 연관성에 대해 말할 수 있는 것은 무엇인가?
(a) 연관성의 근거는 잘 확립되어 왔다.
(b) 신진 대사에 미치는 수면의 영향은 예기치 않게 우연히 발견되었다.
(c) 수면 방해는 신진 대사를 부정적으로 변화시킬 수 있다.
(d) 숙면은 신진 대사에 유익하다.

65 정답 (d)

해설 compelling 설득력 있는
해석 본문 맥락에서 compelling이 의미하는 것은?
(a) 절대적인
(b) 경이적인
(c) 타고난
(d) 설득력 있는

66 정답 (b)

해설 counteract 상쇄하다, 막다
해석 본문 맥락에서 counteract가 의미하는 것은?
(a) 주장하다
(b) 중화하다, 없애다
(c) 우울하게 하다
(d) 침입하다

[Part 3]

혈액 세포

혈액 내에서 가장 많이 발견되는 세포는 erythrocytes로, 일반적으로 적혈구라 불리며 생명체가 오랜 기간동안 저산소 환경에 노출되지 않는 이상 농도가 일정하게 유지되고, 적혈구는 체내의 다른 세포들보다 눈에 띄게 작다. 이러한 양면이 오목한 원판들은 실제로는 담황색을 띠고 있으며 산소와 화합한 헤모글로빈의 존재에 의해서만 그들의 특징적인 붉은 색으로 변한다. 적혈구는 혈액생성 줄기세포에 의해 골수에서 생성되며 세포핵을 가지고 있지 않기 때문에, 스스로 복제하지 못한다. 적혈구는 일반적으로 3개월 이상 유지되지 못하기 때문에, 끊임없이 만들어지고 있는 상태인데, 일부 적혈구가 스트레스가 고조되었을 때 방출되기 위해 비장에 저장되는 반면, 대부분은 혈관계에서 끊임없이 순환한다.

신체를 따라 이동하면서, 수백만 개의 헤모글로빈 분자로 가득찬 각 적혈구 세포는, 산소를 체내의 모든 세포에 전달하고 이산화탄소를 제거하는 역할을 한다. 작은 크기와 극도의 유연성은 적혈구가 미세 혈관과 같은 엄청나게 좁은 공간에 들어갈 수 있도록 하는데, 적혈구는 호흡에 필요한 산소를 방출하고, 세포에 의해 분비된 노폐물인 이산화탄소와 결합하는데, 적혈구가 허파로 돌아가면 이 과정은 반대로 진행된다.

Leukocytes, 즉 백혈구는, 이보다 훨씬 크지만 수가 적은데, 면역 체계의 일부로써 외부의 침입자와 전염성이 있는 질병들을 막을 수 있으며 다양한 하위 범주로 나뉘어질 수 있다. 적혈구와 같이, 백혈구도 골수의 줄기세포로부터 만들어지지만, 백혈구는 흉선에 저장되어 있는 동안 자기복제를 할 수 있게 하는 세포핵을 가지고 있다. 체내의 박테리아 활성화 수준에 따라, 더 오래 생존하는 다른 형태가 있기도 하지만, 일부 백혈구는 고작 일주일의 수명을 가지고 있기 때문에 이 자기복제능력은 매우 중요하다. 신체는 림프절과 흉선에 백혈구를 비축하는데, 신체가 직면한 위험의 정도가 얼마나 큰지에 따라, 백혈구의 수치는 크게 변화한다.

백혈구는 침입자가 감지되었을 때 신체를 보호하기 위한 두 개의 다른 메커니즘을 가지고 있다. 가장 간단한 방법은 호중성 백혈구로 알려져 있는 특수한 형태의 백혈구에 의해 수행되며 이 백혈구는 내부의 과립으로부터 박테리아를 분해하게 하는 리소좀 효소를 분비하는데, 이때 다른 세포들이 분해물을 청소한다. 다른방법은 식균작용이라 불리며, 이 작용에 의해 T-세포 백혈구는 침입자를 잡아먹어 없애는데, 얻어진 독성물질이 쌓여 세포를 뒤덮고, 백혈구가 소멸에 이르게 될 때까지, 이 과정은 반복될 수 있다.

67   정답 (b)

해설 첫 번째 단락 「These biconcave disks are actually straw colored and only turn their characteristic red due to the presence of oxygenated hemoglobin.」에서 알 수 있다.

해석 적혈구는 언제 붉은 색으로 변하는가?
(a) 저산소 환경에 노출될 때
(b) 헤모글로빈이 산소에 결합할 때
(c) 혈액생성 줄기세포로부터 만들어지고 있을 때
(d) 신체 조직을 지나갈 때

68   정답 (a)

해설 두 번째 단락 「While in motion around the body, each red blood cell, packed with millions of hemoglobin molecules, is responsible for transporting oxygen to all the cells within the body and removing carbon dioxide. 및 in a process that is then reversed when the erythrocytes return to the lungs.」에서 알 수 있다.

해석 적혈구의 역할은 무엇인가?
(a) 폐와 신체의 다른 부위 간 기체를 교환한다.
(b) 신체로부터 유익한 성분을 재사용한다.
(c) 신체가 위험에 처했을 때 독이 있는 물질을 방출한다.
(d) 소멸되기 전에 스스로 재생한다.

69   정답 (d)

해설 세 번째 단락 「Based on how much of a threat the body faces, leukocyte levels fluctuate widely, with the body keeping reserves in the lymph nodes and thymus.」에서 알 수 있다.

해석 본문에 따르면, 백혈구의 수는 _____.
(a) 너무 많이 변해서 생명체를 위험에 빠트릴 수 있다.
(b) 짧은 수명 때문에 급변하게 된다.
(c) 신체를 건강하게 유지하기 위해 일정하게 유지된다.
(d) 외부의 위협의 정도에 따라 변화한다.

70   정답 (d)

해설 세 번째 단락 「Much larger but less numerous are the leukocytes, or white blood cells, which can keep off foreign invaders and infectious diseases as part of the immune system and be differentiated into many sub-categories.」에서 알 수 있다.

해석 백혈구에 대해 맞는 것은 무엇인가?
(a) 3개월 생존할 수 있다.
(b) 그들이 번식할 수 있도록 하는 세포핵을 갖지 않는다.
(c) 신체는 백혈구를 다른 부위에 저장하지 않는다.
(d) 외부로부터의 침입을 감지한다.

71 정답 (c)

해설 네 번째 단락 「The simplest method is performed by a specialized type of leukocyte known as a neutrophil that will release lysosomal enzymes from stores of internal granules that cause the bacteria to break down」에서 알 수 있다.

해석 본문에 따르면, 리소좀 효소는 _____.
(a) 줄어든 백혈구 수치를 보완한다.
(b) 외부 박테리아로부터 안전하다.
(c) 특수한 형태의 백혈구로부터 나온다.
(d) 침입자를 잡아먹는 독성 물질을 지닌다.

72 정답 (a)

해설 heightened 고조된
해석 본문 맥락에서 heightened가 의미하는 것은?
(a) 증가한
(b) 추정된, 당연한 것으로 여겨지는
(c) 대체된
(d) 회수된

73 정답 (b)

해설 infectious 감염되는
해석 본문 맥락에서 infectious가 의미하는 것은?
(a) 현세적인, 속세의
(b) 전염성의
(c) 위생적인
(d) 지저분한

[Part 4]

수신: 행사 직원
발신: Marinella Garnet, 프로젝트 관리자
제목: 곧 있을 세미나
날짜: 9월 23일

최근 회의에서 발표된 것과 같이, 우리 회사는 전자 상거래에 관한 3일간의 사업 세미나를 준비하고 있습니다. 지금으로부터 6개월 후 열릴 세미나에는, 인터넷에서 그들의 제품과 서비스를 어떻게 판매하는지를 배우고 싶어하는 중소기업 소유주들이 참가할 것입니다. 이 세미나의 기획을 용이하게 하기 위해, 게시판에 세미나 위원회와 그 구성원들의 명단을 게시하였습니다. 위원회는 다음과 같습니다.

연설 위원회

장소 위원회

음식 위원회

마케팅 위원회

등록 위원회

마케팅 위원회를 제외하고는, 모든 위원회가 신입사원으로 구성되어 있는 것을 아실 수 있을 것입니다.

장소 위원회는 최소 행사 3개월 전에는 장소를 확정지어야 합니다. 장소는 500명까지 수용할 수 있을 정도로 충분히 커야 합니다. 마케팅 위원회는 회사의 새로운 후원 패키지에 익숙해지기 위해, 마케팅 이사인 Mr. Donaldson과 협력해야 합니다. 세미나가 무료이기 때문에, 세미나 비용의 대부분이 광고주의 수입으로 충당될 수 있도록 마케팅 위원회가 더 많은 후원자들을 찾기를 바랍니다. 세미나를 위한 홍보 상품에 그들의 로고를 사용하는 등, 후원자들이 그들의 도움에 대한 답례로 받게 될 혜택에 대해 알 수 있도록 해 주시기 바랍니다.

또한 연설 위원회에서는 잠재적 초대 연설자 명단을 제시해 주시기 바랍니다. 가능할 경우, 온라인 서적, 미술과 공예, 컴퓨터, 그리고 의류 소매업자 경영진을 초대해 주십시오.

74   정답 (a)

해설 세미나에 대한 간단한 설명과 각 위원회가 해야 할 일에 대한 내용이 주를 이루고 있다.

해석 메일은 왜 쓰여졌는가?
(a) 위원회에게 지시 사항을 전달하기 위해
(b) 세미나를 위한 후원자를 찾기 위해
(c) 직원들이 세미나에 참여하도록 격려하기 위해
(d) 행사를 준비한 것에 대해 위원회에게 감사하기 위해

75   정답 (d)

해설 네 번째 단락 「Since the seminar is free, I would like the marketing committee to look for more sponsors so that the majority of the seminar's costs may be covered by income from advertisers.」에서 알 수 있다.

해석 세미나에 대해 맞는 것은 무엇인가?
(a) 예상보다 비용이 많이 들 것이다.
(b) 매년 개최되어 왔다.
(c) 3개월 후 열릴 것이다.
(d) 기업들에 의해 후원받을 것이다.

76   정답 (b)

해설 첫 번째 단락 「The seminar, to be held six months from now, will be attended by small and mid-size business owners wishing to learn how to sell their products and services on the Internet.」에서 알 수 있다.

해석 누가 가장 세미나에 참여할 것 같은가?
(a) 마케팅 책임자
(b) 소기업 소유주
(c) 인터넷 서비스 제공자
(d) 광고 대행업자

77   정답 (a)

해설 네 번째 단락 「The venue committee must confirm the location at least 3 months prior to the event.」 및 「The marketing committee must coordinate with Mr. Donaldson.」 다섯 번째 단락 「I also want the speaker committee to present a list of potential guest speakers.」에서 확인할 수 있다. (a)는 언급되지 않았다.

해석 위원회가 하도록 요청받지 않은 것은 무엇인가?
(a) 권유 편지를 보내는 것
(b) 장소를 결정하는 것
(c) 동료와 상의하는 것
(d) 초대 연설자 명단을 작성하는 것

78   정답 (c)

해설 네 번째 단락 및 다섯 번째 단락에서 각 위원회가 해야 할 일이 언급되어 있으며, 이로부터 서로 다른 과제를 받았음을 알 수 있다.

해석 위원회에 대해 암시될 수 있는 것은?
(a) 위원회의 구성원들은 임시 직원이다.
(b) 위원회의 구성원들은 Mr. Donaldson에 의해 추천되었다.
(c) 그들은 서로 다른 과제를 받았다.
(d) 그들은 세미나 전 전자 상거래에 대한 배경 지식을 익혀야 한다.

79   정답 (b)

해설 facilitate 용이하게 하다
해석 본문 맥락에서 facilitate가 의미하는 것은?
(a) 즉석에서 하다
(b) 촉진하다, 진척시키다
(c) 이용하다, 착취하다
(d) 보상하다

80   정답 (d)

해설 confirm 확정하다
해석 본문 맥락에서 confirm이 의미하는 것은?
(a) 정당성을 입증하다
(b) 확인하다
(c) 공급하다
(d) 정하다

한 권에 끝내는 **지텔프 65점**

IV

모의고사 [1회]

이현아 취향저격 G-TELP **65**점

[Grammar]

01. Gwen can't reach the apples in the highest branches of her fruit tree. If she had an extension ladder, she _____ able to retrieve them.

(a) would be
(b) would have been
(c) will be
(d) was

02. William is very stubborn and will not listen to advice. He went downtown at night _____ we told him that it wasn't safe.

(a) in order that
(b) in that
(c) now that
(d) even though

03. At the stockholders' meeting, the majority shareholder stood up and demanded that he _____ heard by those present.

(a) was
(b) would be
(c) was being
(d) be

04. The major airlines are in fierce competition. As a result, Wild West Airlines has expanded its schedule _____ it can increase its market share.

(a) whenever
(b) so that
(c) even though
(d) every time

05. The budget proposal is not due until next month, so it is unnecessary that it _____ immediately.

(a) does
(b) is done
(c) be done
(d) will do

06. Most old people over 80 usually have lost their spouse and live alone. They always feel lonely and need someone _____.

(a) whom they can talk
(b) whom they can talk to
(c) who they can talk
(d) to who they can talk

07. Henry lost his job at the newspaper company. The publisher could no longer tolerate his poor work habits. On the day he was fired, Henry _____ when the boss passed by his work station.

(a) slept
(b) would sleep
(c) had slept
(d) was sleeping

08. Sophie looked really fit when I saw her recently. I asked her how she did it, and she said that she enrolled in a fitness program last month, and _____ regularly ever since.

(a) can exercise
(b) would exercised
(c) has been exercising
(d) will have exercised

09. Our office is only on the table for a limited time. If it isn't accepted by your company soon, it _____.

(a) would be withdrawn
(b) would have been withdrawn
(c) would withdraw
(d) will be withdrawn

10. The space program has run into many unforeseen delays. If these problems hadn't occurred, unmanned spacecraft _____ on Mars.

(a) might have landed
(b) might be landed
(c) might land
(d) might be land

11. My brother is not very active. He sits at home each evening and devotes most of his time to _____ TV.

(a) having watched
(b) watches
(c) watched
(d) watching

12. The ballet dancer _____ looked very nervous. Even though it was her first appearance on the stage, I think she did very well.

(a) who to perform in front of 5,000 people
(b) who was to perform in front of 5,000 people
(c) whom was to perform in front of 5,000 people
(d) whom to perform in front of 5,000 people

13. A love of mystery stories, Judy has read three Agatha Christie novels in just seven days. She _____ the work of other authors for several years before a friend suggested that she read Christie's work.

(a) is reading
(b) will read
(c) had been reading
(d) reads

14. We don't have much more to do in the yard. By the time you return from shopping, the work _____.

(a) was finished
(b) will finish
(c) will be finished
(d) would finish

15. The fall of stock prices yesterday caught our financial department by surprise. If the fall had been properly predicted, so much money _____.

(a) didn't lose
(b) wouldn't have been lost
(c) won't lose
(d) wouldn't be lost

16. Our office secretary, Miss Eve, has been with the company for almost a decade now. The entire staff is willing _____ a party for her to celebrate her 10th year in the company next month.

(a) to contribute
(b) contributing
(c) having contributed
(d) to have contributed

17. Nina's niece is travelling alone for the first time and is very nervous about getting lost in Los Angeles. However, Nina tells her not to worry because she _____ for her when her plane arrives.

(a) will wait
(b) waits
(c) has been waiting
(d) will be waiting

18. Geologists are predicting that an active volcano will erupt sometime next week. Authorities are telling the press not to risk _____ the eruption too close, as this could put their lives in danger.

(a) to cover
(b) covering
(c) having covered
(d) to have covered

19. Nathan received a Superman costume from his mother for his birthday. The three-year-old boy loves the costume so much that he wears it all the time. By tomorrow, he _____ it for one week.

(a) would have worn
(b) will have been wearing
(c) wore
(d) was wearing

20. Having become an object of bullying, a student threw himself off the tallest building in his school and died last week. The principal of the school grudgingly acknowledged _____ he was bullied by some pupils.

(a) that has known
(b) had known
(c) having known
(d) knows

21. The chef was famous for a delicious poached salmon dish, so when we arrived at the restaurant we requested that he _____ it for us that evening.

(a) prepare
(b) prepares
(c) would prepare
(d) was preparing

22. Tim witnessed a hit-and-run accident on fifth street by chance. But he didn't see exactly the face of the driver _____ .

(a) whose bike was a snow-white Honda
(b) who was bike a snow-white Honda
(c) whose bike a snow-white Honda was
(d) who bike was a snow-white Honda

23. Veronica is fond of unusual food and would even risk her health just to try something different. Last month, she went to Japan _____ eating "fugu," a type of blowfish that's very poisonous.

(a) experiencing
(b) to experience
(c) to have experienced
(d) will experience

24. The biology teacher was having each student cut up a frog to study its anatomy. One little girl asked that she _____ from the project because it made her ill.

(a) be an excuse
(b) was excused
(c) be excused
(d) has excused

25. Tracy has just called me she had sent some presents for me. I'm looking forward to _____ it as soon as possible.

(a) receive
(b) received
(c) receiving
(d) receives

26. Matthew asked the bank to loan fifty thousand dollars to buy an apartment that may give him advantage in the custody fight. However, the investigators of the bank proposed that the loan _____ by one third.

(a) reduce
(b) has reduced
(c) be reduced
(d) has been reduced

PART 1. *Read the following biographical narrative and answer the questions. The underlined words in the article are for vocabulary questions.*

SIGMUND FREUD

Born in Frieberg, Moravia on 6 May 1856, the founder of psychoanalysis, Sigmund Freud, initially planned to study law but changed to medicine after attending a lecture on Goethe's essay On- Nature. During his third year at Vienna University working on a double major in neurology and psychiatry, Freud worked with German physician and researcher Ernest Wilhelm von Brucke. He became so engrossed in his research that he neglected his classes, but nonetheless managed to graduate in 1881.

In 1885 at Salpetriere Hospital in Paris under the supervision of French neurologist Jean Charcot, Freud enthusiastically used and later abandoned hypnosis in Vienna after discovering that at that time its effects didn't last. He subsequently discovered that "neurotic" symptoms subside when a person is encouraged to talk freely about, confront and discharge their traumatic experiences. He then devised the concepts of "free association" in an attempt to reveal our internal conflicts and to bring into consciousness repressed or dissociated life events. For those who are interested, his now dated theories are well-illustrated in *StudiesinHysteria*(1895), *The EgoandtheId*(1923), and The Interpretation of Dreams(1900).

Other theories such as the sexually fixated Oedipus Complex and the concept of transference sought to respectively deal with a person's erotic and emotional attachment towards her or his family. Since then his work has been under attack by family therapists and former Freud supporters: by discovering and then later repressing knowledge of the childhood sexual abuse of middle-aged Viennese women, it's now accepted in some circles that he effectively retarded the blossoming of psychotherapy for decades. Although he experienced considerable fame during his lifetime, his work was, and still is, met with open hostility.

As carefully established in the research, it's fairly well-accepted that Freud did contribute significantly to the field of psychology, but his theories seem to be more connected to his own human limitations, to cocaine addiction, and to other influences than to sound research and the acceptance of causes behind people's real life traumas. A controversial figure to this day, Freud died of jaw cancer on September 23, 1939.

53. Why did it take Sigmund Freud a longer time to get his medical degree?

(a) He neglected going to class and concentrated on neurological research.
(b) He decided to take up law when he was in his third year.
(c) He worked as a part-time researcher in Brucke's laboratory.
(d) He went to Paris to study.

54. How did Sigmund Freud come up with the "free association" technique?

(a) He read about it in the book, Studies in Hysteria.
(b) One of Freud's hysterical patients started to hypnotize him after their appointment.
(c) He modified Jean Charcot's hypnosis technique because the effects did not last long.
(d) He found out that people are less disturbed if they talk freely about their traumatic experiences.

55. What is not included in Sigmund Freud's theories?

(a) The patient has to reveal and confront traumatic experiences.
(b) Free association helps people resolve their conflicts with other people.
(c) The effects of hypnosis do not last long.
(d) Some people may have erotic feelings for a family member.

56. Based on the passage, which is not true about Sigmund Freud?

(a) All of his theories were based on his own life experience.
(b) Quite often his works have not been accepted as useful.
(c) He was one of the most influential thinkers of the 20th century.
(d) He conceived a psychiatric method for helping troubled people.

57. In the context of the passage, engrossed means _____.

(a) annoyed
(b) uninspired
(c) absorbed
(d) honored

58. In the context of the passage, discharge means _____.

(a) attain
(b) release
(c) examine
(d) appreciate

59. In the context of the passage, retarded means _____.

(a) contributed
(b) inspired
(c) enriched
(d) hindered

PART 2. *Read the following article and answer the questions. The underlined words in the article are for vocabulary questions.*

Starbucks is banning straws - but is it really a big win for the environment?

This month, Starbucks joined a growing movement to ban single-use plastic straws, announcing it would eliminate the items from its stores by 2020. In their place, the company will be introducing strawless lids, which have a sippable protrusion. It will also make alternative-material straws available. Starbucks already has strawless lids available in more than 8,000 of its North American stores. The Seattle-based coffee chain estimates that this move will eliminate more than 1bn plastic straws a year across its more than 28,000 stores around the world. It's a big win for anti-straw advocates. But is it really a big win for the environment?

Reason, a magazine and blog published by the Reason Foundation, has claimed that the new lids will be making standard use more plastic than a combination of the company's current lids and plastic straws. Some social media users have also noticed that the new Nitro lids are noticeably thicker than the current lids and have speculated about whether they will really be better for the environment. The Guardian weighed the Nitro lids and found that they are indeed heavier than the current lid/straw combination, if only by a tiny amount. Nevertheless, even a tiny bit more plastic adds up quickly, considering Starbucks's enormous scale.

Starbucks does not dispute that the new lids use more plastic. However, they stress that "the strawless lid is made from polypropylene, a commonly-accepted recyclable plastic that can be captured in recycling infrastructure, unlike straws which are too small and lightweight to be captured in modern recycling equipment." While it is true that plastic straws cannot be recycled, it should not be automatically assumed that the new plastic lids will definitely be recycled. Only 9% of the world's plastic is recycled. A large number of things that are theoretically recyclable do not get recycled for reasons such as contamination.

Where Starbucks can make a significant impact, however, is by tackling its disposable cup problem. The coffee chain is described as a "Cup Monster" by some environmental groups, and up to 6bn of its disposable cups end up in landfills every year. Starbucks recently announced it plans to fix this; the company is working with McDonald's to develop a global recyclable or compostable cup solution, and says it will "continue to work with the industry on solutions to reduce waste". This isn't the first time Starbucks has said it is working towards a better cup. A decade ago Starbucks said it would make 100% of its cups reusable or recyclable by 2015. That hasn't happened yet.

60. What does the article mainly discuss?

(a) the possible materials from which strawless lids can be made
(b) the eco-friendly coffee chain's new fare policy
(c) the introduction of new recyclable lids
(d) the prohibition of using plastic straws for the environment

61. How many Starbucks stores have eliminated single-use plastic straws?

(a) 10
(b) 600
(c) 8000
(d) 28000

62. Which is true about the new strawless lids?

(a) The new lids are heavier and thicker than the current lids.
(b) The new lids will be surely recycled in modern recycling equipment.
(c) The new lids use much more plastic than the current lid/straw combination.
(d) The new lids don't need straws because there are no openings.

63. Why is Starbucks described as a "Cup Monster"?

(a) because its cup size is large compared to other coffee chains.
(b) because of its disposable cups
(c) because of its unique cup designs
(d) because it is working on a compostable cup solution.

64. Which of the following can be inferred about Starbucks?

(a) It argues that its new lids reduce the amount of plastic consumption.
(b) It made all stores forbid their customers from using plastic straws.
(c) It introduced alternative-material cups instead of current ones.
(d) It will continue to exert itself to solve environmental issues.

65. In the context of the passage, advocates means _____.

(a) proponents
(b) opponents
(c) adversaries
(d) bystanders

66. In the context of the passage, speculated means _____.

(a) corroborated
(b) exploited
(c) conjectured
(d) facilitated

PART 3. *Read the following encyclopedia article and answer the questions. The underlined words in the article are for vocabulary questions.*

Bluegill

The bluegill is found in most freshwater lakes in the United States, especially in the southern states. A very popular sport fish, it is distinguished by six to eight dark vertical bands of color. It comes in many varieties and colors but generally the adult male is pale blue to greenish-yellow, while the female and young bluegills are grayish-green. The bluegill is derived from the bright blue gill covers found on the males. It is often referred to as "bream" or "brim".

A record three pound eight ounce bluegill was caught in Illinois in 1987. The average fish is about eight inches in length and weigh around half a pound. They typically have a lifespan of around five to six years. They have a wide habitat and can be caught year-round compared to the limited catching season for a lot of other sport fish. They also have a very long breeding season, which makes for plentiful stocks.

This fish begins to spawn when the water temperature reaches into the area of seventy degrees F. Spawning may peak in May or June but continues until water temperatures cool in the fall. It is the male of the species that makes and protects the nest. During breeding the male will build a nest in the sand or gravel to a depth of around two feet. It is usually about twice as big as the size of the male. The female will lay between two thousand and sixty-seven thousand eggs into the nest. Males guard the nest until the eggs hatch in five to ten days.

Young fish or fry as they are called, feed on plankton, but as they grow the diet shifts to aquatic insects and their larvae. Up to fifty percent of the bluegills' diet may consist of midge larvae. The adult diet is mainly mayflies, damselflies and midges. Larger bluegill may eat freshwater shrimp, small crayfish and snails.

67. What is the average weight of a brim?

(a) 3 lbs. 8 oz.
(b) 2 lbs. 4 oz.
(c) 1 lbs.
(d) 1/2 lbs.

68. Where was the largest bluegill caught?

(a) Mississippi
(b) Iowa
(c) Illinois
(d) Missouri

69. Up to how many eggs will the female lay?

(a) 67,000
(b) 42,000
(c) 2,000
(d) 60,000

70. Why are there so many bluegills?

(a) The female lays more eggs than the average fish.
(b) The bluegill has a longer breeding season than that of the average fish.
(c) They are too hard to catch.
(d) There are few predators.

71. Why is this fish called a bluegill?

(a) Its gills are blue.
(b) It lives in very blue water.
(c) The babies are blue.
(c) When spawning the males turn blue.

72. In the context of the passage, vertical means _____.

(a) horizontal
(b) upright
(c) round
(d) square

73. In the context of the passage, spawn means _____.

(a) lay one's eggs
(b) raise one's young
(c) hatch
(d) brood

PART 4. *Read the following business letter and answer the questions. The underlined words in the article are for vocabulary questions.*

John M. Owens

June 5, 2017

John M. Owens
7017 Dunbar Avenue,
Austin, Texas 95787 [Tel. (215) 778-1990]

Alton B. Parker
Ridgeway Hospital
5054 East Bracken Avenue
Austin, Texas 30787

Dear Mr. Parker

    It is with a great deal of interest that I wish to be considered for employment as Assistant Director of Materials Management with your organization. Your advertisement in the Austin Standard, June 3, 2017, describes a position that I believe is well-suited to my skills and education. Please find an enclosed copy of my resume for your consideration.

    I have over 4 years work experience in the materials division at the manufacturing company of Texel Corporation. There my duties, among other areas included: the controlling and buying of products. At Disher Control International, I <u>was involved with</u> the planning and analyzing of materials.

    This month I will complete my Associate Degree in Business Administration at Austin Community College. I intend to continue my education at St. Edward's University by working towards a degree in Technical Business. Ridgeway Hospital and the Children's Hospital are very important to our community and I would like to be part of your organization.

    Your <u>opening</u> sounds very interesting and I would welcome the opportunity to learn more. I hope that you will view my candidacy favorably and that I might have the opportunity to further explore your requirements. I can be reached at the above number after 5 p.m. Thank you in advance for your time and consideration. I look forward to hearing from you in the near future.

Yours sincerely,

John M. Owens   encl: resume

74. Who was applying for the job?

(a) John Holloway
(b) John Owens
(c) John Austin
(d) Alton Parker

75. Where did John learn of this position?

(a) Texas Standard
(b) Austin Statesman
(c) American Statesman
(d) Austin Standard

76. When will John receive Associate Degree in Business Administration?

(a) It doesn't say.
(b) July 2017.
(c) June 2017.
(d) July 2018.

77. How does John want to be reached?

(a) by telephone
(b) by mail
(c) by e-mail
(d) by fax

78. Why did John feel he was qualified for this position?

(a) He was going to school.
(b) He knew the Director of the Hospital.
(c) He lived in Austin, Texas.
(d) He had both the work experience and education.

79. In the context of the passage, was involved with means _____.

(a) was sick and tired of
(b) took part in
(c) was transferred to
(d) turned over

80. In the context of the passage, opening means _____.

(a) a job that is available
(b) an open-minded attitude
(c) beginning
(d) promotion

G-TELP

정답과 해설
모의고사 [1회]

이현아 **취향저격 G-TELP 65**점

[Grammar]

01 정답 (a)

해설 If절의 시제가 과거동사이므로 주절에는 '조동사 과거형 + 동사원형'이 되어야 한다.

해석 Gwen은 그녀가 가진 과일 나무의 가장 높은 가지에 있는 사과에 닿을 수 없다. 만약 그녀가 연장 사다리가 있다면 그것들을 되찾을 수 있을 텐데.

retrieve 되찾다, 회수하다

02 정답 (d)

해설 문맥상 우리가 위험하다고 말을 했음에도 불구하고 윌리엄이 밤에 시내에 갔다는 내용이 적절하므로 '~에도 불구하고'를 뜻하는 양보부사절 접속사 even though가 가장 적절하다.

해석 William은 아주 완고하며 충고를 듣지 않을 것이다. 우리가 안전하지 않다고 그에게 말했음에도 불구하고 그는 밤에 시내로 갔다.

stubborn 완고한

03 정답 (d)

해설 주절의 동사가 demand이고 목적어 자리에 당위성의 내용을 담고 있는 that절이 왔으므로 동사원형이 들어가는 것이 가장 적절하다.

해석 주주 회의에서 과반수의 주주는 일어나서 출석자들이 그의 말을 들어야 할 것을 요구했다.

majority 과반수, 다수
those present 출석자

04 정답 (b)

해설 문맥상 '시장 점유율을 높일 수 있도록'이 들어가는 것이 가장 적절하므로 부사절 접속사 so that이 가장 적절하다. so that은 '~하기 위해서'라는 뜻을 지니고 있다.

해석 주요 항공사들은 격렬한 경쟁에 있다. 그 결과로, Wild West 항공사는 시장 점유율을 증가시킬 수 있도록 계획을 늘리고 있다.

fierce 사나운, 격렬한

05 정답 (c)

해설 이성적 판단의 형용사 unnecessary가 오고 that절이 왔으므로 동사원형이 들어가는 것이 가장 적절하다. 동사원형은 (c)밖에 없다.

해석 예산 제안 기한은 다음 달까지가 아니기 때문에 그것을 즉시 해야 할 필요가 없다.

due ~하기로 되어 있는, 예정된

06 정답 (b)

해설 선행사 someone을 꾸며주는 관계대명사가 들어가야 한다. talk은 자동사이고 전치사 to를 써야 '~에게 말을 하다'가 된다. 문맥상 '그들은 말할 수 있는 누군가가 필요하다'가 되므로 전치사 to가 들어가야 하고 전치사의 목적어가 없는 문장이므로 목적격 관계대명사 whom이 올바르다.

해석 80세를 넘은 대부분의 노인들은 자기 배우자를 잃고 혼자 산다. 그들은 늘 외로움을 느끼고 이야기를 할 수 있는 누군가가 필요하다.

spouse 배우자

07 정답 (d)

해설 when 부사절의 동사가 과거시제이므로 주절의 시제는 과거진행시제가 가장 적절하다.

해석 Henry는 신문사에서 일자리를 잃었다. 그 회사는 더 이상 그의 형편없는 업무 습관을 참을 수가 없었다. 그가 해고되었던 그 날, Henry는 상사가 그의 옆 자리를 지나갈 때 자고 있는 중이었다.

08 정답 (c)

해설 ever since는 보통 완료 시제와 쓰는데, 빈칸 앞에 동사 시제 enrolled가 과거이고 last month (지난달)이라는 시간 부사를 통해서 과거부터 지금까지의 상황 묘사임을 알 수 있다. 현재완료진행시제가 가장 적절하다.

해석 내가 최근에 Sophie를 봤을 때 굉장히 건강해 보였다. 그녀에게 어떻게 했느냐고 물었더니 그녀는 지난달에 피트니스 센터에 등록해서 그때부터 꾸준하게 운동해왔다고 대답했다.

09　　정답 (d)

|해설| 조건 부사절 접속사 if절의 동사가 현재시제 (isn't accepted)이므로 주절의 시제는 미래가 되어야 한다. 미래시제는 (d)밖에 없다.
|해석| 우리 사무실은 제한된 시간 동안만 검토 한다. 그것이 당신 회사에 곧 받아들여지지 않는다면 그것은 철회될 것이다.
be on the table 검토 중이다
withdraw 취소하다, 철회하다

10　　정답 (a)

|해설| If 가정법 절의 시제가 had p.p.이므로 주절의 시제는 '조동사 과거형 + have p.p.'가 되어야 한다.
|해석| 우주 프로그램은 많은 뜻밖의 지연을 만났다. 만약 이러한 문제들이 일어나지 않았다면 무인 우주선이 화성에 착륙했을 것이다.
unforeseen 뜻밖의, 예상치 못한
unmanned 무인의
land 착륙하다

11　　정답 (d)

|해설| 동사 devote는 'devote A to ~ing'의 구문으로 '~하는데 A를 헌신하다, 공헌하다'의 뜻을 지닌다. 전치사 to 이므로 동명사를 써야 한다는 점에 주의해야 한다.
|해석| 나의 오빠는 아주 활동적이지 않다. 그는 매일 저녁에 집에 앉아서 TV보는 데에 대부분의 시간을 쏟는다.

12　　정답 (b)

|해설| 선행사 dancer를 꾸며주는 관계사가 들어가는 자리이며 주격 관계대명사 who 다음에는 동사가 바로 와야 한다. be to는 '~하기로 예정되어 있다'로 해석하면 된다.
|해석| 5,000명 앞에서 춤을 추기로 예정되어 있던 그 발레 댄서는 굉장히 긴장한 것처럼 보였다. 그것이 그녀의 첫 번째 무대 출연임에도 불구하고, 내 생각에 그녀는 꽤나 잘 해 냈다.

13　　정답 (c)

|해설| for several years(몇 년 동안)을 통해서 완료시제가 정답임을 알 수 있다. 또한, before 부사절에서 동사 suggested가 과거인데 문맥상 과거시점보다 앞선 시제를 나타내므로 과거완료진행시제가 올바르다.
|해석| 추리 소설을 좋아하는 Judy는 단 7일 만에 Agatha Christie 소설 3권을 읽었다. 한 친구가 Christie의 작품을 읽어보라고 권하기 전까지 그녀는 몇 년 동안 다른 작가의 작품을 읽어 왔었다.

14　　정답 (c)

|해설| 시간 부사절 접속사 by the time(~할 때 쯤)가 이끈 절에서 동사의 시제가 현재이므로 주절의 시제는 미래가 되어야 한다. 미래 시제는 (b)와 (c)가 있는데 빈칸 뒤에 목적어가 없으므로 수동태를 표현한 (c)가 정답이다.
|해석| 우리는 마당에서 할 일이 더 많이 있지 않다. 당신이 쇼핑에서 돌아올 때쯤 그 작업은 끝날 것이다.

15　　정답 (b)

|해설| If 가정법의 시제가 had p.p.이므로 주절의 시제는 '조동사 과거형 + have p.p.'가 되어야 한다.
|해석| 어제 주가 하락은 우리의 재무 부서에게 뜻밖이었다. 하락이 적절히 예상되었다면 많은 돈을 잃지 않았을 것이다.
by surprise 불시에

16　　정답 (a)

|해설| '~을 기꺼이 하다'는 뜻을 표현하는 관용표현은 'be willing to V'이다.
|해석| 우리 사무실 비서인 Eve는 현재 거의 10년 동안 회사에 있었다. 전체 직원은 다음 달 회사에서 그녀의 10년 근속을 축하하기 위해 파티에 기꺼이 이바지 할 것이다.
contribute 기여하다, 이바지 하다

17
정답 (d)

해설 when절에 arrives 현재시제가 나왔으므로 미래 내용임을 알 수 있다. 주절에는 미래를 나타내는 시제가 와야 하고, 이미 동작이 진행된 내용을 갖는 미래진행시제가 적합하다.

해석 Nina의 조카딸은 처음으로 혼자서 여행을 하고 있어서 Los Angeles에서 길을 잃을까 봐 매우 걱정하고 있다. 하지만 Nina는 비행기가 도착할 때 자신이 기다리고 있을 테니, 걱정하지 말라고 조카딸에게 말한다.

18
정답 (b)

해설 동사 risk의 목적어 자리이므로 동명사가 정답.

해석 지질학자들은 활화산이 다음 주 중에 분출할 것이라고 예측하고 있다. 관계 기관은 목숨이 위험할 수도 있으므로 언론에 화산 폭발을 너무 가까이서 취재하는 위험을 무릅쓰지 말라고 말하고 있다.

risk ~ing ~의 위험을 무릅쓰다
cover 취재하다

19
정답 (b)

해설 미래시점 by tomorrow까지 일주일 동안 for one week 계속 입고 있을 내용을 나타내는 미래완료진행시제가 적합하다.

해석 Nathan은 엄마로부터 슈퍼맨 복장을 생일선물로 받았다. 세 살배기 아이는 그 옷이 너무 좋아 늘 그것을 입고 있다. 내일이면 아이가 일주일 간 그 옷을 입고 있는 셈이다.

20
정답 (c)

해설 타동사 acknowledge는 목적어 자리에 동명사를 준동사로 가지는 대표 동사이다. '~을 인정하다'를 뜻하는 allow, admit, permit도 모두 동명사를 목적어로 쓴다. 보기에 동명사의 형태가 having known밖에 없으므로 정답으로 선택하면 된다. 완료동명사(having p.p.)는 기준 시점보다 한 시제가 앞선 것을 나타내준다.

해석 놀림거리의 대상이 되었기 때문에, 한 학생이 지난주 학교의 가장 높은 건물에서 몸을 던졌고 목숨을 잃었다. 그 학교 교장 선생님은 마지못해 그가 몇 몇 학생에게서 괴롭힘을 당한 사실을 알고 있었다는 것을 인정했다.

bully 괴롭히다
throw oneself 몸을 던지다
grudgingly 억지로, 마지못해
pupil 학생

21
정답 (a)

해설 명령/동의/제안/주장/요구/충고 동사에 해당하는 request의 목적어 자리에 당위성의 내용을 담은 that절이 왔으므로 동사원형이 들어가야 한다.

해석 요리사는 맛있는 데친 연어 요리로 유명하기 때문에, 우리는 음식점에 도착했을 때 그가 저녁에 우리를 위해 그것을 준비하도록 요청했다.

poached 데친

22
정답 (a)

해설 선행사 the driver를 수식하면서 명사 bike의 소유격을 표현하기 위해서는 소유격 관계대명사가 쓰여야 가장 적절하다. 소유격 관계대명사 뒤에는 반드시 명사가 와야 하고 완벽한 문장이 온다. 가장 적절한 것은 (a)이다. 주격 관계대명사 who를 쓰면 선행사를 꾸며주는 것이고 뒤에 동사가 오는 불완전한 문장이 와야 하는데 해석을 하지 않더라도 (b)와 (d)는 문법적으로 올바르지 않다.

해석 Tim은 우연히 5번 가에서 뺑소니 차 사고를 목격했다. 그러나 그는 순백색 혼다 제품 오토바이의 운전자 얼굴을 정확히 보지 못했다.

hit-and-run 뺑소니

23
정답 (b)

해설 일본에 간 목적에 해당하는 내용이 나와야 하므로 to부정사의 목적을 나타내는 부사적 용법이 적절하다.

해석 Veronica는 독특한 음식을 좋아하고 뭔가 다른 음식을 시도하기 위해서라면 건강의 위험도 무릅쓰려 할 것이다. 그녀는 지난달에 독성이 강한 팽창어 종류인 복어를 먹어 보기 위해 일본에 갔다.

blowfish 팽창어
fugu 복어

24 정답 (c)

해설 요청동사 ask의 목적어 자리에 that절이 왔으므로 동사의 형태는 (should) 동사원형이 되어야 한다. (a)와 (c)가 동사원형인데, (a)는 문맥상 그녀가 '변명이 되어야 한다'의 내용이 되므로 올바르지 않다. (c)의 be excused가 되면 '그녀가 면제되어야 한다'는 내용이 된다. excuse는 명사로 '변명, 이유'라는 뜻을 지니고 동사로 '면제해주다'의 뜻을 가지고 있다.

해석 그 생물학 선생님은 개구리 몸 구조를 연구하기 위해 학생들에게 그것을 해부하라고 시켰다. 한 작은 소녀는 그 프로젝트가 그녀를 아프게 하기 때문에 그것을 면제 받도록 요청했다.

anatomy 해부, 구조
excuse 면제해 주다

25 정답 (c)

해설 「look forward to ~ing」는 '~하는 것을 기대하다'는 의미를 지니는 관용구문이다.

해석 Tracy가 나를 위해 몇몇 선물들을 보냈다고 좀 전에 전화했다. 난 가능한 한 빨리 그 선물을 받기를 기대하고 있다.

26 정답 (c)

해설 제안 동사 propose가 있고 당위성을 나타내는 내용이 that절에 왔다. that절의 동사는 「(should) + 동사원형」이 되어야 한다. 능동태 (a)가 정답이 되기 위해서는 목적어에 해당하는 명사가 있어야 하는데 없으므로 수동을 의미하는 be reduced가 정답이다.

해석 Matthew는 친권 분쟁에 유리할 수 있도록 아파트를 한 채 사기 위해 그 은행에 5만 달러 대출을 요청했다. 하지만 은행 심사원들은 대출을 3분의 1로 줄이라고 제안했다.

custody 양육권
investigator 조사원, 수사원

[Part 1]

지그문트 프로이트

Frieberg시의 Moravia에서 1856년 5월 6일에 태어난 정신분석의 창립자인 Sigmund Freud는 처음에 법을 공부하려 했으나 괴테의 수필인 On Nature에 대한 강의를 듣고 나서 의학으로 전향했다. 비엔나 대학에서 3학년 동안 신경학과 정신과학의 이중 전공에 노력을 들이며 Freud는 독일 내과 의사이자 연구원인 Ernest Wilhelm von Brucke와 일했다. 그는 그의 연구에서 너무 몰두해서 자신의 수업을 무시했지만 그럼에도 불구하고 1881년에 간신히 졸업했다.

1885년 파리 Salpetriere 병원에서 프랑스의 신경학자인 Jean Charcot의 감독 하에 Freud는 최면을 열정적으로 활용하고 비엔나에서 그 당시에 그것의 효과가 지속되지 않는다는 것을 발견하고 나서 후에 그것을 포기했다. 그는 그 후에 사람이 그들의 정신적 외상 경험에 대해 말을 자유롭게 하고 그것을 마주하고 배출하기를 격려 받았을 때 "신경적" 증상이 가라앉는다는 것을 발견했다. 그 때 그는 우리의 내적 갈등을 드러내고 억압된 의식이나 분열된 생활 사건을 끌어낼 시도로 "자유 결합"의 개념을 고안했다. 관심 있는 사람들을 위해 현재는 구식인 그의 이론은 히스테리 연구(1895), 에고와 이드(1923), 그리고 꿈의 해석(1900)에서 잘 표현되어 있다.

성적으로 집착하는 오이디푸스 콤플렉스와 이동의 개념 같은 다른 이론들은 각각 그나 그녀의 가족에 대한 개인의 성적이고 감정적인 애착을 다루는 것을 추구했다. 그 때 이후로 그의 작업은 가족 치료와 이전 Freud 지지자에 의해 공격을 받아왔다: 중년의 비엔나 여성의 어린 시절 성적 학대를 알고 있음을 발견하고 후에 억압함으로써, 그것은 그가 효과적으로 수십 년 간 정신 치료의 개화를 지연시켰던 몇몇 학계에서 현재 받아들여지고 있다. 그는 그의 인생 동안 상당한 명성을 경험했음에도 불구하고 그의 작업은 노골적인 적대감을 겪었고 여전히 겪고 있다.

연구에서 조심스럽게 구축됨으로써 Freud가 심리학 분야에 중요하게 기여했다는 것이 매우 잘 받아들여지지만, 그의 이론들은 인간의 현실적인 인생의 트라우마 뒤에 있는 중요한 연구와 그 원인의 수용보다는 그 스스로의 인간 한계, 코카인 중독, 그리고 다른 영향들에 더욱 관련되어 있는 것으로 보인다. 오늘날까지 논쟁적 인물인 Freud는 1939년 9월 23에 턱 암으로 죽었다.

neurology 신경학
psychiatry 정신과학
physician 내과의사
engross 몰두하게 만들다
hypnosis 최면
neurotic 신경증적인
symptom 증상, 징후
subside 가라앉다
discharge 배출하다, 해고하다, 석방하다
bring into ~로 이동시키다, 끌어들이다
dissociated 분열된
dated 구식의
fixated 집착하는
under attack 공격을 받고
retarded 지연시키다
blossoming 개화
psychotherapy 정신 치료
hostility 적대심
jaw 턱

53 정답 (a)

해석 왜 Sigmund Freud는 그의 의학 학위를 얻는 데 오래 걸렸는가?
(a) 그는 수업을 무시하고 신경학 연구에 집중했다.
(b) 그는 3학년에 법을 계속하려고 결심했다.
(c) 그는 Brucke의 실험실에서 파트타임 연구원으로 일했다.
(d) 그는 공부하기 위해 파리에 갔다.

54 정답 (d)

해석 Sigmund Freud는 "자유 결합" 기술을 어떻게 제안했는가?
(a) 그는 히스테리 연구라는 책에서 그것을 읽었다.
(b) Freud의 히스테리 환자들 중 한 명은 그들끼리 약속한 후에 그에게 최면 걸기 시작했다.
(c) 그는 Jean Charcot의 최면 기술 효과가 오래 가지 않았기 때문에 그것을 수정했다.
(d) 그는 그들이 트라우마 경험에 대해 자유롭게 말하면 덜 방해 받는다는 것을 발견했다.

55 정답 (b)

해석 Sigmund Freud의 이론들에 포함되어 있지 않은 것은?
(a) 환자는 트라우마 경험을 드러내고 대면해야 한다.
(b) 자유 결합은 다른 사람들과의 갈등을 해결하도록 돕는다
(c) 최면의 효과는 길게 가지 않는다.
(d) 몇몇 사람들은 가족 구성원과 성적 느낌을 가질 수 있다.

56 정답 (a)

해석 글에 따르면 Sigmund Freud에 대해서 사실이 아닌 것은 무엇인가?
(a) 그의 모든 이론들은 자신의 인생 경험에 기초한다.
(b) 그의 작업은 꽤 자주 유용하게 받아들여지지 않는다.
(c) 그는 20세기의 가장 영향력 있는 사상가 중 하나이다.
(d) 그는 문제 있는 사람들을 돕기 위한 정신 의학 방법을 생각해냈다.

57 정답 (c)

해석 글의 문맥에 따르면 engrossed는 몰두한을 의미한다.
(a) 성난
(b) 독창적이 아닌
(c) 몰두한
(d) 명예로운

58 정답 (b)

해석 글의 문맥 상 discharge는 방출하다를 의미한다.
(a) 얻다
(b) 방출하다
(c) 조사하다
(d) 인정하다

59 정답 (d)

해석 글의 문맥 상 retarded는 지연시키다를 의미한다.
(a) 기여했다
(b) 영감을 줬다, 고무시켰다
(c) 풍요롭게 했다
(d) 방해했다

[Part 2]

스타벅스는 빨대를 금지하고 있다 – 그러나 환경에 정말 큰 승리인가?

이번 달, Starbucks는 2020년까지 매장에서 제품을 제거할 것이라고 발표하면서, 일회용 플라스틱 빨대를 금지하는 움직임에 동참했다. 대신에, 회사는 한 모금씩 마실 수 있는 돌출부가 있어 빨대가 필요 없는 뚜껑을 도입할 예정이다. 또한 대체 물질 빨대도 만들 예정이다. 스타벅스는 이미 8,000개 이상의 북미 매장에서 빨대가 없는 뚜껑을 사용하고 있다. 시애틀에 본사를 둔 이 커피 체인은 이번 조치로 전세계 28,000개 이상의 매장에서 연간 10억 개 이상의 플라스틱 빨대를 제거할 수 있을 것으로 추정한다. 그것은 빨대 반대 옹호론자들에게는 큰 승리이다. 그러나 이것이 실제로 환경에 큰 승리인가?

Reason Foundation이 발행한 잡지이자 블로그 Reason에 따르면 새로운 뚜껑은 회사의 현재 뚜껑과 플라스틱 빨대의 조합보다 더 많은 플라스틱을 표준 방식으로 사용하게 할 것이라고 주장했다. 일부 소셜 미디어 사용자는 새로운 니트로 뚜껑이 현재 뚜껑보다 눈에 띄게 두껍다는 것에 주목하며, 실제로 환경에 더 이익이 될 지 여부를 추측했다. Guardian은 니트로 뚜껑의 무게를 잰 다음, 비록 아주 적은 정도이지만, 그것이 실제로 현재의 뚜껑, 빨대 조합보다 무겁다는 것을 발견했다. 그럼에도 불구하고, 스타벅스의 엄청난 규모를 고려할 때, 아주 적은 플라스틱이라 할지라도 빠르게 늘어나게 된다.

스타벅스는 새로운 뚜껑이 더 많은 플라스틱을 사용한다는 것에 대해 반박하지 않는다. 그러나 그들은 '빨대없는 뚜껑은, 현대의 재활용 장비에서 수거하기에는 너무 작고 가벼운 빨대와는 달리, 재활용 기초 설비에서 수거할 수 있는 일반적으로 허용되는 재활용 가능한 플라스틱인, 폴리프로필렌으로 만들어졌다'고 강조한다. 플라스틱 빨대는 재활용될 수 없는 것이 맞지만, 자동으로 새 플라스틱 뚜껑이 반드시 재활용된다고 가정해서는 안 된다. 세계 플라스틱의 9%만 재활용된다. 이론적으로 재활용 가능한 많은 것들은 오염과 같은 이유로 재활용되지 않는다.

그러나 스타벅스가 상당한 영향을 미칠 수 있는 지점은 일회용 컵 문제를 해결함으로써이다. 그 커피 체인은 일부 환경 단체에 의해 '컵 몬스터'로 묘사되며, 매년 최대 60억 개의 일회용 컵이 매립된다. 스타벅스는 최근 이 문제를 해결할 계획이라고 발표했다. 회사는 맥도날드와 함께 글로벌 재활용 또는 퇴비 컵 솔루션을 개발하기 위해 노력하고 있으며, '폐기물을 줄이기 위한 솔루션에 대해 업계와의 지속적인 협력을 계속할 것'이라고 말한다. 스타벅스가 더 나은 컵을 향해 일한다고 말한 것은 이번이 처음은 아니다. 10년 전 스타벅스는 2015년까지 컵의 100%를 재사용 또는 재활용할 것이라고 발표했다. 아직 그 일은 일어나지 않았다.

advocate 지지자, 옹호자
speculate 추측하다
bn(billian의 약어) 10억
estimate ~을 어림하다, 평가하다

60 정답 (d)

해설 첫 번째 단락 This month, Starbucks joined a growing movement to ban single-use plastic straws, announcing it would eliminate the items from its stores by 2020.을 통해 일회용 빨대 사용 금지에 대해 말하고 있음을 알 수 있다.
해석 기사는 주로 무엇에 대해 논의하는가?
(a) 빨대 없는 뚜껑이 만들어질 수 있는 가능한 재료들
(b) 환경친화적인 커피 체인의 새로운 요금 정책
(c) 새로운 재활용가능한 뚜껑의 도입
(d) 환경을 위한 플라스틱 빨대 사용 금지

61 정답 (c)

해설 첫 번째 단락 Starbucks already has strawless lids available in more than 8,000 of its North American stores. 에서 알 수 있다.
해석 몇 개의 스타벅스 매장이 일회용 플라스틱 빨대를 없앴는가?
(a) 10
(b) 600
(c) 8000
(d) 28000

62 정답 (a)

해설 두 번째 단락 Some social media users have also noticed that the new Nitro lids are noticeably thicker than the current lids 및 The Guardian weighed the Nitro lids and found that they are indeed heavier than the current lid/straw combination, if only by a tiny amount.로부터 알 수 있다.

해석 빨대 없는 새로운 뚜껑에 대해 옳은 것은?
(a) 새로운 뚜껑은 현재의 뚜껑보다 무겁고 두껍다.
(b) 새로운 뚜껑은 현대의 재활용 장비에서 반드시 재활용 될 것이다.
(c) 새로운 뚜껑은 현재의 뚜껑/빨대 조합보다 훨씬 많은 플라스틱을 사용한다.
(d) 새로운 뚜껑은 구멍이 없기 때문에 빨대를 필요로 하지 않는다.

63 정답 (b)

해설 네 번째 단락 The coffee chain is described as a "Cup Monster" by some environmental groups, and up to 6bn of its disposable cups end up in landfills every year. 에서 알 수 있다.
해석 왜 스타벅스가 '컵 몬스터'로 묘사되는가?
(a) 다른 커피 체인에 비교하여 컵 사이즈가 크기 때문에
(b) 일회용 컵 때문에
(c) 독특한 컵 디자인 때문에
(d) 퇴비 컵 솔루션에 대해 노력하고 있기 때문에

64 정답 (d)

해설 첫 번째 단락 The Seattle-based coffee chain estimates that this move will eliminate more than 1bn plastic straws a year across its more than 28,000 stores around the world. 및 네 번째 단락 it will "continue to work with the industry on solutions to reduce waste". 에서 확인할 수 있다.
해석 스타벅스에 대해 추론될 수 있는 것은 무엇인가?
(a) 스타벅스는 새로운 뚜껑이 플라스틱 소비량을 줄일 것 이라고 주장한다.
(b) 스타벅스는 모든 매장이 고객들의 플라스틱 빨대 사용을 금지하도록 했다.
(c) 스타벅스는 현재의 컵을 대신하여 대체 물질로 만든 컵을 도입했다.
(d) 스타벅스는 환경 문제를 풀기 위해 계속하여 노력할 것이다.

65 정답 (a)

해설 본문 맥락에서 advocates가 의미하는 것은?
(a) 지지자
(b) 상대
(c) 적수, 상대방
(d) 방관자

66 정답 (c)

해설 본문 맥락에서 speculated가 의미하는 것은?
(a) 제공하다
(b) 이용하다
(c) 추측하다
(d) 가능하게 하다

[Part 3]

블루길

블루길은 미국, 특히 남부 소재 주 대부분의 민물 호수에서 볼 수 있다. 인기가 빼어난 스포츠용 물고기인 블루길은 6개에서 8개의 수직으로 뻗은 짙은 색깔 띠로 인해 구별이 된다. 종류와 색상이 다양하지만 일반적으로 다 자란 수컷은 연푸른색에서 초록빛을 띠는 황색까지 있고, 암컷과 새끼 블루길은 회색빛을 띤 초록색이다. 블루길이라는 이름은 수컷에서 볼 수 있는 선명하게 푸른 아가미 덮개에서 기원한다. 이는 종종 "bream"이나 "brim"이라고 언급되기도 한다.

3파운드 8온스나 되는 기록적인 블루길이 1987년 일리노이 주에서 잡혔다. 보통의 블루길은 약 8인치이며 무게는 1/2 파운드이다. 대체로 블루길의 수명은 5년에서 6년에 이른다. 서식지는 넓게 분포되어 있고 여타 수많은 스포츠용 물고기의 제한된 어획기와 비교해 볼 때 연중 잡을 수 있다. 또한 블루길은 번식기가 길어서 개체수가 풍부하다.

블루길은 수온이 화씨 70도 범위 내에 이르면 산란을 시작한다. 산란은 오뉴월에 정점을 이루며 가을에 수온이 낮아질 때까지 계속된다. 보금자리를 만들고 보호하는 쪽은 수컷이다. 번식기에 수컷은 모래나 자갈에 약 2피트의 깊이로 보금자리를 짓는다. 그 보금자리는 보통 수컷의 약 두 배 크기이다. 암컷은 보금자리 속에 2천 개에서 6만 7천 개의 알을 낳는다. 수컷은 닷새에서 열흘이 지나 알이 부화될 때까지 보금자리를 지킨다.

어린 물고기 또는 그들이 불리는 것처럼 새끼 물고기는 플랑크톤을 먹고 살지만 자라면서 먹이는 수중 곤충이나 애벌레로 바뀐다. 블루길 먹이의 50%까지는 작은 애벌레이다. 다 큰 블루길의 먹이는 주로 하루살이, 실잠자리, 작은 날벌레들이다. 좀 더 몸이 큰 블루길은 민물 새우, 작은 가재, 달팽이를 먹을 지도 모른다.

freshwater 민물
refer to 언급하다
stock 개체수
hatch 부화하다
larvae 유충, 애벌레
damselfly 실잠자리
crayfish 가재
gill 아가미
breeding season 번식기
spawn 산란하다
fry 새끼 물고기
mayfly 하루살이
midge 작은 날벌레

---

67 정답 (d)

해설 두 번째 단락의 두 번째 문장 「The average fish is about eight inches in length and weight around half a pound.」를 통해 블루길의 평균 체중이 1/2 파운드임을 확인할 수 있다.

해석 브림(블루길)의 평균 체중은 얼마인가?
(a) 3 파운드 8 온스
(b) 2 파운드 4 온스
(c) 1 파운드
(d) 1/2 파운드

68 정답 (c)

해설 두 번째 단락 첫 문장 「A record three pound eight ounce bluegill was caught in Illinois in 1987.」을 보면 일리노이 주에서 3파운드 8 온스짜리 블루길이 잡힌 것을 알 수 있다.

해석 가장 큰 블루길이 잡혔던 곳은 어디인가?
(a) 미시시피 주
(b) 아이오와 주
(c) 일리노이 주
(d) 미주리 주

69 정답 (a)

해설 세 번째 단락 끝에서 두 번째 문장 「The female will lay between two thousand and sixty-seven thousand eggs into the nest.」를 통해 최소 2,000개에서 최대 67,000개까지 산란한다는 것을 알 수 있다.

해석 암컷은 알을 얼마까지 산란하게 되는가?
(a) 67,000개
(b) 42,000개
(c) 2,000개
(d) 60,000개

70 정답 (b)

해설 두 번째 단락 마지막 문장 「They also have a very long breeding season, which makes for plentiful stocks.」를 통해 산란기가 길어 개체수가 풍부하다는 것을 알 수 있다.

해석 블루길이 그렇게 많은 이유는 무엇인가?

(a) 암컷이 보통 물고기보다 알을 많이 낳으므로
(b) 블루길이 보통 물고기보다 산란기가 길므로
(c) 블루길이 잡기에 너무 어려우므로
(d) 포식자가 거의 없으므로

71 정답 (a)

해설 첫 번째 단락 끝에서 두 번째 문장 「The bluegill is derived from the bright blue gill covers found on the males.」를 보면 수컷 블루길의 아가미 덮개가 연푸른빛인 것에서 유래한 것임을 쉽게 확인할 수 있다.

해석 이 물고기가 블루길이라고 불리는 까닭은 무엇인가?
(a) 그 아가미가 푸른빛이다.
(b) 아주 푸른 물속에 살고 있다.
(c) 새끼들이 푸른빛이다.
(d) 산란할 때, 수컷들이 푸른빛으로 변한다.

72 정답 (b)

해설 형용사 vertical은 '수직의'를 의미한다. 따라서 가장 유사한 어휘는 upright이다.

해석 글의 문맥상 vertical은 수직의를 의미한다.
(a) 수평의
(b) 수직의
(c) 둥근
(d) 정사각형의

73 정답 (a)

해설 spawn은 '산란하다, 알을 낳다'는 의미이다.

해석 글의 문맥상 spawn은 자신의 알을 낳다를 의미한다.
(a) 자신의 알을 낳다
(b) 자기 새끼를 키우다
(c) 부화하다
(d) 알을 품다

[Part 4]

존 M. 오웬즈

2017년 6월 5일

존 M. 오웬즈
던바 대로 7017번지
텍사스 주 오스틴 시, 우편번호 95787
[전화 (215) 778-1990]

앨턴 B. 파커
리지웨이 병원
동 브랙큰 대로 5054번지
텍사스 주 오스틴 시, 우편번호 30787

파커씨께

귀사의 자재 관리 부 책임자의 고용에 큰 관심이 있습니다. 2017년 6월 3일자 "오스틴 스탠더드"지에 실린 귀사의 광고는 확신컨대, 제가 겸비한 기술과 교육에 딱 맞는 일자리에 관해 이야기하고 있습니다. 제 이력서 사본을 한 통 동봉하니 참작해 주시기 바랍니다.

저는 텍셀 계열 제조 회사의 자재부에서 4년 이상의 근무 경험이 있습니다. 그곳에서의 제 업무는 타 지역을 포함한 상품 관리 및 구입입니다. 디셔 컨트롤 인터내셔널에서는 자재 기획 및 분석과 관련된 일을 했습니다.

이번 달에 저는 오스틴 지역 전문대학 경영학 (2년제 대학생에게 수여하는) 학사 과정을 수료합니다. 세인트 에드워즈 대학에서 전문 경영 과정 학위를 목표로 공부를 계속할 예정입니다. 리지웨이 병원과 소아 병원은 우리 지역 사회에 매우 중요하므로 저는 귀사 조직이 일원이 되고 싶습니다.

귀하의 일자리는 매우 흥미롭게 들려, 저는 보다 많은 걸 배울 이 기회를 기꺼이 받아들이고 싶습니다. 제 응시를 호의적으로 검토해주시고 귀사의 요구 사항을 보다 많이 알아볼 수 있는 기회를 갖고 싶습니다. 오후 5시 이후, 상기 전화 번호로 연락 가능합니다. 시간을 내주시고 배려해 주신 점에 대해 미리 감사드립니다. 가까운 시일 내에 귀사로부터 소식을 듣기를 기대합니다.

존 오웬즈 드림
이력서 동봉

a great deal of 상당량
involve 관련시키다
opening 일자리
in advance 미리, 앞서
enclosed 동봉된
intend 의도하다, 생각하다
candidacy 입후보

74 정답 (b)

|해설| 이 편지의 발신인이 수신인에게 취업 이력서를 제출하는 글이므로 발신인이 지원자이다.
|해석| 누가 이 일자리에 지원하였는가?
(a) 존 할러웨이
(b) 존 오웬즈
(c) 존 오스틴
(d) 앨턴 파커

75 정답 (d)

|해설| 이 편지의 발신인이 수신인에게 취업 이력서를 제출하는 글이므로 발신인이 지원자이다. 첫 단락 두 번째 문장 "Your advertisement in the Austin Standard, June 3, describes a position that I believe is well-suited to my skills and education."을 통해서 '오스틴 스탠더드'라는 간행물을 통해 알게 되었음을 확인할 수 있다.
|해석| 어디서 존은 이 일자리를 알게 되었나?
(a) 텍사스 스탠더드 지
(b) 오스틴 스테이츠먼 지
(c) 아메리칸 스테이츠먼 지
(d) 오스틴 스탠더드 지

76 정답 (c)

|해설| 이 편지를 쓴 날이 2017년 6월 5일이고 세 번째 단락 첫 문장에서 '이번 달'에 2년제 대학 학사 학위를 마친다고 했으므로 2017년 6월에 학위 취득이 가능하다는 것을 알 수 있다.
|해석| 존은 언제 경영학 2년제 대학 학사 학위를 받을 예정인가?
(a) 언급하지 않음.
(b) 2017년 7월
(c) 2017년 6월
(d) 2018년 7월

77 정답 (a)

|해설| 마지막 단락 "I can be reached at the above number after 5 p.m."을 통해 전화로 연락을 원하고 있음을 알 수 있다.
|해석| 존은 어떻게 연락이 닿기를 원하고 있나?
(a) 전화로
(b) 편지로
(c) 이메일로
(d) 팩스로

78 정답 (d)

|해설| 첫 단락에서 "Your advertisement in the Austin Standard, June 3, 2017, describes a position that I believe is well-suited to my skills and education."을 통해 자신이 기술과 교육을 동시에 지니고 있는 적임자라고 생각한다고 밝혔다. 두 번째와 세 번째 단락에서도 자신이 적절한 근무 경험과 학력(교육)을 지니고 있기 때문에 자신이 적임자임을 강조하고 있다.
|해석| 존이 이 일자리에 자신이 자격을 갖추고 있다고 생각하는 까닭은 무엇인가?
(a) 그가 학교를 다니고 있었다.
(b) 그가 그 종합 병원의 관리자를 알았다.
(c) 그가 텍사스 주 오스틴 시에 살았다.
(d) 그가 업무 경험과 교육을 동시에 가지고 있다.

79 정답 (b)

|해설| 'be involved with'는 관용표현으로 '~에 참여하다, ~에 개입하다'를 의미한다.
|해석| 이 글의 문맥상 was involved with는 <u>참여했다</u>를 의미한다.
(a) 지겹고 싫증나다
(b) 참여했다
(c) ~로 전근 갔다
(d) 인계했다

80 정답 (a)

|해설| 일반적으로 opening은 '개방'을 의미하지만 비즈니스 관련 용어로 쓰이면 '공석, 일자리'를 뜻한다.
|해석| 글의 문맥상 opening은 <u>(공석의) 일자리</u>를 의미한다.
(a) (공석의) 일자리
(b) 개방된 자세
(c) 출발
(d) 승진

한 권에 끝내는 **지텔프 65점**

모의고사 [2회]

이현아 취향저격 G-TELP 65점

[Grammar]

01. Shore's Fine Confections is one of the most sought-after candy stores in town during the holidays. Famous for its European-style chocolates since 1920, Shore's _____ them for almost a hundred years.

(a) has been selling
(b) are selling
(c) sell
(d) had sold

02. We don't have to eat at an Italian restaurant tonight. I suggest that Lorraine _____ dinner. She has just perfected making ravioli and is excited to show off her new skill.

(a) is preparing
(b) has prepared
(c) prepares
(d) prepare

03. Jenny started looking for good Christmas bargains as early as October. However, she did not start shopping until last week when the prices were lower. She _____ more money if she had shopped earlier.

(a) would spend
(b) spent
(c) was spending
(d) would have spent

04. The personnel office hasn't announced the successful applicant for the supervisory position. As a result, we don't know _____.

(a) whom has gotten the job
(b) which got the job
(c) whose got the job
(d) who got the job

05. Last week, Alex resigned from his job as a production assistant in a well-known media company. He _____ there for almost four years when he got a job offer as a field reporter in another company.

(a) worked
(b) had worked
(c) would work
(d) had been working

06. The marketing poll has just been completed. By the time the data is needed next month, it _____ according to geographical area.

(a) has been analyzed
(b) will have been analyzed
(c) is being analyzed
(d) would be analyzed

07. Sam told me that he met someone at the coffee shop. He said that he even asked her out to dinner. After learning what her name was, I told him that the woman _____ was my boss.

(a) whom he just asked out on a date
(b) that just asked him out on a date
(c) why did he asked her out on a date
(d) which he just asked out on a date

08. Mr. Stafford's 1997 Volkswagen Beetle is now costing him too much to maintain. He is considering _____ the small car with a minivan, as he is now a family man.

(a) replacing
(b) to replace
(c) having replaced
(d) to have replaced

09. The number of students who enroll in online programs has doubled since the late 1990s. Online education seems to be a viable solution for those students who _____ for ways to finish their degrees earlier than usual.

(a) have been looking
(b) are looking
(c) look
(d) had looked

10. I want to complain about a clerk who was very rude to me yesterday. Unfortunately, I've forgotten the name of the clerk _____.

(a) whom had an unacceptable attitude
(b) who has had an unacceptable attitude
(c) who I had an unacceptable attitude
(d) whose attitude was unacceptable

11. Several student and adult groups in the U.S. are rallying against police violence. The movement urges that the police _____ from hurting people who are merely suspected of committing a crime.

(a) are refraining
(b) refrain
(c) will refrain
(d) refrains

12. The Clarkes are so proud of their cottage house. Even though many hurricanes have battered it, the beautiful house still stands. They _____ there for several decades, and have no plans of moving elsewhere.

(a) have been living
(b) would have lived
(c) are living
(d) would live

13. We plan to join Karen for dinner tonight at the restaurant. We will get there at about 5:00 p.m., _____ the traffic is not too heavy.

(a) in order that
(b) so that
(c) provided that
(d) every time that

14. Marty got a fractured leg in a biking accident last week. He wasn't able to slow down over a speed hump which caused him to fall badly. If he had been careful, he _____ that mishap.

(a) would have avoided
(b) will have been avoided
(c) was avoiding
(d) would avoid

15. Timmy was late for work yesterday because he had to go back home to get his driver's license. He _____ along the freeway when he realized that he forgot to bring it.

(a) was already driving
(b) had already driven
(c) will already be driving
(d) would already drive

16. Jessie has already lost 14 pounds, but she still plans to continue jogging every morning to lose more weight. If I were as determined as Jessie is, I _____ as much calories as she does daily.

(a) have burnt
(b) would burn
(c) was burning
(d) will burn

17. Katie's flight has been delayed, and it's good that I brought a book with me. I won't get bored while waiting for her. By the time her plane arrives, I _____ here for two hours!

(a) sat
(b) will have been sitting
(c) was sitting
(d) would have sat

18. Some people think that they know everything about food, but are surprised by new facts they learn. For example, tomato, _____ a vegetable, is actually a fruit of the berry family.

(a) how many mistake for
(b) what many mistake for
(c) which many mistake for
(d) why many mistake for

19. Ernest lost his credit card along with his wallet on the bus today. I told him that he _____ report the loss to the credit card company to have his card blocked so no one could use it.

(a) can
(b) will
(c) must
(d) may

20. Gertrude hardly has time for physical activity due to her busy work schedule. Hence, she takes advantage of every form of exercise she can engage in which includes _____ from the train station to her office.

(a) to walk
(b) walking
(c) having walked
(d) to be walking

21. MMA fighter Connor McGregor lost his match against Floyd Mayweather, but he showed that he was a very capable fighter. McGregor, _____, was able to keep up with one of the best boxers of all time.

(a) when he was participating in his first boxing match
(b) who was participating in his first boxing match
(c) which was participating in his first boxing match
(d) where he was participating in his first boxing match

22. Chemistry experiment involves the use of different unstable chemicals. The activity is so dangerous that the students _____ wear their gloves and masks while handling the mixtures.

(a) shall
(b) might
(c) must
(d) can

23. The Thespian Theater Guild is looking for actors who can also sing and dance. Starting December, the group _____ a Christmas musical for one month and needs people to fill in for some of the cast members.

(a) presents
(b) will present
(c) will be presenting
(d) are presenting

24. John was very hungry this afternoon and didn't have anything to eat. He _____ something to snack on while he worked.

(a) ought to be brought
(b) ought to bring
(c) ought to be bringing
(d) ought to have brought

25. Shopping is Wendy's favorite pastime. Her husband often worries about her _____ too much money.

(a) being spent
(b) to spend
(c) spent
(d) spending

26. Pollution problem in the 1970s led to strict automobile emissions standards. Had the government acted early, these standards _____.

(a) wouldn't be needing
(b) wouldn't have been needed
(c) wouldn't need
(d) wouldn't have been needing

PART 1. *Read the following biographical narrative and answer the questions. The underlined words in the article are for vocabulary questions.*

WALTER REED

Walter Reed, a United States Army Pathologist and bacteriologist, proved that yellow fever, for several centuries one of the great scourges of the Western Hemisphere, is transmitted by the bite of a mosquito.

Reed was born in Belroi in Gloucester Country, Virginia, on September 13, 1851. In 1866 his family moved to Charlottesville, where Walter intended to study classics at the University of Virginia. After a period at the university he transferred to the medical facility, completed his medical course in nine months, and in the summer of 1869, at the age of 18, graduated as a doctor of medicine. To obtain further clinical experience he matriculated as a medical student at Belevue Medical College, New York, and a year later took a second medical degree there. He held several hospital posts as an intern and was a district physician in New York. He decided against general practice, however, and for security chose a military career. In February 1875, he passed the examination for the Army Medical Corps and was commissioned a first lieutenant.

In 1889, he was appointed attending surgeon and examiner of recruits at Baltimore. He had permission to work at the Johns Hopkins Hospital, where he took courses in pathology and bacteriology. In 1893, Reed was assigned to the posts of curator of the Army Medical Museum and professor of bacteriology and clinical microscopy at the newly established Army Medical School. During the Spanish-American War of 1898, he was appointed chairman of a committee to investigate the spread of typhoid fever in military camps.

During most of the 19th century, it had been widely held that yellow fever was spread by fomites-ie., bedding and clothing that had been used by a yellow fever patient. As late as 1898, a U.S. official report ascribed the spread to this cause. Meanwhile, other methods of transmission had been suggested. In 1881, the Cuban physician and epidemiologist, Carlos Juan Finlay formulated a theory of insect transmission. In 1896, an Italian Bacteriologist, Giuseppe Sanarelli, claimed that he had isolated from yellow fever patients an organism he called Bacillus icteroides. The U.S. Army appointed Reed and Army physician James Carroll to investigate Sanarelli's bacillus. Reed and Carroll published their first report in April 1889 and in February 1990, submitted a complete report for publication. It showed that Sanarelli's bacillus belonged to the group of hog-cholera bacillus and was in yellow fever a secondary invader.

On his return to Washington in February 1901, Reed continued his teaching duties. He died following an operation for appendicitis on November 22, 1902. The Army general hospital located in Washington, D.C. was named in his honor.

53. What was Dr. Walter Reed's greatest contribution to medicine?

(a) He discovered fomites.
(b) He was the scourge of the Western Hemisphere.
(c) He proved that yellow fever did not exist.
(d) He proved that yellow fever was transmitted by a mosquito bite.

54. At what age did Dr. Walter Reed become a doctor of medicine?

(a) 18 years old
(b) 22 years old
(c) 30 years old
(d) 40 years old

55. Why did Dr. Walter Reed decided to join the Army?

(a) to travel
(b) to work with sick soldiers
(c) for security
(d) for research opportunities

56. Why was Reed appointed chairman of a committee during the Spanish-American war?

(a) to determine how to examine Army recruits
(b) to determine how typhoid was spread in camps
(c) to obtain further clinical experience
(d) to serve as an Army first lieutenant

57. How did Reed and Carroll link the transmission of yellow fever to mosquitoes?

(a) by determining that Sanarelli's bacillus was a secondary invader
(b) by determining the connection between typhoid fever and yellow fever
(c) by injecting blood into yellow fever patients
(d) by examining the mosquito bacillus under a microscope

58. In the context of the passage, intended means _____.

(a) decided
(b) planned
(c) hated
(d) enrolled

59. In the context of the passage, transmission means _____.

(a) growth
(b) recommendation
(c) induction
(d) spreading

PART 2. *Read the following article and answer the questions. The underlined words in the article are for vocabulary questions.*

An International Campaign to Ban Landmines

Landmines kill and maim indiscriminately. It is not just the combatants who suffer the effect of landmines. They are a major threat to the civilian population in terms of social and economic deve- lopment. A low estimate is that there are over one hundred million anti-personnel mines on several continents. So prolific are these weapons that it is impossible to determine their locations.

The International Campaign to Ban Landmines (ICBL) and its coordinator Jody Williams have established an organization that is working to ban and clear anti-personnel mines. The late Princess Diana was a strong supporter of this program and used her influence to help heighten the prominence of this organization. There are over one thousand affiliates belonging to the ICBL, making it a network able to express and mediate a broad commitment in an unheard-of-manner.

Last year the Nobel Peace Prize was shared jointly by Jody Williams and the ICBL. It was hoped that a commitment to ban all anti-personnel mines would have been agreed upon this year in Ottawa, Canada by all nations. It was especially important to have the United States be part of this agreement. Unfortunately they were unable to reach an agreement as the U.S. felt that it would jeopardize the security of their troops, especially those stationed in Korea. It is hoped that similar process will occur in the near future as it could prove to be of decisive importance to the international effort for disarmament and peace.

60. What are landmines?

(a) Underground mines
(b) Anti-personnel weapons
(c) Remote control weapons
(d) None of the above

61. What does the initials ICBL means?

(a) International Committee to Ban Landmines
(b) International Campaign to Boycott Landmines
(c) International Committee to Boycott Landmines
(d) International Campaign to Ban Landmines

62. How many affiliates does the ICBL have?

(a) Over one hundred million
(b) Over one thousand
(c) Over one hundred
(d) Over one hundred thousand

63. Why are landmines a major threat to people?

(a) Because they kill the combatants.
(b) Because they are so much contaminated.
(c) Because they are too expensive.
(d) Because nobody knows where they are.

64. Which of the following is not true?

(a) There are probably over one hundred million anti-personnel mines on several continents.
(b) There are a lot of organizations affiliated to the ICBL.
(c) Jody Williams was exclusively awarded the Novel Peace Prize last year.
(d) The ICBL has been established to ban and clear anti-personnel mines.

65. In the context of the passage, prolific means _____.

(a) numerous
(b) prominent
(c) ensuing
(d) thriving

66. In the context of the passage, mediate means _____.

(a) act as a peacemaker
(b) think deeply
(c) practice
(d) cut off

PART 3. *Read the following encyclopedia article and answer the questions. The underlined words in the article are for vocabulary questions.*

The Gypsy Moth

One of the most destructive elements of the North American forest is that of the gypsy moth. This pest feeds on the foliage of hundreds of species of plants but its most common hosts are oaks and aspen. Populations fluctuate from year to year. From 1 egg mass per ha. to over 1,000 per ha. the gypsy moth can completely strip a stand of timber when density levels are high. If a stand has been attacked for several successive years the damage may be so great that the entire forest dies. In most northeastern forests, less than 20% of the tree will die as a result of the moth, but occasionally tree mortality may be very heavy.

This species originally evolve in Europe and Asia thousands of years ago. E. Leopold Trouvelot accidentally introduced the gypsy moth near Boston MA. around 1868. The first outbreak began in Trouvelot's neighborhood some 10 years later. Although there were periodic outbreak, it took 32 years before the State and Federal Government began to try to eradicate the moth. All attempts since first recognized as a problem have ultimately failed, and the gypsy moth has continued to spread its range as far north as Central Canada. Every year isolated populations are discovered beyond their known range.

Every year, the U.S.A. sprays around 1 million acres of forest land with pesticides in order to suppress outbreaks of gypsy moth populations. This is generally done by state governments and USDA Forest Service. Yet the concern is so great that there are private companies that are under contract with land owners to spray on a regular basis. There is a limit amount of alternatives to chemical spraying. Small animals are a very important predator of the moth, and very effective especially at low population densities. Birds also prey on the gypsy moth but this does not seem to significantly reduce the numbers of the insects. In addition to indigenous birds and animals over 20 insect parasites and predators from Europe have been introduced in the last century, but still the moth population continues to increase.

67. What species of trees are most affected?

(a) Jack Pine and Oak
(b) Aspen and Oak
(c) Elm and Maple
(d) Aspen and Maple

68. Where did the gypsy moth first make its appearance in the US?

(a) Seattle
(b) New York
(c) Detroit
(d) Boston

69. How far north has the moth extended its range?

(a) Central Canada
(b) Boston
(c) New York
(d) Washington

70. Which of the following does not belong to the alternatives to chemical spraying?

(a) indigenous birds
(b) several small animals
(c) insect parasites from Europe
(d) some hosts

71. Why does the gypsy moth populations continue to increase?

(a) There are no powerful ways to eradicate the moth completely.
(b) The State Government has no fund to spend.
(c) Land owners are against suppressing outbreaks of gypsy moth populations.
(d) The gypsy moth was introduced from Europe.

72. In the context of the passage, eradicate means _____.

(a) enhance
(b) eliminate
(c) inhabit
(d) mislead

73. In the context of the passage, indigenous means _____.

(a) powerful
(b) knowing how to solve the problem
(c) native to the area
(d) very resistant to change

PART 4. *Read the following business letter and answer the questions. The underlined words in the article are for vocabulary questions.*

Mutual Benefit Corporation

631 Fremont Street
Chicago, IL 60619

Mary Watson
388 Pine Road
Los Gatos, NM 30041

Dear Ms. Watson:

As a graduate student who has worked so hard toward earning a graduate degree, you deserve special treatment as reward for your efforts. That is why Mutual Benefit Corporation, MBC, would like to make you this very special offer. It is my pleasure to invite you to apply for the credit card that is specially designed to suit your current and future financial needs... the MBC Global Charge card.

Simply complete and return the enclosed brochure application and soon you will enjoy the following perks:

- Your own personal credit line that ranges any- where from $1,000 to $25,000 on a card that is accepted at over four million establishments worldwide
- Cash advance capability at thousands of 24-hour Global Automatic Teller Machine locations nat- ionwide and over 110,000 banking offices world- wide
- An established credit history
- Global Credit Life Insurance (maximum coverage $30,000) at no additional cost
- Check writing privileges
- An exciting publication with contests, merchandise and service discounts, and informative articles valuable to future graduates

By taking advantage of this special offer, you will receive the superior service offered by MBC and the valuable benefits of our Global Charge card.

If your current annual income is at least $18,000 or if you have accepted future employment that will provide you with an annual income of at least $18,000, simply complete the enclosed application and mail it today!

Sincerely,
Daniel R. Sampson
Senior Vice President

74. Why did Mary Watson probably receive this letter?

(a) She is about to graduate and find a job.
(b) She has applied for the MBC Global Charge card.
(c) She has an annual income of $18,000.
(d) She has an established credit history.

75. Where is the MBC Global Charge card accepted?

(a) by businesses owned by the Mutual Benefit Corporation
(b) at future employment locations
(c) at millions of 24-hour teller machines nationwide
(d) at over four million establishments worldwide

76. What is an important benefit of having the MBC Global Charge card?

(a) It requires a lot of effort to earn.
(b) It provides a person with an annual income.
(c) It is a way for recent graduates to establish a credit history.
(d) It is a specially designed financial plan.

77. What is the maximum amount of life insurance that is offered with the MBC Global Charge card?

(a) $1,000
(b) $18,000
(c) $25,000
(d) $30,000

78. Where can a person with an MBC Global Charge card get information about merchandise and service discounts?

(a) in the publication from MBC
(b) at Automatic Teller Machine locations
(c) at worldwide banking offices
(d) on the enclosed application from MBC

79. In the context of the passage, treatment means _____.

(a) curing
(b) handling
(c) negotiating
(d) feeding

80. In the context of the passage, perks means _____.

(a) suggestions
(b) trust
(c) benefits
(d) drawbacks

한 권에 끝내는 지텔프 65점

정답과 해설
모의고사 [2회]

이현아 취향저격 G-TELP **65**점

[Grammar]

01 정답 (a)

해설 기간을 표현하는 부사 for almost a hundred years가 있으므로 완료시제가 들어가야 하며 앞에 since 1920이 있으므로 현재완료 시제가 가장 적절하다. 보기에 현재완료시제는 진행 형태인 (a)밖에 없으므로 정답은 (a)이다.

해석 Shore's Fine Confections은 휴일 동안 도시에서 가장 수요가 많은 사탕 가게들 중 하나이다. 1920년 이래로 유럽 양식의 초콜렛으로 유명한 Shore's는 거의 100년 동안 그것들을 판매해오고 있다.

confection 당과 제품
sought-after 수요가 많은

02 정답 (d)

해설 동사 suggest의 목적어 자리에 '당위성'을 표현하는 that절이 왔으므로 동사는 '(should) + 동사원형'이 되어야 한다.

해석 우리는 오늘밤 이탈리아 식당에서 먹지 않아도 된다. 나는 Lorraine이 저녁을 준비하는 것을 제안한다. 그녀는 방금 라비올리를 완전하게 만들었으며, 그녀의 새로운 기술을 보여주는 것을 흥미로워 한다.

03 정답 (d)

해설 가정법 if절의 시제가 had p.p.이므로 가정법 과거완료이다. 주절에는 '조동사 과거형 + have p.p.'가 되어야 올바르다.

해석 Jenny는 이미 10월에 크리스마스 할인을 기대하기 시작했다. 그러나 그녀는 가격이 더 낮았던 저번 주까지 쇼핑을 시작하지 않았다. 그녀는 더 일찍 쇼핑했다면 더 많은 돈을 썼을 것이다.

look for 기대하다
as early as 이미

04 정답 (d)

해설 타동사 know의 목적어 자리이다. 보기에 모두 주어가 없이 동사로 시작하므로 주어역할을 하는 의문대명사 who가 들어가는 것이 적절하다.

해석 인사 부서는 감독의 직위에 오른 지원자를 발표하지 않았다. 그 결과 우리는 누가 그 직위를 얻었는지 모른다.

personnel 인사과의

05 정답 (d)

해설 기간을 표현하는 for almost four years가 있으므로 완료시제가 들어가야 하고 when 부사절 시제가 과거시제이므로 과거완료시제가 올바르다. 문맥상 단순 지속성을 표현하는 과거완료 시제보다 일자리를 제안 받았을 때 계속해서 일해오고 있는 상황을 표현하는 '과거완료진행'시제가 더욱 적절하다.

해석 저번 주에 Alex는 유명한 미디어 회사에 생산 보조 일을 그만두었다. 그는 다른 회사에서 현장 리포터로 일 제안을 받았을 때 거의 4년 간 일하고 있었다.

06 정답 (b)

해설 시간 부사절 접속사 by the time절의 시제가 현재이므로 주절은 미래시제를 쓰는 것이 올바르다. 미래시제는 (b)밖에 없다. 미래의 특정 시점이 될 때 그 시점까지 계속되는 상황을 묘사하는 미래완료시제는 특히 접속사 by the time가 자주 쓰인다.

해석 마케팅 설문 조사는 방금 완성 되었다. 자료가 다음 달 필요할 때까지 그것은 지리학적 분야에 따라서 분석될 것이다.

07 정답 (a)

해설 선행사가 사람인 the woman이므로 (c)와 (d)는 정답 후보에서 제거할 수 있다. 앞 문장에서 Sam이 호감이 있는 여자에게 데이트 신청을 했다는 내용이 나오므로 (a)가 정답이다. (c)는 그녀가 Sam에게 데이트 신청을 했다는 내용이 되므로 문맥상 적절하지 않다.

해석 Sam은 그가 커피숍에서 누군가를 만났다고 나에게 말했다. 그는 그녀에게 저녁에 초대했다고 말했다. 그녀의 이름이 무엇인지 알고 나서 나는 그에게 그가 데이트 신청했던 그 여자가 나의 상사라고 말했다.

ask out to ~로 초대하다
ask out ~에게 데이트 신청하다

08   정답 (a)

|해설| 타동사 consider은 목적어 자리에 동명사를 쓰는 동사이므로 (a)가 정답이다.

|해석| Stafford가 1997년에 산 폭스바겐은 현재 유지 비용이 너무 많이 든다. 그는 현재 가정 있는 남자이기 때문에 그 작은 차를 미니밴으로 교체할 것을 고려하고 있다.

09   정답 (b)

|해설| 주절 동사가 seems이므로 현재시제임을 알 수 있다. 시제일치의 법칙에 따라서 현재시제가 들어가는 게 자연스럽다. 문맥상 '현재 방법을 찾고 있는' 사람들이 가장 자연스러우므로 현재진행시제가 정답이다.

|해석| 온라인 프로그램에 등록한 학생들의 수는 1990년대 후반 이래로 두 배가 되었다. 온라인 교육은 보통보다 더 빨리 학위를 끝낼 방법을 찾고 있는 학생들에게 실행 가능한 해결책으로 보인다.

viable 실행 가능한

10   정답 (d)

|해설| 선행사가 the clerk이며 관계사가 수식하는 구조이다. (a)와 (c)는 문법적으로 올바르지 않다. (b)는 해석이 문맥상 어울리지 않는다.

|해석| 나는 어제 나에게 아주 무례했던 직원에 대해 항의하고 싶다. 불행하게도 나는 받아들일 수 없는 태도를 가진 직원의 이름을 잊어버렸다.

unacceptable 받아들일 수 없는

11   정답 (b)

|해설| 명령/동의/제안/주장/요구/충고 동사의 종류인 urge의 목적어에 당위성을 표현하는 that절이 목적어로 왔으므로 동사는 (should) + 동사원형이 되어야 한다.

|해석| 미국의 몇몇 학생들과 성인 그룹은 경찰 폭력에 대항하여 결집하고 있다. 그 운동은 경찰이 단지 범죄를 저지른 것으로 의심되는 사람들을 다치게 하는 것을 삼가도록 요구한다.

rally 결집하다   refrain from ~을 삼가다

12   정답 (a)

|해설| 기간을 표현하는 전명구 for several decades가 있으므로 완료시제를 써야한다.

|해석| Clarkes는 작은 집에 대해 아주 자랑스러워 한다. 많은 허리케인이 그것을 강타했음에도 불구하고 그 아름다운 집은 여전히 서 있다. 그들은 몇 십 년 간 거기서 살고 있으며 다른 곳으로 갈 계획이 없다.

cottage 작은 집
batter 강타하다

13   정답 (c)

|해설| 문맥상 가장 의미가 적절한 부사절 접속사를 찾는 문제이다. '~하다면'을 나타내는 조건 부사절 접속사 provided (that)이 의미상 적절하다.

|해석| 우리는 오늘 밤 저녁에 Karen과 함께 음식점에 갈 예정이다. 교통이 많이 혼잡하지 않다면 우리는 대략 오후 5시에 거기에 도착할 것이다.

14   정답 (a)

|해설| 가정법 if절의 시제가 had p.p.이므로 가정법 과거완료임을 알 수 있다. 주절동사는 '조동사 과거형 + have p.p.'가 되어야 한다.

|해석| Marty는 저번 주 자전거 사고에서 다리가 골절되었다. 그는 그가 심하게 넘어진 과속 방지턱에서 속력을 낮추지 못했다. 그가 조심했었다면 그는 그 작은 사고를 피했을 것이다.

fracture 골절이 되다
speed hump 과속 방지턱
mishap 작은 사고

15   정답 (a)

|해설| 부사절 접속사 when절의 시제가 과거이므로 시제 일치에 따라서 과거시제가 들어가야 한다. 의미상 과거완료보다는 '과거진행'이 더 적절하다.

|해석| Timmy는 운전 면허를 가져오기 위해 집으로 다시 가야 했기 때문에 어제 일에 늦었다. 그는 그것을 가져올 것을 잊어버렸다는 것을 깨달았을 때 이미 고속도로를 따라 운전하고 있었다.

freeway 고속도로

16
정답 (b)

해설 가정법 if절의 동사가 were인 것으로 보아 가정법 과거시제임을 알 수 있다. 가정법 과거에서 주절의 시제는 '조동사 과거형 + 동사원형'이 되어야 한다.

해석 Jessie는 이미 14파운드를 뺐지만 살을 더 빼기 위해 매일 아침 조깅을 계속할 계획이다. 내가 Jessie만큼 단단히 결심한다면 나는 그가 매일 태우는 만큼의 칼로리를 태울 텐데.

determined 단단히 결심한

17
정답 (b)

해설 부사절 접속사 by the time이 이끄는 절의 시제가 현재인 것으로 보아, 주절에는 미래시제가 들어가야 한다. 미래완료시제인 (b)가 가장 적절하다.

해석 Katie의 비행 편은 지연되었으며 내가 책을 가져왔던 것은 좋은 것이다. 나는 그녀를 기다리는 동안 지루하지 않을 것이다. 그녀의 비행 편이 도착할 때까지 나는 두 시간 동안 여기에 앉아있을 것이다.

18
정답 (c)

해설 선행사가 tomato이므로 선행사를 포함하는 관계대명사 what은 쓸 수 없다. 또한 동사 mistake의 목적어가 없는 불안전한 문장이 왔으므로 관계부사 how나 why는 쓸 수 없다. 목적격 관계대명사 which가 적절하다.

해석 몇몇 사람들은 그들이 음식에 대해 모든 것을 안다고 생각하지만 그들이 배운 새로운 사실에 놀란다. 예를 들면 토마토는 많은 사람들이 채소라고 오인하지만 사실 산딸기류의 과일이다.

mistake for ~라고 오인하다
berry 산딸기 류 열매

19
정답 (c)

해설 문맥상 가장 적절한 조동사를 찾는 문제이다. '분실신고를 해야 한다'가 의미상 올바르므로 must가 정답이다.

해석 Ernest는 오늘 버스에서 그의 지갑에 있던 그의 신용카드를 잃어버렸다. 나는 아무도 그것을 쓰지 못하게 그의 카드를 차단하도록 그가 신용 카드 회사에 분실 신고해야 한다고 그에게 말했다.

20
정답 (b)

해설 타동사 include는 동명사를 목적어로 취하는 3형식 동사이다.

해석 Gertrude는 그녀의 바쁜 일 스케줄 때문에 신체 활동을 할 시간이 거의 없다. 그래서 그녀는 지하철 역에서 그녀의 사무실까지 걷는 것을 포함하여 그녀가 참여할 수 있는 모든 운동 종류를 이용한다.

take advantage of ~을 이용하다

21
정답 (b)

해설 McGregor를 선행사로 하므로 관계대명사 who의 절이 수식하는 것이 올바르다.

해석 MMA 권투 선수인 Connor McGregor는 Floyd Mayweather 과의 경기에서 졌지만 그는 아주 능력 있는 선수임을 보여주었다. McGregor는 그의 첫 권투 경기에 참여했으며 역대 가장 잘하는 선수들 중 하나에 뒤지지 않을 수 있었다.

keep up with 연락하고 지내다, ~에 뒤지지 않다, ~와 엇비슷하다

22
정답 (c)

해설 문맥상 올바른 조동사를 찾아야 한다. 굉장히 위험하다는 내용이 나오므로 안전 장비를 착용해야 한다는 의무를 표현하는 조동사 must가 들어가야 적절하다.

해석 화학 실험은 각각 다른 불안정한 화학 물질 사용을 수반한다. 그 활동은 너무 위험해서 학생들이 혼합물을 다룰 때 장갑과 마스크를 써야 한다.

23
정답 (c)

해설 빈칸 앞에 12월에 시작하면서 그 그룹은 공연을 하게 될 것이라는 내용이 올바르므로 미래시제가 들어 가야한다. 미래를 표현하는 많은 시제 중에서 공연 중임을 강조하는 미래진행시제가 가장 의미상 적절하다.

해석 Thespian 극장 조합은 노래하고 춤출 수 있는 배우들을 찾고 있다. 12월이 시작될 때 그 단체는 한 달 동안 크리스마스 뮤지컬을 공연할 것이며 몇몇 배역을 채우기 위해 사람들을 필요로 한다.

24 정답 (d)

해설 while 부사절의 시제가 과거이므로 과거의 상황에 대한 '유감이나 후회'를 표현하는 조동사 표현이 적절하다. ought to have p.p.는 '~했어야 했는데'의 뜻이다.

해석 John은 오늘 오후에 아주 배가 고팠고 먹을 것이 아무것도 없었다. 그는 그가 일하는 동안 가볍게 식사할 것을 샀어야 한다.

snack on ~로 가벼운 식사를 하다

25 정답 (d)

해설 전치사 about의 목적어 자리이므로 동명사가 들어가야 한다. 동명사의 의미상 주어는 소유격으로 표현한다.

해석 쇼핑은 Wendy의 가장 좋아하는 취미이다. 그녀의 남편은 종종 그녀가 너무 많은 돈을 쓰는 것에 대해 걱정한다.

pastime 취미

26 정답 (b)

해설 문두에 had가 오고 주어 뒤에 p.p.형이 온 것으로 보아 가정법 과거완료가 if가 생략되면서 주어와 동사가 도치된 것임을 알 수 있다. 주절에는 '조동사 과거형 + have p.p.'가 들어가야 한다.

해석 1970년대 오염 문제는 엄격한 자동차 가스 배출 기준으로 이어졌다. 정부가 빨리 행동했더라면 이 기준들은 필요하지 않았을 것이다.

strict 엄격한

[Part 1]

월터 리드

미 육군의 병리학자 겸 세균학자 월터 리드는 몇 세기 동안 서반구에서 가장 큰 재앙의 하나인 황열병이 모기에 물려서 전염된다는 것을 증명했다.

리드는 1851년 9월13일 버지니아주 글로스터 카운티의 벨로이에서 태어났다. 1869년 여름에 그의 가족이 샬로츠빌로 이사했는데 월터는 버지니아대학교에서 고전 작품을 공부할 생각이었다. 얼마 동안 대학 생활을 한 뒤 그는 의료 설비 분야로 전과했으며, 9개월 만에 의학 과목을 마치고, 1869년 18살의 나이로, 의학박사로 졸업했다. 임상 경험을 더 쌓기 위해 그는 뉴욕에 있는 빌레뷰 의과대학에 등록했으며 1년 뒤 그곳에서 두 번째 학위를 땄다. 그는 몇 곳의 병원에서 인턴으로 일했으며 뉴욕의 구역 의사가 됐다. 그는 일반 진료를 하지 않기로 마음을 먹었지만 (재정적)보장을 위해 군에 들어가기로 했다. 1875년 2월 육군 의무 부대 시험에 합격하고 중위로 임관했다.

1889년 그는 주치의 겸 볼티모어 모병검사관이 됐다. 그는 허가를 받고 존스 홉킨스 병원에서 일했으며 그곳에서 병리학과 세균학을 배웠다. 1893년 리드는 육군 의학 박물관 큐레이터 겸 신설 육군의과대학의 세균학 및 임상 현미경학 교수가 됐다. 1898년 미서(美西)전쟁 기간에 군부대내 장티푸스 확산을 조사하는 위원회 의장으로 선임됐다.

19세기 거의 내내 황열병이 매개체-즉, 황열병 환자가 사용한 침구와 의복으로 전염된다는 것이 일반적인 생각이었다. 1898년에 이르러서는 미국이 이런 입장을 공식화했다. 한편 다른 전염 경로도 제시되고 있었다. 1881년에, 쿠바의 내과의사 이자 유행병학자인 카를로스 후안 핀라이는 곤충 전염의 이론을 만들었다. 1896년에 이탈리아 세균학자 쥬세페 사나렐리가 황열병 환자로부터 유기체를 분리했다고 주장하고 바실루스 이터로이드(Bacillus icteroides)라고 명명했다. 미 육군은 리드와 육군 내과의사 제임스 캐롤을 지명해 사나렐리의 바실루스를 조사하도록 했다. 리드와 캐롤은 첫 보고서를 1889년에 출판했으며 1990년 2월에는 출판 완성본을 제출했다. 보고서는 사나렐리의 바실루스가 돼지 콜레라 바실루스 그룹에 속하며 황열병에서는 2차 침입균임을 밝혔다.

1901년 워싱턴으로 돌아오면서 리드는 가르치는 일을 계속했다. 그는 1902년 11월 22일 충수염 수술을 받은 뒤 사망했다. 그를 추모해 워싱턴 D.C.에 있는 육군 일반 병원에 그의 이름을 붙였다.

pathologist 병리학자
bacteriologist 세균학자
yellow fever 황열병
scourge 재앙, 골칫거리
transmit 전염시키다, 전송하다
intend 의도[작정]하다, 생각하다
matriculate 입학을 허가하다
security (미래를 위한) 보장, 보안, 경비
lieutenant (육·해·공군의) 중위[소위]
assign (일·책임 등을) 맡기다
curator 관리인, 관장, 주사
ascribe ~의 탓으로 돌리다
transmission 전염, 전파, 전송
invader 침략자, 침입자

53 정답 (d)

|해설| 월터 리드는 황열병이 모기에 물려서 전염된다는 것을 증명한 사람이다.
|해석| 월터 리드 박사가 의학에 미친 가장 큰 공헌은 무엇인가?
(a) 그는 매개물을 발견했다.
(b) 그는 서반구의 골칫거리였다.
(c) 그는 황열병이 존재하지 않는다는 것을 입증했다.
(d) 그는 황열병이 모기에 물려서 전염된다는 것을 증명했다.

54 정답 (a)

|해설| 1869년 18세의 나이로 의사가 되었다는 내용이 지문에 나온다.
|해석| 월터 리드는 몇 살에 의학 박사가 되었나?
(a) 18세
(b) 22세
(c) 30세
(d) 40세

55 정답 (c)

|해설| 두 번째 문단에서 He decided against general practice, however, and for security chose a military career.라는 문장을 통해 '생계'를 위해 군대에 들어간 간 것을 알 수 있다.
|해석| 월터 리드가 군대에 입대한 이유는?
(a) 여행하기 위해
(b) 아픈 군인들을 위해 일하려고
(c) (미래를 위한) 보장, 생계
(d) 연구 기회를 위해

56 정답 (b)

|해설| 3번째 문단 마지막에 During the Spanish-American War of 1898, he was appointed chairman of a committee to investigate the spread of typhoid fever in military camps. 문장을 통해 군대에서 장티푸스가 어떻게 확산되는 지 조사하기 위해 임명된 것임을 알 수 있다.
|해석| 월터 리드가 미서 전쟁 기간에 위원회 의장으로 임명된 이유는?
(a) 군대가 어떻게 병장들을 진찰하는 지 조사하기 위해서
(b) 어떻게 장티푸스가 군부대에서 확산되는 지를 조사하기 위해서
(c) 더 많은 의학적 경험을 얻기 위해서
(d) 군대 중위로 군복무를 하기 위해

57 정답 (a)

|해설| 지문에서 리드와 캐롤은 사나렐리의 바실루스가 돼지 콜레라 바실루스 그룹에 속하며 황열병에서 2차 침입균임을 밝히고 책을 출판했다는 내용이 나온다.
|해석| 리드와 캐롤은 어떻게 황열병의 전염을 모기와 연결시켰는가?
(a) 사나렐리의 바실루스가 2차 침입균임을 밝힘으로써
(b) 장티푸스와 황열병 사이의 관련성을 밝힘으로써
(c) 황열병 환자들에게 피를 주입함으로써
(d) 현미경으로 보기 바실루스를 관찰함으로써

58 정답 (b)

|해설| intend 의도하다, ~하려고 생각하다.
|해석| 본문 맥락에서 intended가 의미하는 것은?
(a) 확장했다
(b) 계획했다
(c) 싫어했다
(d) 등록했다

59 정답 (d)

|해설| transmission 전염, 확산
|해석| 본문 맥락에서 transmission이 의미하는 것은?
(a) 성장
(b) 추천
(c) 소개, 도입
(d) 확산

[Part 2]

국제 지뢰 금지 운동

지뢰는 무차별적으로 죽이고 불구로 만든다. 지뢰의 영향으로 인해 비단 전투대원만이 고통 받는 것은 아니다. 지뢰는 사회 경제적인 발전 측면에서 보면 민간인들에게 최대의 위협이다. 대략 측정해 본 결과, 여러 대륙에 걸쳐 1억 개 이상의 대인 지뢰가 존재한다. 굉장히 만연하게 흩어져 있어서 이 무기들의 위치를 파악하기가 불가능하다.

국제 지뢰 금지 운동 측과 그 운영 회장 조디 윌리엄즈는 대인 지뢰 금지 및 제거를 위해 활동하는 조직을 설립했다. 고인 다이애나 왕세자비는 이 사업을 강력하게 지지했고 이 조직이 지닌 우수성을 고양시키고자 자신의 영향력을 행사했다. 국제 지뢰 금지 운동에 소속해있는 산하 기관은 1천 개가 넘는데, 그 조직이 유례없는 방식으로 폭넓은 공약을 내비치고 조정할 수 있도록 하나의 네트워크로 묶여 있다.

작년에 노벨 평화상은 조디 윌리엄즈와 국제 지뢰 금지 운동이 공동으로 차지했다. 올해 캐나다 오타와에서 전 국가들이 모든 대인 지뢰를 금지하는 공약에 동의하기를 희망했다. 특히 미국으로 하여금 이 합의에 한 역할을 담당하도록 하는 것이 중요했다. 그러나 유감스럽게도 미국이 그 동의안으로 인해 자국 군대의 안전, 특히 주한 미군이 위협을 받을 것을 우려했기 때문에 합의에 도달할 수 없었다. 그 동의안이 군비 축소와 평화를 위한 국제적인 노력에 결정적으로 중요하다고 판명될 때 (대인 지뢰 금지에 관한) 유사한 (합의) 과정이 가까운 장래에 일어나도록 바란다.

maim 불구로 만들다
indiscriminately 무차별적으로
combatant 전투 대원
anti-personnel 대인의
prolific 다작하는, 비옥한, 풍부한
coordinator 책임자
heighten 고조시키다
prominence 중요함
affiliate 계열사
mediate 중재하다, 조정하다
commitment 공약, 약속
unheard-of-manner 전례 없는 방식
jointly 공동으로
jeopardize 위태롭게 하다, 위협하다
station 주둔시키다
prove 입증하다
disarmament 군비 축소

60 정답 (b)

해설 해설 첫 번째 단락 세 번째 문장 「A low estimate is that there are over one hundred million anti-personnel landmines on several continents.」를 통해 여기서 말하는 것이 대인 지뢰임을 알 수 있다.

해석 지뢰란 무엇인가?
(a) 지하의 광산
(b) 대인 무기
(c) 원격 조작 무기
(d) 해당 사항 없음

61 정답 (d)

해설 두 번째 단락 첫 문장에 The International Campaign to Ban Landmines (ICBL)이라고 나와 있다.

해석 ICBL은 무엇의 약자인가?
(a) 국제 지뢰 금지 위원회
(b) 국제 지뢰 불매 운동
(c) 국제 지뢰 불매 위원회
(d) 국제 지뢰 금지 운동

62 정답 (b)

해설 두 번째 단락 마지막 문장 「There are over one thousand affiliates belonging to the ICBL ~」를 통해 1천 개 소 이상의 지부가 ICBL에 가입되어 있음을 알 수 있다.

해석 ICBL은 얼마나 많은 지부를 보유하고 있나?
(a) 1억 개 소 이상
(b) 1천 개 소 이상
(c) 1백 개 소 이상
(d) 10만 개 소 이상

63 정답 (d)

해설 첫 번째 단락 마지막 문장에서 「So prolific are these weapons that it is impossible to determine their locations.」를 통해 지뢰의 수가 매우 많아 그 위치를 정확히 파악하는 것이 불가능하고 그렇기 때문에 위험하다는 것을 추론할 수 있다.

해석 지뢰가 그렇게 위험한 이유는 무엇인가?
(a) 전투 부대원을 살해했기 때문에
(b) 너무 많이 오염되어 있기 때문에
(c) 값이 너무 비싸기 때문에
(d) 아무도 그게 어디에 있는지 모르기 때문에

64 정답 (c)

해설 세 번째 단락 첫 문장 「Last year the Novel Peace Prize was shared jointly by Jody Williams and the ICBL」를 통해서 조디 윌리엄즈와 ICBL이 공동으로 노벨 평화상을 수상했음을 알 수 있다.

해석 다음 중 사실이 아닌 것은?
(a) 몇 몇의 대륙에 1억 개 이상의 대인 지뢰가 있다.
(b) ICBL에 소속된 수많은 단체가 있다.
(c) 조디 윌리엄즈는 작년에 단독으로 노벨 평화상을 수상했다.
(d) ICBL은 대인 지뢰를 금지하고 철거하기 위해 설립되었다.

65 정답 (a)

해설 prolific은 '다작의, 많은, 만연한'의 뜻을 지니고 있다.
해설 이 글의 문맥상 prolific은 만연한 (= 무수한)을 뜻한다.
(a) 무수한
(b) 두드러진
(c) 다음의, 뒤 이은
(d) 번성하는

66 정답 (a)

해설 mediate는 '(해결책을 찾기 위해) 중재하다'의 뜻을 지니고 있다.
해설 이 글의 문맥상 mediate는 조정자로서 행동하다를 의미한다.
(a) 조정자로서 행동하다
(b) 심사숙고하다
(c) 실행하다
(d) 삭제하다

[Part 3]

매미 나방

 북미 삼림의 가장 파괴적인 요인 중 하나가 매미 나방이다. 이 해충은 수백 종류의 식물 잎을 먹고 사는데, 가장 흔한 숙주는 참나무와 미루나무다. 개체군은 해마다 빈번하게 변한다. 헥타르 당 1개에서 1천 개 이상의 알로, 매미 나방은 그 (수적인) 밀도가 높아지면 한 그루 입목의 잎을 완전히 다 뜯을 수 있게 된다. 한 그루의 입목이 수년간 계속해서 공격을 받게 되면 피해가 커서 숲 전체가 죽게 된다. 동북부 대부분의 삼림에서 나무의 20% 이하가 매미 나방으로 인해 죽어갈 것이고, 때에 따라서는 나무의 피해 정도가 높아질 수 있다.

 이 종은 원래 수천 년 전에 유럽과 아시아에서 진화했다. 1868년 경 E. 레오폴드 트루빌랏이 우연히 이 매미 나방을 매사추세츠 주 보스턴 근교에 들여왔다. 약 10년 후 트루빌랏의 이웃에서 처음으로 모습을 드러냈다. 주기적으로 나타났음에도 32년이 지나서야 비로소 주 정부와 연방 정부는 이 나방을 근절하려고 시도하기 시작했다. 문제점으로 처음 인식한 이후 모든 노력은 궁극적으로 실패했고 매미 나방은 멀리 북쪽으로 중부 캐나다까지 그 범위를 지속적으로 넓혀갔다. 매년 무리에서 고립된 나방들이 알려진 범위 밖에서 발견된다.

 미국은 매년 매미 나방의 무리들이 나타나는 것을 억제하기 위해 대략 1백만 에이커의 삼림에 살충제를 뿌린다. 이는 대체로 주 정부 및 미 농무성 삼림청에 의해 실시된다. 그러나 지대한 관심으로 인해 지주들과의 계약 하에 규칙적으로 해충제를 살포하는 사기업도 있다. 화학적 살포에 관해서 제한된 수의 대안들이 있다. 작은 짐승들은 이 나방의 상당히 중요한 포식 동물인데 특히 나방의 서식 밀도가 낮을 때엔 대단히 효율적이다. 조류도 매미 나방을 먹이로 하지만 그 숫자를 상당히 줄이지는 못할 거 같다. 토종의 새와 동물 이외에도 20가지 이상의 기생 곤충과 포식 동물을 지난 세기에 유럽으로부터 들여왔지만 나방의 숫자는 지속적으로 증가하고 있다.

gypsy moth 매미 나방
pest 해충
foliage 나뭇잎
host 숙주
oak 참나무
aspen 사시나무, 미루나무
fluctuate 변동하다
strip 뜯어내다, 벗기다

timber 수목, 목재
successive 연이은, 연속적인
mortality 사망자 수
outbreak 발생
periodic 주기적인
eradicate 근절하다
suppress 진압하다.
predator 포식동물
indigenous 토종의, 토착의
parasites 기생 동물

67 정답 (b)

해설 첫 번째 단락 두 번째 중에서 "but its most common hosts are oaks and aspen."을 통해서 Aspen과 Oak가 가장 흔한 숙주이므로 매미 나방의 영향을 가장 많이 받을 것이라는 것을 추론할 수 있다.
해석 어떤 종의 나무가 가장 영향을 받고 있나?
(a) 잭 파인과 참나무
(b) 미루나무와 참나무
(c) 느릅나무와 단풍나무
(d) 미루나무와 단풍나무

68 정답 (d)

해설 두 번째 단락 두 번째 문장 "E. Leopold Troubelot accidentally introduced the gypsy moth near Boston MA, around 1868."을 통해서 1868년경 보스턴에 최초로 들어오게 되었음을 알 수 있다.
해석 매미 나방은 미국 내 어디에서 처음 출현하였나?
(a) 시애틀
(b) 뉴욕
(c) 디트로이트
(d) 보스턴

69 정답 (a)

해설 두 번째 단락 끝 "as far north as Central Canada"를 통해 중부 캐나다까지 확장했음을 알 수 있다.
해석 북쪽으로 얼마나 멀리 이 나방이 자기 영역을 확장해 왔는가?
(a) 중부 캐나다
(b) 보스턴
(c) 뉴욕
(d) 워싱턴

70 정답 (d)

해설 숙주는 기생 생물이 사는 좋은 서식지이므로 화학적 살포의 대안이 될 수 없다.
해석 다음 중 화학적 살포에 대한 대안에 속하지 않는 것은?
(a) 토착 조류들
(b) 몇 개의 작은 동물들
(c) 유럽에서 들여온 곤충 기생 동물
(d) 일부 숙주

71 정답 (a)

해설 마지막 단락 끝 부분에서 매미 나방을 박멸하려고 다양한 방법이나 대안을 활용하고 있지만 그 개체수가 계속해서 늘어나고 있다고 언급했으므로 (a)를 유추할 수 있다.
해석 매미 나방 개체수가 계속 증가하는 이유는 무엇인가?
(a) 이 나방을 완벽히 박멸한 강력한 방법이 없다.
(b) 주 정부는 쓸 자금이 없다.
(c) 지주들이 매미 나방 개체군의 발생을 억제하는데 반대한다.
(d) 매미 나방은 유럽에서 들여온 것이다.

72 정답 (b)

해설 이 글의 문맥상 eradicate는 박멸하다를 의미한다.
(a) 향상시키다
(b) 박멸하다
(c) 거주하다, 서식하다
(d) 오도하다

73 정답 (c)

해설 이 글의 문맥상 indigenous는 그 지역 태생인을 의미한다.
(a) 강력한
(b) 그 문제를 푸는 방법을 알고 있는
(c) 그 지역 태생인
(d) 변화에 매우 저항적인

[Part 4]

상호 공제 회사

631번지 프레몬트 가
일리노이 주 시카고 시, 우편번호 60619

매리 왓슨
파인 길 388번지
뉴멕시코 주 로스 가토스 시, 우편번호 30041

왓슨씨에게

대학원 학위를 얻기 위해 열심히 일한 대학원 학생으로서 당신은 노력에 대한 상으로서 특별 대우를 받을 자격이 있습니다. 그것은 상호 공제 회사인 MBC가 이러한 특별 제안을 당신에게 주고 싶은 이유입니다. 당신의 현재와 미래의 재정적 필요에 맞는 특별히 고안된 신용 카드인 MBC 세계적 신용카드를 신청하도록 당신을 초대하게 되어 기쁩니다.

간단하게 동봉된 안내 책자 지원서를 작성하여 돌려주시면 곧 당신은 다음의 혜택을 누리게 될 것입니다:

- 400만 개의 시설에서 인정되는 카드에 대한 어디서나 1000달러에서 25000달러에 이르는 개인 신용 한도액
- 전국적인 수천 개의 24시간 세계 현금 자동 인출기 장소와 세계 110000개 은행에서 현금 선지급 성능
- 안정된 신용기록
- 부가 비용 없는 세계적 신용 인생 보험(최대 30000달러 범위)
- 수표 발행 특권
- 대회에 대한 재밌는 출판물, 상품과 서비스 할인, 그리고 미래의 졸업에 유익한 정보를 주는 기사

이러한 특별 제공을 이용함으로써 당신은 MBC로부터 제공된 우수한 서비스와 우리의 세계 신용 카드의 가치 있는 이익을 얻을 수 있을 것입니다.

당신의 현재 연봉이 적어도 18000달러이거나 적어도 18000달러의 연봉을 제공할 미래 직장을 수락하였다면, 단순하게 동봉된 지원서를 완성하고 오늘 그것을 메일로 보내세요!

수석 부사장 다니엘 R. 샘슨 올림

perk 특전
credit line 개인 신용 한도
cash advance 현금 선지급
automatic teller machine 현금 자동 인출기
established 인정받는, 확실히 자리잡은, 확고한, 안정된
merchandise 상품
informative 유익한, 정보를 주는
valuable to ~에 유익한
coverage 범위

74 정답 (a)

해석 왜 Mary Watson은 아마도 이 편지를 받았는가?
(a) 그녀는 막 졸업하여 직업을 찾으려 한다.
(b) 그녀는 MBC 세계 신용 카드를 신청했다.
(c) 그녀는 18000달러의 연봉을 받는다.
(d) 그녀는 신용 기록을 세웠다.

75 정답 (d)

해석 MBC 세계 신용 카드는 어디서 인정되는가?
(a) 상호 공제 회사에 의해 소유된 사업에 의해
(b) 미래 고용 지역에서
(c) 전국 수백만 개의 24시간 현금 인출기에서
(d) 세계 400만 개 이상의 시설에서

76 정답 (c)

해석 MBC 세계 신용 카드가 가지는 중요한 이익은 무엇인가?
(a) 그것은 돈을 벌기 위해 많은 노력이 필요하다.
(b) 그것은 개인에게 연봉을 지급한다.
(c) 그것은 최근 대학원생들이 신용 기록을 세우기 위한 방법이다.
(d) 그것은 특별히 고안된 재무 계획이다.

77 정답 (d)

해석 MBC 세계 신용 카드에게 제공되는 인생 보험의 최대 양은 무엇인가?
(a) $1,000
(b) $18,000
(c) $25,000
(d) $30,000

78 정답 (a)

해석 MBC 세계 신용 카드를 가진 사람은 상품과 서비스 할인에 대한 정보를 어디서 얻을 수 있는가?
(a) MBC의 출판물에서
(b) 자동 현금 인출기 장소에서
(c) 세계 은행에서
(d) MBC에서 온 동봉된 지원서에서

79 정답 (b)

해석 글의 문맥상, treatment는 대우를 의미한다.
(a) 말리기
(b) 취급, 대우
(c) 협상
(d) 음식섭취

80 정답 (c)

해석 글의 문맥상, perks는 혜택을 의미한다.
(a) 제안
(b) 신뢰
(c) 혜택
(d) 결점

이현아 취향저격 지텔프 65점

초판 1쇄 발행 2018년 05월 21일
　　　2쇄 발행 2018년 12월 05일
　　　3쇄 발행 2019년 03월 15일
　　　4쇄 발행 2019년 11월 05일
개정 1쇄 발행 2020년 09월 25일
　　　2쇄 발행 2021년 02월 08일

편　저 이현아
발행인 이향준
발행처 (주)법률저널

등록일자 2008년 9월 26일
등록번호 제 15-605호
주소 151-862 서울 관악구 복은4길 50 (서림동 120-32)
전화 02)874-1144
팩스 02) 876-4312
홈페이지 www.lec.co.kr

ISBN 978-89-6336-540-4
정가 17,000원